U0044470

新世紀叢書

當代重要思潮・人文心靈・宗教・社會文化關懷

反美學
後現代文化論集

賀爾・福斯特 Hal Foster ◎主編

尤根・哈伯瑪斯 Jürgen Habermas
肯尼斯・法蘭屯 Kenneth Frampton
柯瑞格・歐因茲 Craig Owens
葛瑞格里・阿默 Gregory L. Ulmer
弗雷德瑞克・詹明信 Fredric Jameson
尚・布希亞 Jean Baudrillard
愛德華・薩依德 Edward W. Said

呂健忠◎譯

The Anti-Aesthetic
Essays on Postmodern Culture

反美學：後現代文化論集

目錄：全書總頁數328頁

本書作者介紹：

尤根‧哈伯瑪斯(Jürgen Habermas)

法蘭克福學派健將，與位於德國Starnberg的普朗克研究院(Max Planck Institute)關係密切，重要著作有《知識與人情趣味》(*Knowledge and Human Interests*; Beacon Press, 1971)、《理論與實踐》(*Theory and Practice*; Beacon Press, 1973)、《正統危機》(*Legitimation Crisis*; Beacon Press, 1975)、《溝通與社會演化》(*Communication and the Evolution of Society*; Beacon Press, 1979)、《溝通行為的理論》(*Theory of Communicative Action*, 2 vols.; Beacon Press, 1984, 1987)、《現代性的哲學論述演講集》(*Lectures on The Philosophical Discourse of Modernity*; MIT Press, 1987)、《公共領域的結構轉型》(*The Structural Transformation of the Public Sphere*; MIT Press, 1989)、《新保守主義》(*The New Conservativism*; MIT Press, 1989)。

肯尼斯‧法蘭屯(Kenneth Frampton)

哥倫比亞大學建築與規劃研究所教授，《現代建築》(*Modern Architecture*; Oxford University Press, 1980)的作者。

柯瑞格‧歐因茲(Craig Owens)

批評家，《美國藝術》(*Art in America*)資深編輯。

葛瑞格里‧阿默(Gregory L. Ulmer)

佛羅里達大學(Gainesville)英文助理教授，撰有長篇論著〈應用文字科學：從德希達到博茲的後教學法〉("Applied Grammatology: Post(e)-Pedagogy from Jacques Derrida to Joseph Beuys")。

弗雷德瑞克・詹明信(Fredric Jameson)

加州大學聖克魯斯(Santa Cruz)校區意識文獻與歷史教授，主要著作有《馬克思主義與形式》(*Marxism and Form*; Princeton University Press, 1971)、《語言的牢房》(*The Prison-House of Language*; Princeton University Press, 1972)、《侵犯的寓言故事》(*Fables of Aggression*; University of California Press, 1979)、〈大眾文化中的物化與烏托邦〉("Reification and Utopia in Mass Culture," 1979)、《政治無意識》(*The Political Unconscious*; Cornell University Press, 1981)〈認知標繪〉("Cognitive Mapping," 1988)、《後現代主義或晚期資本主義的文化邏輯》(*Postmodernism or the Cultural Logic of Late Capitalism*; London: Verso, 1991)。

尚・布希亞(Jean Baudrillard)

巴黎大學社會學教授，主要著作有《生產之鏡》(*The Mirror of Production*; Telos, 1975)、《符號的政治經濟學批判》(*For a Critique of the Political Economy of the Sign*; Telos, 1981)、《擬象》(*Simulations;* Semiotext(e), 1983)、《遺忘傅柯與遺忘布希亞》(*Forget Foucault and Forget Baudrillard*; Semiotext(e), 1987)《傳播的超脫》(*The Ecstasy of Communication*; Semiotext(e), 1988)、《致命的策略》(*Fatal Strategies*; London: Semiotext(e)／Pluto 1990)、《拐誘》(*Seduction*; St Martin's Press and Macmillan, 1990)。

愛德華・薩依德(Edward W. Said)

哥倫比亞大學英國文學與比較文學教授，主要著作有《開始》(*Beginning*; Basic Books, 1975)、《東方主義》(*Orientalism*; Pantheon Books, 1978)、《採訪伊斯蘭》(*Covering Islam*; Pantheon, 1981)、《世界、文本與批評家》(*The World, the Text and the Critic*; Harvard University Press, 1983)、《認同、權威與自由》(*Identity, Authority and Freedom*; University of Cape Town, 1991)、《文化與帝國主義》(*Culture and Imperialism*; Knopf, 1993)、《知識分子論》(*Representation of the Intellectual*, 1994)。

〈中文版譯序〉

反美學
翻出後現代美學，在台灣
◎呂健忠

美學震盪

　　達利歐・弗(Dario Fo)獲頒一九九八年諾貝爾文學獎！還有比這更後現代的文藝新聞嗎？或者說，還有比這一則新聞更能顛覆文學史的美學傳統，更明白見證戲劇史（不是劇場史）的反美學概念嗎？答案恐怕是否定的——起碼在目前沒有，或許在二十世紀結束以前也不會有。為什麼？

　　部分美國媒體的反應或可見微知著。《舊金山紀事報》雖然認為弗的獲獎實至名歸，卻也不得不承認這個獎是一顆「諾貝爾震撼彈」。《紐約時報》則說：「弗似乎是個異數，甚至是個意外的選擇。」引文顯然是影射弗的名作《一個無政府主義者的意外死亡》（英譯 *Accidental Death of an Anarchist;* 1970）標題中的「意外」。《華爾街日報》非議弗「厭惡資本主義、宗教與禮節常軌，毫無悔意」，標題赫然

是「扶弗獲獎，諾貝爾蒙羞」（Foo on Fo, and Ignoble Prize Winner）。針對諸如此類的異聲，Joan Holden 在 *Theater*（28. 2［1998］）撰文指出：「獎落入『喜劇』作家之手，這就足使人瞠目結舌──更別提他還是個表演者」（"Up front: Fo's Nobel" 7）。

是弗「演出」諾貝爾文學獎，還是諾貝爾文學獎的評審進駐「弗劇場」？

藝術學院副教授鍾明德在〈政治離鬧劇不遠〉一文引弗本人的現身說法，「我的劇場是全民娛樂的通俗劇場」；在通俗娛樂之外，我們還可以加上「商業票房」。弗在美國僅有的一次商業演出（1984，紐約）雖然鍛羽，在歐洲可是長紅；表演工作坊根據《一個無政府主義者的意外死亡》改編成《意外死亡（非常意外！）》（1995），甚至逗得小學生捧腹大笑。這樣一個滑稽掛帥的世紀末紅頂小丑藝人，居然榮登世界文學殿堂新祭酒！其中透露許多現代派認為不可思議，而後現代派卻認為大可思議的問題。最最可以一議的一點是，從今以後，笑可望和悲平起平坐。

在西方的學術界，悲劇一向被奉為最高級的戲劇形式。相對之下，喜劇遇上悲劇就像媳婦見到公婆。按西方戲劇的階級分類，喜劇當中地位最高的是「高尚喜劇」（High Comedy），蕭伯納寫的就是。所謂「高尚」，不外乎藉高尚的語言，呈現高尚的劇旨（與道德立場有關，並以諷刺為主），

反映「高尚」的社會階層。這三個高尚正是悲劇之所以高人一等的準繩，也因此使得喜劇矮人一截，因為標準是別人的，因為削足（喜劇）適履（悲劇）嘛——其中的道理好比中國古典美女去參加西方主辦的世界小姐選拔。正如同道地的悲劇會使得觀眾「含悲」卻哭不出來的，高尚喜劇是要觀眾發出會心的微笑卻不讓人捧腹——一哭成就了煽情的通俗劇，也就是閩南語說的「苦戲」，一捧腹就成了笑劇（farce），兩者在傳統的西方美學觀一樣沒品。只要看看莎士比亞的戲劇，就說《馬克白》吧，好端端的一齣悲劇，偏偏穿插一場（二幕三景前半）門房的喜劇，這可苦了多少白頭學者，亂了他們的方寸。至於他的笑劇，譬如《馴悍記》，學術界與劇場史冷、熱的情形，足足持續了三百年。莎士比亞尚且如此，其他人還有什麼好說的呢？

可是，二十世紀初的一場前衛運動大幅度改變了美學生態。連亞里斯多芬尼茲的《利西翠姐》（Aristophanes, *Lysistrata*）都能時來運轉，還有什麼不可能的事？電影《鐵達尼號》（不管你是像小女生那樣認為它感人肺腑，還是像大男人一樣認為它俗氣透頂），有一場戲寫羅絲的藝術品味：她蒐藏的畫作包括畢卡索，而她未婚夫那一票「鍍金人」甚至連聽都沒聽說過畢卡索這一號人物。就像她從傑克「學會」吐痰那個動作所表達的叛逆性，畢卡索參與其中的那一場前衛運動就是以叛逆起家。然而，不過半個世紀的功夫，畢卡

索看到自己早年的畫作出現在美術教本裡頭。就在畢卡索那一批老頑童成為經典之後，緊接著一九六八年的一場學潮，潘多拉盒(Pandora's box)的蓋子又給掀開了。於是，後現代冒出頭來。說來並不令人意外，當年用來形容達達主義的措辭，紛紛起死回生，「叛逆」只是大家比較熟悉的一個。

　　早就有人指出，西方世界在二十世紀後半葉的這一場前衛運動，只是在重複世紀初奠定現代主義根基的那一場前衛運動。而台灣八十年代以降的前衛，說穿了只是在重現那一個重複。借用美學論述的術語來說，世紀初的前衛要「呈現」與傳統所見（或所認可）大相逕庭的現實，世紀末的前衛則是「再現」那一個前衛運動。當年的「呈現」被視為革命，當今的「再現」頂多只是一則新聞。在以往是革命造反的舉動，現在只是另類選擇。僅此一事便可看出近百年來，世人的美感經驗已經練就一身見怪不怪的功夫。不妨比較一下七十年代的嬉皮和八十年代的雅痞：皮與痞貌雖不同，實則神似；真正不同的地方在於，「嬉」如今成了「雅」。

　　嬉雅分界消弭於無形，這只不過是後現代越界（並不限於美學範疇）的一個小 case。就拿台灣的情形來看，以往只出現在餐廳秀和工地秀，一向屬於媒體娛樂／社會新聞或電視綜藝節目的異性扮妝與性別反串，在一九九五年攻佔北台灣的高等藝術學府。那一年的四月，政戰學校影劇科舉辦北台灣五（戲劇院）校聯誼，藝術學院三年級學生組成的白雪

綜藝團以反串秀一炮而紅，竟然在翌年由學校禮車護送出席一九九六年第一屆民選總統就職聯歡晚會。今年初，該團正式改名為「白雪綜藝‧劇團」，擺明了要把綜藝和戲劇一體通吃，後續的發展雖然，就像俗話說的，有待觀察（他們創團只三年半，卻已累積五十餘場的演出紀錄），可以肯定的是，以前得要前往警察局報到的奇裝異服如今登堂入室。（就在今天，一九九八年七月二十四日，台北市中崙圖書館開幕，這是台灣第一座漫畫圖書館。想想不過是二十年前的事，看漫畫是會挨罵的，帶漫畫書到學校是會被沒收的。後現代的反美學實踐新添一例。）

諾貝爾文學獎評審委員把年度獎項頒給達利歐‧弗，只不過是確認皮痞一家而嬉可以為雅的後現代美學觀點。笑，特別是哄堂大笑，一向難登大雅，甚至是難以入流。偏偏弗的劇場就是要搞笑，非搞到天翻地覆不罷休。弗獎一抱，我們終於可以放心開懷大笑，不用擔心笑不得體。只是，搞笑也要有門道，這一點正是我在劇評〈他們意外笑得非常不意外：《意外死亡（非常意外！）觀後感》〉（《表演藝術》39〔1996年1月〕；81-3）一文所試圖點明的。

反美學，不管怎麼反，仍然是「美學」。如果「反」而不美，那可就無「學」可議，可就和美學沾不上邊了。台北故事劇場根據英國當代劇作家麥可‧弗萊恩(Michael Frayn)的 *Noises Off*！改編成《大家安靜》(1998)，把寄意深遠的笑

劇演成鬧劇(slapstick)，非常典型的 MADE IN TAIWAN 。按該劇團自己的定位，那是一齣「國際中文版災難型八卦幕後秘辛爆笑喜劇」。果不其然，他們在台中演出時，兩名演員在後台穿場時互撞，「疑似腦震盪」，被迫停演。鬧有餘而道不通，斯為不美。更常見的是耍嘴皮，也就是套上一個故事框架的脫口秀。我們雖然處在後現代，可是我們的現代還沒有「後」到把鬧劇或脫口秀拱進文藝殿堂的地步。

像「災難型八卦幕後秘辛爆笑喜劇」這樣的標籤，在現代時期應該是出現在社會版的新聞，如今卻出現在文藝版。所謂創作，無非是現實經驗的美學或美感呈現，而經驗只有經過沉澱才進得了美的領域，才經得起美感的檢驗。姚一葦寫《傅青主》花了十年的時間，邱坤良寫《紅旗・白旗・阿罩霧》花了四年的時間。王文興接受李昂訪問，說：「把握住二十八歲以前的經驗已經足夠了，以後剩下的有生之年，應該用來把這些經驗重新消化，投放到紙上。」（康來新編《王文興的心靈世界》65）。這就是沉澱的功夫。一九九七年歲末，創作社演出紀蔚然編劇的《夜夜夜麻》。那一齣戲毫無疑問可以歸入詹明信所定義的懷舊類型（雖然他的分類是就電影而論），年輕人看了莫名其妙，不足為奇；中年人看了心有戚戚，不足為奇——此處年輕和中年的差別在於有沒有美麗島事件的記憶，這一代之差也就是導演黎煥雄在〈工作筆記〉所稱「既不悲情，又來不及解放的夾層」。解放之

後呢？《夜夜夜麻》因為演出叫座，四個月後加演。就在那一段期間，黃義交緋聞案和清大女生搶男友殺人事件沸騰寶島。結果是，新版的《夜夜夜麻》加入了一男一女的一場關鍵戲。關鍵也者，無關乎劇情，重要的是鍵入（就像打電腦的 key in）緊急煞車（激情過後給觀眾方便一下）的指令：在寬衣解帶的高潮前一刻，命根子成為洩恨的對象。高潮迭起的社會新聞成為藝術創作現買現賣的消費品，創作成果一變而為「災難型八卦幕後秘辛爆笑喜劇」的消費主體，此處說的不是特例，根本就是劇場另一個「台灣製」的註冊商標。這樣的創作，與其說是反美學，不如說是翻美學——「翻」可不是口頭禪說的顛覆，而是翻臉掀桌子的翻。

是有必要提倡積極入世的創作信念，也就是流行場域說的「和觀眾（消費者？）對話」，現買現賣的嘴皮消費就留給秀場吧——何苦斷了別人的財路？後現代社會積極入世的美學實踐就是反美學。反美學就是美學論述的鹹魚翻身：現代主義認為不美甚至醜的，如今都有可能激發得出美感；反之，現代主義的美可能不易再引共鳴。瞭解到這一點，越界不越界已經無足輕重了。

那麼，所謂積極入世，到底是什麼意思呢？不妨舉我個人的見聞（雖是個人見聞，卻有代表性）作說明。我有一位叔公在醫院身體檢查之後，醫生告訴他得了癌症（老一輩的醫生是不會這麼「老實」的），要他回去好好作個決定，到

底要不要開刀。叔公回到家,一夜醒來,頭髮全都白了,整個性格也變了一個人,一望可知行屍走肉絕對不只是個成語,度日如年絕對比當兵數饅頭還要難挨。三個月過去了,他也作出了開刀的決定。於是,他再度踏進醫院,接受手術前例行的身體檢查。這一複檢才發覺,以前那個醫師誤診,癌症只是疑似。這個例子讓我們看到專業知識與人文關懷分家的後果:在醫生只是不涉及醫療糾紛的誤診,在受檢者卻是陰陽關走了一遭。還有個朋友,向來以新女性自詡,樣樣跟得上潮流,禪修熱的流行(颱?台?)風自不例外。有一天,她告訴丈夫和兩個兒子,說她要去閉關。於是,工作也辭了,拋夫棄子,瀟灑萬分地不帶走絲毫家累,修行去了。她理雖不直卻說得氣壯:「我修得的福氣,都是丈夫和孩子的福澤。」這是自命為女性主義者取偏鋒走火入魔的實例,只曉得要伸手摘星,卻沒有看到腳邊的小花都被她踩爛了。

因此,可以這麼說:積極入世就是奧德修斯的人生觀。特洛伊戰爭結束後,奧德修斯在海域流浪十年,當中有七年被女神柯莉普婆(Calypso)強行扣留同居。女神甚至答應賜給他長生,只要奧德修斯願意同她廝守。奧德修斯拒絕了;他要回家,因為他明白人生的意義是伴隨義務與責任以及附帶的種種侷限而彰顯出來的。擁有無限或絕對(不論是壽命、自由還是任何其他有形、無形的東西),其實無異於一無所有——回想一下希臘神話中點石成金的國王麥德斯(Midas)

吧。或者，說得具體一些，回想一下八十年代美國社會所瀰漫的一股保守風氣吧，那時候的社會中堅正是青年時期把造反有理無限上綱的一代。所以說，積極入世就是望星的當兒不忘欣賞腳邊的野花。既然欣賞，當然就不能現買現賣伸出摧花辣手（路邊的野花不能採），而是留下時間讓野花成長。因此，反美學也是一種「環（保）」美學，這裡頭隱含的觀念是，承認個人主義不能毫無節制地膨脹，同時設法體認英國玄學派詩人鄧恩(John Donne)所說「人不是與世無涉的孤島，而是整體大陸的一塊地」這樣的信念。

以上談論反美學而偏重於戲劇，只有一個理由：《反美學》書中，只有歐因茲的〈異類論述〉以一場表演作為把女性主義引入後現代論述的踏板，其他無隻言片語論及戲劇。

後現代主義在台灣

概括地說，現代主義和後現代主義瓜分了二十世紀的文化版圖，面積（含括的時間長度）不相上下。這當然是就歐美而論，畢竟這一前一後兩個「現代」都是歐美社會的產物，而那個社會自從歐洲文藝復興中期開始展開霸權征略以來，就一直以新興強權的態勢主導／主宰世局的走向，終於在二十世紀達到高峰。在開發中國家，由於現代性（modernity）和現代化（modernization）給畫上了等號，而且現代化

是滋養現代主義（modernism）的沃土，因此前述文化版圖的分配在不同的國家或地區各有不同的比例。

　　試以台灣為例，政治趨於開放導致戒嚴令的解除、警備總部的裁撤與多黨政治的興起，經濟發展吸引跨國公司的登陸以及台灣本身資本的輸出，都是一九八〇年代後半葉的事。政治霸權的沒落與經濟霸權的崛起，大幅度改變了台灣社會的面貌。政治與經濟這兩個現代化的火車頭一消一漲，我們看到了下列的現象：異議之聲大鳴大放，另類團體此起彼落，抗爭運動勃興，保守心態亂竄，玻璃帷幕大樓如雨後春筍，都會區毫無節制地擴張，公寓大廈逐漸取代傳統社區，電腦普及，媒體／資訊膨脹、失控，符號消費社會成形，念舊情懷蔚成風氣，教育體制鬆綁，藝術呈現／表達的方式爭相競奇，「超」、「新」之類的標籤發燒，視覺符號氾濫（「犯爛」？），無奇不有的形象包裝策略，語言的扭曲／拗歧，靈異信仰、事件或現象發飆，公害層出不窮，生活倫理顯現危機，新舊觀念雜陳，公私場域混淆，價值錯亂。

　　凡此種種現象，多的是流行（包括「進步」的迷思）和或隱或顯的商業化趨向及其無可避免的後果。這一流行，台灣也流入了地球村俱樂部。無以名之的勁、酷、辣，個別看來是水到渠成，並不起眼。然而，細流匯成大河，漣漪激成巨浪，「大道之行也，『淫／隱景』（ob-scene）為公」。如果把當前社會、生活中的點點滴滴試著擺到，比方說二十年

前，我們不得不承認：雖然我們持續生活在熟悉的環境中，面對熟悉的問題，時代畢竟是真的不同了，新的生活形態已在醞釀、發酵。

新的生活形態未必就是後現代；但是可以肯定，現代主義走到山窮水盡或峰迴路轉的時候，也就是後現代性萌芽的時機。自從一八八五年劉銘傳出任台灣巡撫以來，台灣一直走在現代化的路上。最近十年來的「進步」，使得過去一百年的現代化成果黯然失色。筆者無意，也沒這個能力，為台灣的文化／社會發展進行診斷，更別提蓋棺論定。但是，只要看看已開發國家現代化的後遺症——在台灣併發，而我們束手無策的同時，卻也沒有改弦更張的藍圖，僅此一事便可看出，台灣在現代化的泥沼顯然是陷得還不夠深——追求現代是一條不歸路，莫非我們付出的學費還不夠？我想到「傳統下的獨白」那個時代李敖的名言：接受西方文化而不受梅毒（換在今天，該說是愛滋病）感染是不可能的——李敖的「梅毒」當然是隱喻，而且是非常「後現代」的隱喻。

台灣「現代化」尚未成功，後現代性與我們何干？後現代主義又與我們何干？可以沒有關係，也可以有關係，端視個人的選擇。現代與後現代之分，一如所有的歷史分期，並不是筆刀一劈就分出斷代。然而，可以肯定的是，台灣的現代面貌在網路流行風衝刷之下，已經遭遇嚴重的侵蝕。變了形或扭曲了的面貌是一體通用的識別證，這張識別證成了裁

剪面具的紙板。戴上這樣的面具，該如何自處？有人擁抱威而鋼，有人獨坐冷氣房。大多數人介於這兩個極端之間，起碼應該具備的人文關懷是瞭解自己，瞭解個人生存於其中社會，瞭解社會所賴以維繫的文化，並且試著體會當前的社會情態。目前台灣所處的情境是，現代化的夢魘方興未艾，後現代的症候蠢蠢欲動。瞭解到此一事實，我們可望心懷批叛性的同情觀察當前的亂象，可望不至於聞八卦節拍而起舞。鑑於台灣亦步亦趨追隨先進國家的現代化路數，他們的歷史進程肯定有助於我們觀察進而瞭解台灣的現狀。

「後現代主義」一詞成為時尚，在美國也不過是一九七〇年代的事。這是美國在文化史的進程上首度領先歐洲大陸，雖然美國本身的後現代論述深深仰賴歐陸所提供的理論滋養。到了八十年代，女性主義雖然沒有捲入後現代主義的爭論，卻毫無疑問成為後現代文化發展的一個重要環節。就是在那個年代，歐美學界爆發一場論戰，大致上環繞著現代主義的終結與後現代主義的來臨打轉。吳潛誠總編校的《文化與社會：當代辯論》（英文版1990；立緒，1997）為中文讀者提供了一個廣角的視野，一卷在手足以俯瞰那一場跨國界兼跨學科的辯論大會。特別是該書壓軸的一篇文章，胡森的〈後現代導圖〉，十分適合當作接觸後現代主義的敲門磚。

就是那一場論戰的裙擺在台灣掀起第一波的後現代熱

潮。繼廖炳惠《解構批評論集》（東大，1985）問世，哈山（Ihab Hassan）和詹明信於一九八七年先後訪台。同年六月，《當代》雜誌開始刊載詹明信於一九八五年客座北京大學的演講稿譯文，後來結集為《後現代主義與文化理論》（合志，1989）；七月，《文星》雜誌以詹明信為封面人物作專題介紹。一九八九年，詹明信應清華大學之邀再度來台講學。同年，鍾明德《在後現代的雜音中》（書林，1989）出入劇場披荆斬棘。就在後現代主義大舉登陸台灣的那幾年間，女性主義逐漸嶄露頭角，儼然成了台灣的新顯學。

女性主義雖然來勢洶洶，後現代主義仍然香火不絕。譬如一九九二年，我們看到了齊隆任的《電影符號學》（書林）。一九九五年四月，後現代在歐美已經退燒之後的第二年，《中外文學》推出《後現代小說》專輯，後現代主義在台灣出現第二春。這新一波的風潮有個特色，顯示台灣走在「現代化進步」的路上可喜的一面：以往中文讀者接觸歐美理論，尤其是當代理論，往往只能透過二手甚至三手傳播，如今卻是原典的中譯源源上市，從馬克思的《資本論》到薩依德和詹明信甚至布希亞的專書，有的已經上市，還有在進行編輯作業的。（《資本論》雖然不是後現代論述，卻是撐起後現代論述的支柱之一。）

探本尋源當然是該從原典著手，一般讀者倒是沒這個必要。在這第二波的後現代熱潮中，評介性的書籍數量之多，

遠在原典譯本之上。其中有三本書特別值得推薦，因為可以和前面提到的《文化與社會》參較閱讀。提到後現代主義，免不了問起「現代主義到底怎麼啦？」滕立平譯《現代主義失敗了嗎？》（英文1984；遠流，1995）正是針對這個問題而發。這不是是非題，原作者Suzi Bablik當然不可能給出明確的答案，而是縷析現代主義的利弊得失。瞭解現代主義的發展與侷限，我們對後現代主義也就不至於盲目地排斥或擁抱。李衣雲等人合譯的《後現代性》（英文1993；巨流，1997）則告訴我們，引原作者Barry Smart的話來說，「後現代這個概念的相關討論是隨現代性的光亮（及陰影）興起的」（215）。現代性是有可質疑之處，後現代理論也不例外，朱元鴻校訂並與其他人合譯的《後現代理論：批判的質疑》（英文1991；巨流，1994），不難根據標題顧名思義；按共同作者之一的Douglas Kellner為中文版所寫的序，該書「試圖將後現代論述予以理論化，並評估後現代理論在當前的用途與弊害」（11）。立場公允是這幾本書共同的特色。

　　不過，以上諸書都不是通俗讀物，而且論述的範圍各有所偏。那三本書，按前面介紹的次序，分別著重於藝術、社會學與（社會與政治兩個領域的）意識形態議題。尤其是後兩本，除非對純理論性的讀物有高度的興趣，終究難免隔靴搔癢。如果有這樣的顧慮，建議各位讀者：不用再考慮，您手上拿的《反美學：後現代文化論集》就是跨進後現代論述

的入門書。

　　《反美學：後現代文化論集》是相當難得的一本兼顧理
論與實踐的論文選集，學術與通俗無所偏廢，觸角既深且廣
尤為台灣書市所不曾見。該書於一九八三年問世，到一九九
五年已出了九刷。至於其內容，編者賀爾・福斯特在序言已
有深入淺出的介紹，他落筆精闢，採取宏觀的視野，逐篇作
出清晰的定位，筆者無需再添蛇足。倒是有必要說明，原文
總共收錄九篇文章，由於無法取得書中圖版的授權，中文本
只譯出其中的七篇。遺漏的兩篇是羅瑟琳・克勞斯（Rosalind
Krauss）的"Sculpture in the Expanded Field"和道格拉斯・克
林普（Douglas Crimp）的"On the Museum's Ruins"，主題分
別是雕塑和繪畫。遺珠雖然可惜，不過克勞斯把她的這篇論
文收進她在一九八五年出版的文集 *The Originality of the
Avant-Garde and Other Modernist Myths*，也就是連德誠所譯
《前衛的原創性》（遠流，1995）書中第二部分的第五章
〈擴展場域中的雕塑〉，提供有興趣的讀者參考。

關於譯文的幾點說明

　　筆者在翻譯本書的過程中所遭遇的一些困擾與解決方
法，在此作一說明，對於讀者的閱讀與理解或許不無助益。
　　一九九四與九五年，復興國劇團和四川自貢市川劇團先

後在台灣演出魏明倫的「荒誕劇」《潘金蓮》。由於魏明倫與潘金蓮的高知名度，再加上編劇手法的創新，這兩場演出掀起了所有台灣媒體的矚目。令人驚訝的是，一窩蜂的記者報導出一籮筐的新聞，卻沒有人告訴讀者所謂「荒誕劇」到底是什麼名堂：顯然他們把「荒誕」當作形容詞，沒有注意到「荒誕」作為形容詞和專有名詞的意義南轅北轍。其實，大陸所稱的「荒誕」，是用來翻譯英文的the absurd，台灣向來譯作「荒謬」，包括荒謬主義（absurdism）與荒謬劇場（theatre of the absurd），而「荒謬」一詞早自一九六〇年代存在主義初引進台灣，就是大家心照不宣的共同用法。唯其瞭解到這一層差異，劉慧芬在〈所謂「荒誕劇」〉（《表演藝術》28〔1995年2月〕：73-4）劇評中才能一言而決，斷然指出那根本就是誤稱，因為該劇除了「一些形式上的破格」，和歐洲前衛劇場的「荒誕派」（the Absurdist）劇碼所羅列的任何作品均無相似之處。「荒誕派」要用引號括起來，因為那不是我們熟悉的稱呼，因為此間的通用譯名是荒謬派。

　　這是個鮮活的例子，我們看到分歧的譯名所可能造成的混淆、誤導與困擾。翻譯《反美學》，我就面臨了類似的困擾。本書所附〈專有詞彙英漢對照〉列出的術語當中，最具關鍵地位而且出現頻率最高的一個字眼是representation。這個字眼涉及主體（人，特別是藝術家與哲學家）與客體（外

在的世界，可以是宇宙、物質世界、人類社會或超自然的概念）的相對關係，特別是主體人如何表達他所理解的客體界。在我的印象中，「呈現」原本是台灣普遍的譯法，如Erich Auerbach 的名作 *Mimesis: The Representation of Reality in Western Literature*，張平男就是譯為《模擬：西洋文學中現實的呈現》（幼獅，1980）。曾幾何時，好像是兩岸交流以後的事，「再現」之稱越來越常見，如今「呈現」已經難得一見。大陸地區就是把representation譯作「再現」。

　　把representation譯作「再現」，就語文的習慣用途而論並無不可──就好比"Caesar"譯作「凱撒」，眾口爍金也成了定論，縱有顏元叔極力主張將之「還原」為發音比較貼切的「西撒」，仍是孤掌難鳴。但是，請看歐因茲〈異類論述〉文中的一個例子：

> 本包姆所re-presents 的女人通常是在體能方面追求完美境界的運動家或表演家。他們沒有缺陷，沒有匱乏，所以也沒有歷史，也沒有慾望。（『才女』是陽物崇拜女教主的完美化身。）我們在她的作品中所辨認出來的，是自戀女的弗洛依德式轉喻，或陰性氣質觀瞻自持的拉岡式「主題」，其存在只是陽剛慾望的一個representation。

以「再現」翻譯"re-presents"，可以肯定不會有疑義。可是，re-present 的名詞形態是 re-presentation（如法蘭屯〈朝向批判性地區主義〉一文第五節最後一個句子所見到的），亦即「再或重新 present 的動作或其結果」，而不是 representation。借用劇場的術語，當可釐清presentation和representation差別所在。

在劇場用語中，presentational acting 指的是非寫實的表演風格，如莎劇《暴風雨》的收場詩，或希臘悲劇的歌舞隊，直接對觀眾說話。與之相反的是由易卜生（Henrik Ibsen）集大成的寫實（realistic）風格，稱作representational theatre，嚴守第四面牆的成規，藉以營造戲劇幻覺。從這個比較不難看出，presentational acting 的前題是，認定人生與戲劇共一舞台。反之，representational theatre則假定戲劇「模擬」人生，人生是實，戲劇是虛，唯其為虛，所以要演得「逼真」。

究其實，早自柏拉圖《理想國》提出理念（Idea；或譯作「理型」）論，繼之以亞理斯多德《詩學》拈出模擬（mimesis）說，"representation"的概念一直是籠罩西洋文化史的一個巨大的身影。如歐因茲在同文〈追尋失落的敘事〉一節，質疑現代性的主敘事，亦即西方人把「按照自己的形象改變這整個星球的使命正當化」，而這個使命「也就是把這個世界轉化成一個representation，以人為其主體」。隨後他說，「這麼說來，處境堪危的不僅僅是敘事的地位，representation 本身的地位也一樣。」接著引海德格〈世界圖象的時代〉之後，他寫道：「對現代人來說，萬事萬物一無例外，只存在於 representation，而且唯有透過 representation 才存在。」最後，在〈可見與不可見〉一節，論及女性主義藝術家的後現代主義實踐，歐因茲引述艾蓮‧西蘇：「人總是在 representations 中；女人一但應要求在這個 representation 現身，她就是，不用說也知道，被要求 to represent 男人的慾望。」

以上的例子在在指向一個結論："representation"這個字隱含「真實」與具備「形似」或「擬真」性質的「表象」兩個世界的對立。準此，我們即可瞭解西方哲學知識論何以稱「表象論」為 representationalism，因此藝術上的 representationalism 被稱作「具象主義」也就順理成章。哲學上的表象論斷言，（以人為主體的）心理所知覺的東西只是心靈外的物質對象（即客體）的心理影像，此一心理影像即是表象。對柏拉圖來說，理念的世界就是真實界，現實界則是個表象的世界。在《理想國》第七章那個震古鑠今的譬喻「洞穴的寓言」，蘇格拉底用來闡明形而上的真實界，亞理斯多德卻看到形而下的真實界。結果是，在亞里斯多德看來，人生才是真實界，詩則是詩人對人生的模擬，其模擬的結果正是（劇場裡的）表象或（史詩中的）心理影像。（至於他說「詩比歷史更真實」，那是因為悲劇模擬人生的共相性，歷史則是模擬人生的殊相性，所謂「更真實」乃是就共相與殊

相的比較，而無關乎模擬的本質。）

　　現代英文的present這個字在十三世紀首度出現，十四世紀有了represent，後者比re-present的出現早了兩個世紀。這兩個世紀正是文藝復興運動如火如荼的時期。就是在這一段時期，史賓格勒（Oswald Spengler）在《西方的沒落》（*The Decline of the West*）第十章所稱的「浮士德的自然知識」開始萌芽。到了一八六九年，史賓格勒說，漢姆荷茲（Hermann von Helmholtz）終於宣稱自然科學的終極目標在於以定量數值表達定性觀念，在於征服「肉眼可見的表相界」

（the visibly apparent——請注意，不是「表象」，是「表相」，也就是我在《反美學》用來翻譯"appearance"的字眼；不過"appearance"用於指稱建築物時，我把它譯作「外觀」），而代之以「外行人無從理解，而且感官無從捕捉的一種意象的語言（a language of imagery）」。在一八六九這一年，攝影、社會學、實證主義和古典寫實主義小說已經先後問世；之後，明確地說是一八八八年，亨利•詹姆斯（Henry James）在《小說的藝術》（*The Art of Fiction*）寫道：「小說存在的唯一理由是試圖to represent人生。」此處交代的這一段歷史，正是主體人與客體界（包括人生、現實、物象、社會、自然）由分離而終至於徹底決裂的過程，由present經represent到re-present具體而微反映了這樣一個過程。這三個英文單字的共同字根源自拉丁文的 *sentire*（動詞的「感

覺」），而拉丁文的 *repraesentatio* 雖然兼有「呈現」與「再
現」兩義，英文之終於出現 re-present 正說明了知識界「感
覺」進而知覺到區分「呈現」與「再現」之必要。詹姆斯的
小說即是以「一種意象的語言」表達他所理解的客體界：他
運用自己覺得進而「知覺」其為最妥當的方式「to represent
人生」──「to re-present 人生」可就無從說起了。

因此，在《反美學》書中，我把"present"譯作「呈示」，
把"re-present"譯作「再現」，把"represent"譯作「呈現」。至
於後者的名詞形態"representation"，如果指的是動作，仍然譯
作「呈現」；如果指的是動作的結果，也就是呈現出來的
（後現代論述所稱的）形象（image），則譯作「表象」或「心
理影像」，兩者同義，取捨則視中文的「象」與「像」之別
而定。

中文的「象」與「像」之別，前者無形（抽象、形象、
意象、印象）而後者有形（肖像、雕像、影像、畫像），雖
然這個「形」可能只是銘記在心版的一個「形影」或「形
相」。此一差異恰似英文的representation與re-presentation，
一個「抽象」而另一個「具像」。這就是為什麼海德格的
Weltbildes，有人譯成「世界圖像」，也有人譯成「世界圖
象」，我寧可取後者。理由是，最低限度在海德格的用法是
這樣的：*Bild*是組構而成的*Gebild*（形象），是人在存有中成
為主體時所理解的世界，而此時的世界已成為與人對立的

Bild，是主體人所呈現出來的「圖象」，並非真有其「像」。*"Bild"*一般英譯作"picture"，轉譯成「像」並沒錯，卻非海德格本義。至於iconography，那是研究美術作品中的符號，無疑該作「圖像學」，正如我在《反美學》的譯法，而不是「圖象學」。

　　除了哲學與藝術，批評書寫也和「呈現」息息相關，正如本書所錄阿默〈後批評的客體〉一文開宗明義指出的。只要領會這一點關聯，那麼呈現比再現更適合對應 representation應該是很清楚了。批評文本是可以「呈」現文學作品，要說「再」現恐怕就不通了。亞里斯多德的《詩學》何曾「再」現希臘悲劇？可是我們確實從《詩學》看到他以主體立場所「呈」現的悲劇面貌。

　　以模擬觀為基礎所作的呈現，即所謂的文學反映人生，就是realism。我們又看到海峽兩岸交流，台灣的作家還沒下水就先嚇死的例子。"Realism"在台灣原本就有個約定成俗的「寫實主義」，大陸卻是以「現實主義」之稱為主流。晚近這些年來，好端端的「寫實主義」逐漸沒人用了，都改成「現實主義」了。現實就比較好？那可不見得。在哲學上，realism稱作實在論，其立論恰恰與唯心論（Idealism）相反。唯心論認定自我既是主體又是客體，故名「唯心」；實在論相信客體世界是獨立於主體之外而存在的，故名「實在」。可是，我們說《君王論》的作者馬基維里是政治上的 realist，意思

卻不是說他「實在」，而是指他的務實、現實，此時的realism
顯然是現實主義（雖然「現實」在中文可能帶有負面的意
涵）。然而，雖有這樣的區別，政治上的現實主義和藝術界
的寫實主義畢竟只是實在論不同的呈現形態。這一項說明特
別是針對薩依德的〈世俗批評與批判意識〉一文而發的。

　　前文提到，劇場的寫實主義乃是為了營造戲劇幻覺。這
裡的「幻覺」，在英文是illusion。可是，在心理學用語中，
幻覺是hallucination，指的是在沒有外來的刺激源時所產生的
知覺，illusion則稱作錯覺，指的是對真實感覺之刺激的誤解。
準此，透視法所說的illusionism應該作「錯覺論」，而不是幻
覺論。這麼說來，戲劇「幻覺」顯然是誤稱。問題是，如果
硬要說「戲劇錯覺」，只怕自己先招惹讀者的錯覺。這不是
鄉愿，而是不得不承認語言的慣性用法。只要不至於造成誤
解，我寧可從俗。

　　譯名不當可能造成誤解。布希亞分析前現代社會與現代
社會的根本差異，在於象徵性交換與遵循市場法則的財貨交
換。他提到potlatch即屬前者，那是西北大西洋沿岸的北美印
地安人，在特定場合或時機有大擺筵席慷慨待客的習俗，藉
財物的分配作為確定社會地位的法定程序。中文版《大不列
顛百科全書》譯作「散財宴」，無疑比「誇富宴」來得妥
當。我當然採用前者。

　　不從俗，為的是「正名」。在不至於產生誤解的前提之

下，如果是既有的譯名不一，我據以正名的基本原則是次序優先。前面提到我對於藝術的realism寧取寫實主義而捨現實主義，即是依照此一原則。又如布希亞在一九八一年出版的 *Simulacres et Simulation*（《類像與擬象》），時報出版的中譯本（1998）作《擬仿物與擬像》，這個標題的第一個字，單數英文作simulacrum，最後一個字與英文拼法相同。以下信手舉出幾本書的譯法。"simulacrum"在《後現代性》（67）和張小虹《性別越界》（163）作「擬象」，在《後現代理論》（39）作「象」，在嚴忠賢《影像地誌學》（14）作「類像物」。至於"simulation"，在《後現代性》（70）作「擬象」或（173）「模擬」，在《後現代理論》（7）作「擬象」，在《影像地誌學》（85）作「類像」，在廖炳惠《回顧現代：後現代與後殖民論文集》（89）作「擬像」。看這些譯名，中文讀者如何適從？以上諸書都出版於一九九四年之後。其實更早出書的唐小兵所譯詹明信講座《後現代主義與文化理論》（1989；1990增訂）231-2頁就解釋了simulacrum的意義，並譯之為「類像」，我當然擇優而行。

不可能也沒必要把令人困擾的譯名逐一交代，因此本書附有詞彙英漢對照表。但是，有一個例子與前面所具陳的理由完全不相干，非特別指出不可。一再出現於後現代，尤其是後殖民論述的"the Other"，就我記憶所及，論者普遍譯作「他者」。鑑於the Other是被主體自我（the Self）給概念化

之後喪失了主體性的對象，我認為「異己」可以傳達這樣的意思，而且看來順眼又讀來順口，所以就顧不得從俗了。附帶的一個好處是，「異己」的複數形態可以順理成章譯作「異類」，如前面提到的「異類論述」。

我想到，最近幾年來一再看到有人把「奧德修斯」和「奧德賽」搞錯，不然就是把它們當作同義詞。其實前者是Odysseus，是人名；後者是 *Odyssey*，意指「奧德修斯的故事」，是書名。歷史更悠久的一個類似例子是喬哀思（James Joyce）的小說 *Finnegans Wake*（《芬尼根守靈》），老是有人把它說成「芬尼根醒來」或「甦醒」。早年翻譯界有過誤譯Milky Way的例子，硬把銀河變成「牛奶之路」。「正名」之舉確有必要，卻也無法忽視習慣用法。以上說明我在這兩難之間如何拿捏分寸，希望有助於減少閱讀《反美學》的困擾，進而增加享受美學論述的樂趣。

編按：本書 Freud 一詞，譯者原採用台灣通用的譯名「佛洛依德」，而本公司所出版關於Freud書籍譯名一向採用「弗洛依德」之譯名，本書因此由編輯部一併統一之。

〈英文版序〉

後現代主義
◎賀爾・福斯特 (Hal Foster)

一、超越現代主義：編選本書的動機

　　後現代主義——到底有沒有這麼一回事？如果有，後現代主義是什麼意思？是一種概念，或是一種實踐？所涉及的問題是局部性的風格，還是全面性的新時期或經濟階段？有些什麼形式？有些什麼效用？如何定位？如何標定後現代主義的來臨？我們真的超越了現代，真的身處（不妨稱之為）後工業時代？

　　本書收錄的論文在探討上述問題的同時，也旁及許多相關的問題。某些批評家，如羅瑟琳・克勞斯 (Rosalind Krauss) 和道格拉斯・克林普 (Douglas Crimp)，把後現代主義定義為與現代主義的美學範疇分道揚鑣。也有批評家，如葛瑞格里・阿默 (Gregory Ulmer) 和愛德華・薩依德 (Edward Said)，把「後批評的客體」和當今的詮釋政略結為一體。還有的，如弗雷德瑞克・詹明信 (Fredric Jameson) 和尚・布希

亞（Jean Baudrillard），視後現代的契機為一個新的、「精神分裂的」時空模式，加以抽絲剝繭。其他的，如柯瑞格・歐因茲（Craig Owens）和肯尼斯・法蘭屯（Kenneth Frampton），把崇尚進步與支配的現代神話之沒落定為後現代主義的興起。雖然各有強調，尤根・哈伯瑪斯（Jürgen Habermas）以外所有的批評家都有一個共通的看法：現代性的方案如今是問題重重。

　　雖然遭遇前現代主義、反現代主義與後現代主義等流派的夾擊，現代主義的應用價值並不因此而稍減。恰恰相反：現代主義，起碼就其為一傳統而言，已經「贏了」──但是這一場勝利付出了慘重的代價，勝局之慘無異於敗北，因為現代主義如今大體上是被收編了。現代主義始興之時，原本秉持對立的態度，公然挑釁資產階級的文化秩序及其歷史的「錯誤的規範」（哈伯瑪斯用語），如今卻成了官方文化。正如詹明信說的，我們欣賞現代主義：一度惡名昭彰的現代主義作品，如今出現在大學裡，在博物館或美術館，在街道。簡言之，現代主義，連哈伯瑪斯都這麼寫道，似乎「勢大無比卻氣息不存」。

　　實情如此，這意味著現代方案如果要加以挽救，勢必要有所超越。這是現今許多生機蓬勃的藝術的當務之急，也是本論集的一個誘因。可是，怎樣才能超越現代？怎樣才能和視危機為轉機的方案（現代主義）分道揚鑣，或凌駕「進

步」（Progress）的時代（現代精神），或跨過踰越常軌的意識形態（前衛主義）？任何人都可以和保羅‧德曼（Paul de Man）隔空呼應，說：每一個時代都要忍受一段自覺其為一個時代的「現代」時刻，也就是危機或清算的時刻，不過這樣觀照現代是與歷史不相干的，簡直就是在從事分類的工作。誠然，「現代」這個字眼或許已經「失去了固定的歷史指涉」（哈伯瑪斯），意識形態卻不然：現代主義是奠基於特定條件的文化結構，**有**歷史的侷限。這幾篇論文的一個共同動機就是探查這個侷限，標記我們的變動。

現代性的意義

這麼說來，第一步就是陳明現代性可能具備的意義。現代性的方案，哈伯瑪斯寫道，與啟蒙運動所揭櫫的並無不同：「根據其內在邏輯」開發科學、道德與藝術的領域。這個方案在，比方說，戰後或晚期現代主義仍有實效，強調的是每一門藝術的純粹性和整體文化的自主性。此一學術方案雖然一度多彩多姿──而且在通俗藝術和學術殿堂兩面包夾之下處境危急──卻逐漸稀釋文化的內涵，物化其形式，勢力之大竟至於激起了反彈，起碼在藝術是如此，引發了針鋒相對的方案，以無政府狀態的前衛運動表現出來（讓人想起達達主義和超現實主義）。這種「現代主義」正是哈伯瑪斯取來

對比「現代性的方案」所強調的，他同時也斥之為只不過是一個領域的否定罷了：「揚棄了高尚的意義，或擺脫了結構的形式，就一無所剩了；解放的效果不會隨之而來。」

此一「超現實主義的反抗」雖然在晚期現代主義受到壓制，卻在後現代主義藝術中死灰復燃（或更精確地說，超現實主義對於呈現〔representation〕所作的批判再度受到肯定），因為「改變客體本身」也是後現代主義的指令。因此，正如克勞斯寫道，後現代主義實踐「並不是依照既定的媒介來界定……而是在一套文化觀點之上依照邏輯運作來界定。」就這樣，藝術的本質起了變化；批評的客體也是一樣：就像阿默說的，一種新的「變體文學（paraliterary）」實踐冒出頭來，泯除了創作與批評兩種體裁之間的界線。同樣的道理，理論與實踐兩者的舊對立也不再被接受，特別是，如歐因茲說的，對於女性主義藝術家尤其如此；在她們而言，介入批評是戰術的運用，是政略上的必要。知識論述所受的影響也不相上下：在學術界，詹明信寫道，不尋常的新方案已經出現。「比方說，米歇・傅柯（Michel Foucault）的作品要稱為哲學、歷史、社會理論或政治學？」（這個問題也適用於詹明信或薩依德的「文學批評」。）

正如一位傅柯、一位賈克・德希達（Jacques Derrida）或一位羅蘭・巴特（Roland Barthes）的重要性所證明的，沒有歐洲大陸的理論，特別是結構主義和後結構主義，後現代主

義實在是難以想像。結構主義和後結構主義業已引導我們去
細加品味，把文化當作一套符碼集成或神話大全（巴特），
當作一組憑想像針對現實的種種矛盾所提出的系列解答（李
維史陀〔Claude Lévi-Strauss〕）。從這樣的觀點來看，一首
詩或一幅畫不必然擁有特權，可以大量生產的工藝品也不太
可能被視為現代主義所稱的**作品**（*work*）──獨一無二、具
有象徵意義、表達深刻的洞識──倒是更有可能被視為後現
代主義所瞭解的**文本**（*text*）──「已寫就的」、寓言性的、
偶發性的。由於這樣的文本模型，後現代主義的一個策略霍
然清晰：解構現代主義並不是為了把現代主義密封在它自身
的形象中，而是為了把它拆開，重寫；拆開其封閉系統（如
博物館或美術館），以便接納「種種文本的異質混合體」
（克林普），以「綜合矛盾」的觀點（法蘭屯）重寫其共相
技法──簡言之，要和「異類論述」（歐因茲）一起挑戰現
代主義的主敘事。

　　但是，這種多樣性可能有疑難，因為，如果現代主義含
括這麼多獨一無二的模型（勞倫斯〔D. H. Lawrence〕、普魯
斯特〔Marcel Proust〕……），那麼「有過多少擋在路上的
高級現代主義，就會有多少不同的後現代主義，因為後者起
碼在出發點上就是**針對**這些模型而進行特定、局部的反應」
（詹明信）。結果是，這些不同的形式可能淪為無足輕重，
不然就是後現代主義被斥為相對主義（就如同後結構主義被

斥為「文本之外」什麼都不存在的荒謬概念）。這樣的異文融合（conflation），我想，是應該小心避免，因為後現代主義並不是多元論——並不是認為文化與政治上所有的主張如今都是開放而且平等那種種吉訶德式仗義行俠的觀念。這種任何事都行得通，「意識形態的終結」此其時矣的啟示信念，只不過是樣樣行不通，只不過是我們生活在沒有希望施予矯正的一個「總體系統」之下的宿命信念的反面——正是厄尼斯特・曼德爾（Ernest Mandel）所稱的「後期資本主義意識形態」那種聽天由命。

顯然，後現代主義之上或之內的每一個立場都被政治「結盟」（薩依德）與歷史議程給標定了。因此，我們如何構想後現代主義深深影響到我們如何呈現現在與過去——哪些方面受到強調，哪些方面受到壓抑。那麼，以後現代主義的觀點劃分時期是什麼意思？是要辯稱我們的時代是個主體死亡的時代（布希亞），或是主敘事失落的時代（歐因茲）？是要宣稱我們生活在一個難以產生對立的消費社會（詹明信），或是人文學科被擠到邊緣地位的庸俗社會（薩依德）？這些觀念並不具有啟示（apocalyptic）意涵：它們標誌的是參差不齊的發展，而不是徹底的絕裂與全新的年代。這麼說來，也許最好是把後現代主義想像成一場新舊模式的衝突——文化的與經濟的，前者不盡然是自主性的，後者不完全是決定性的——與其中涉及的既得利益的衝突。這

起碼可以釐清本書的待決議題：使新興的文化形式與社會關係脫鉤（詹明信），並辯明這麼做的旨趣。

後現代主義的兩種形態

當然啦，即使在目前，對後現代主義採取本位立場還是有的：有人支持後現代主義，可能是把它看作民粹運動，據以抨擊現代主義的菁英取向；或者，反過來說，有人支持現代主義的菁英取向，視其為文化本身，據以抨擊後現代主義，認為那只是庸俗。這類觀點反映一件事：後現代主義被大眾視為（面對後現代建築是毫無疑問的）走向「傳統」必須轉的一個彎路。因此，我要簡略描述一種相反的後現代主義，就是構成本書內容的那一種後現代主義。

當今的文化版圖中，根本的對立存在於兩種後現代主義：一種是試圖解構現代主義，同時抵制現狀，另一種是駁斥現代主義，據以稱頌現狀；前者是抵制型後現代主義（post-modernism of resistance），後者是反動型（of reaction）後現代主義。本選集的論文大部分屬於前一種——其心願在於改變客體界（the object）及其社會脈絡。反動型後現代主義遠比抵制型後現代主義更廣為人知，雖然還沒到獨霸一方的程度，駁斥現代主義卻是當仁不讓。這種駁斥——最刺耳的聲音或許發自新保守主義者，卻處處聽得到迴響——是戰略的

運用：如哈伯瑪斯一針見血指出的，新保守主義者一刀兩斷切開文化與社會，然後為了一方的弊病（現代化）而怪罪另一方的實踐（現代主義）。因果就這樣給混淆了，隨之而來的是，「反方」文化（"adversary" culture）遭受公開的指責，即使經濟與政治現狀受到肯定——確實，一種新的「肯定性」文化給提出來了。

這麼說來，文化仍舊是一股勢力，不過大致上是在社會控制之下，是用來掩蓋表面功夫的累贅形象（法蘭屯）。這一種〔反動型〕後現代主義就是這樣以矯正——別說是美容——的觀點設想出來的，以回歸傳統大道（在藝術、家庭、宗教……）。現代主義被化約成一種風格（譬如「形式主義」或國際風格），備受非議，不然就是被切割得四分五裂，成為一種文化上的錯誤。於是前現代主義和後現代主義的要素東拼西湊，就這樣把人文傳統保留下來。但是，如果不是在現代主義的背景上使失落了的傳統起死回生，如果不是有一個主計畫縮結異質混合的現在，回歸到底是什麼？

所以，抵制型後現代主義以反向實踐（counter-practice）的姿態應勢而興，不只是針對現代主義的官方文化，而且也針對反動型後現代主義「錯誤的規範」。對比之下（不過不**只是**對比），抵制型後現代主義所關注的是，對傳統進行精細的解構，不是通俗或偽（pseudo-）歷史形式的工具性襲仿（instrumental pastiche），為的是批判源頭，不是為了回歸。

簡言之，就是要質疑而不是要利用文化符碼，要探究而不是要隱匿社會與政治結盟。

二、抵制型後現代主義面面觀：本書的內容

後續的論文，內容各有千秋。討論的主題雖多（建築、雕塑、繪畫、攝影、音樂、電影……），清一色是轉型之後的實踐，而不是無關乎歷史發展的類別。論述的方法也是各有千秋（結構主義與後結構主義、拉岡〔Lacanian〕精神分析、女性主義批評、馬克思主義……），卻是以之為對比的模型，而不是什錦「法門」。

尤根・哈伯瑪斯提出的是從啟蒙運動一脈相承的一個文化的基本議題——現代主義與前衛運動，一種進步型現代性（progressive modernity）與一種反動型後現代性。他肯定現代把「規範」列為拒絕往來戶，卻也提出警告，應該慎防「錯誤的否定」；同時他還揭發（新保守主義）反現代主義的真面目，斥其為反動。極力反對反抗與反動之餘，他呼籲以披沙揀金的態度重拾現代方案。

然而，就某一意義而言，這種批判態度模糊了危機所在——正是肯尼斯・法蘭屯面對現代建築所觀察到的危機。啟蒙運動所隱含與現代主義所規劃的烏托邦主義已經帶來浩劫——非西方文化的肌理無一不是分崩離析，西方世界的都市

淪為超大都會。後現代建築師傾向於在表面上作出回應
──諸如民粹主義的「護面（masking）」，風格化的「前衛
主義」，或不足為外人道的符碼。法蘭屯呼籲改弦更張，主
張詳思細考現代文明與地方文化的形式，共相技術與本土風
格雙管齊下互相解構。

　　早在一九五〇年代末、一九六〇年代初，有識之士就已
深切感受到現代性的危機；那一個時機通常被引為後現代主
義的發軔，而當時爆發的意識形態衝突迄今（雖然威力大
減）餘波仍在。此一危機固然是由於外來文化的群起反抗而
搬上檯面，我們卻也不能忽視文化內部的決裂──即使是在
比較冷門的領域，譬如雕塑。羅瑟琳・克勞斯梳理現代雕塑
的邏輯如何從六十年代導向它自身的解構──以及以啟蒙運
動明確又自主的學科秩序為基礎的現代藝術秩序的解構。時
至今日，她辯稱，「雕塑」只是在形式上的「擴展場域
（expanded field）」以一個名詞的姿態存在，一切都是從結
構發展出來的：藝術得從結構去理解，不是從媒介，是以「文
化條件」為導向的。

　　道格拉斯・克林普也斷定現代主義發生決裂，特別是發
生在對於呈現的界定。在羅伯・羅遜柏格（Robert Rauschen-
berg）等人的作品，再也看不到現代主義繪畫「自然的」、一
致的表相，取而代之的是，經由攝影程序產生的，徹頭徹尾
的後現代主義圖片的文化、文本場所。克林普指出，此一美

學的決裂或許意味著現代知識的「目錄」或「檔案」所發生的知識論方面的決裂。循這一條線索，他直接探討現代的美術館體制，其權威端賴一種呈現的巧喻（representational conceit）——不堪深究的關於創作源起的一門「科學」。因此，他宣稱，美術館裡頭同質的作品系列所面臨的威脅，在後現代主義，乃是來自文本的異質性。

柯瑞格・歐因茲同樣視後現代主義為西方的呈現及其權威的地位與放諸四海皆準的主張的一個危機——由迄今仍屬邊緣且仍受壓抑的論述當眾佈達的一個危機，那些論述當中最受矚目的是女性主義。批判現代人的主敘事（master narratives）向來不假辭色的女性主義，歐因茲辯稱，是兼具政治與知識論雙重意義的大事件——在政治方面，女性主義挑戰父權社會的秩序；在知識論方面，女性主義質疑其呈現的結構。他指出此一批判的火力集中在許多婦女藝術家的當代實踐，挑出其中的八位加以討論。

對於呈現的批判當然離不開後結構主義的理論，本書收錄葛瑞格里・阿默的文章即是著眼於此。阿默辯稱當今的批評，其呈現的成規（conventions），脫胎換骨有如藝術在現代主義發軔之初所經歷的。他梳理脫胎換骨之後的批評形態，一一列舉其實踐之道，包括拼貼與蒙太奇（與現代主義的種種流派有關）、解構（特別是對於模擬與符號的批判，與賈克・德希達有關）以及寓言（關注思想在歷史上的具體性質

的一種體裁，與瓦特‧班雅明〔Walter Benjamin〕有關）。這些實踐方法，阿默辯稱，已經導致新的文化形式，實例可見於羅蘭‧巴特的書寫和約翰‧凱吉（John Cage）的作曲。

弗雷德瑞克‧詹明信比較不熱中於符號的崩解與呈現的失落。舉例而言，他注意到襲仿已經成為我們放眼隨處可見的模式（尤其是在電影），其中所透露的不只是我們漂浮在私人語言的大海，而且是我們盼望被召喚回到不像現在那樣問題叢生的時代。這樣的心態必然導致的結果是，不願意和現時（the present）打交道，或不願意從事具有歷史意義的思考──這在詹明信看來就是消費社會「精神分裂」的特徵。

尚‧布希亞也在思索我們這個時代公共時間與空間的淪喪。在一個擬象（simulation）的世界，他說，因果律不復可尋：客體不再能夠發揮主體之鏡像的作用，而且不再有「場景（scene）」可言，不論是私人的或公共的──有的只是「淫／隱景（ob-scene）」資訊。事實上，自我成了一個「分裂體（schizo）」，一個「純螢幕……開放給一切有影響力的網路」。

在前文所描述的這樣一個世界，存心抵制似乎顯得荒謬：這種認命的心態正是愛德華‧薩依德所反對的。資訊──或批評，道理是相通的──的立場很難保持中立的：什麼人從中得利？藉著這個問題，他把那些文本擱淺在現時的脈絡，即「雷根時代」。在薩依德看來，後現代越界是大勢

所趨，雖然「專家」的風尚、「學門」的權威仍然不願鬆手。
誠然，「不干涉主義」被奉為心照不宣的信條，「人文學科」
與「政治」因此高高在上各據一方。可是這樣的行為徒然隔
絕一方而放縱另一方，接下來就是雙方血濃於水的關係無跡
可尋。結果則是，人文學科只有兩條路可以走：對於不合人
文主義的資訊運作文過飾非，以及「呈現人文關懷的邊緣地
位」。於是，我們繞了一整圈，又回到源頭：啟蒙運動，現
代性的學術方案，如今陷入五里霧中，造就的是許多「宗教
的後援會」，而不是「世俗的共同體」，這無異於慫恿國家
權力。對薩依德而言（一如對義大利的馬克思主義者安東尼
歐‧葛蘭西〔Antonio Gramsci〕），這種權力也表現在公民
（civil）體制，威力之大不下於政治與軍事兩個體制。因此，
和詹明信一樣，薩依德驅策我們認清文化文本的「霸權」面
貌，並且倡議積極干涉的反向實踐。在這節骨眼（和法蘭屯、
歐因茲、阿默……等人有志一同），他援引下述的策略：批
判官方的呈現，採用資訊模式（如攝影）的替代效用，復原
異己族類的（歷史）真相。

三、「反美學」的意義：本書的旨趣

這幾篇論文雖然各有千秋，卻有共同的關懷：對西方的
（種種）呈現與現代的「超級大虛構（supreme fictions）」

進行批判；渴望面對差異永保推己及人之心（承認差異而不採取對立，包容異質而不劃分階層）；對於文化的自主「領域」或專家各自為政的「學門」堅守懷疑主義的立場；以超越形式上（文本與文本之間）的親嗣關係，進而追蹤社會上的結盟關係（世間文本的體制「密度」）為最高指導原則。簡言之，一股意志貫穿這些論文：掌握現時的文化與政治連結網，主張抗拒學院派現代主義與政治反動的實踐之道。

本書以「反美學」為標題，就是為了表明上述的種種關懷，而不是在林林總總對於藝術或呈現本身的否定聲中添一蛇足。現代主義之所以醒人耳目，就是由於這一類的「否定」，高舉「否定」的大纛，心繫目中無人的「解放效應」，或夢想烏托邦式的一段親歷其境的時間、一個超越表象的空間。本書絕非如此：出現在這兒的批評家一致認定，我們永遠無法自外於表象──或者，更具體地說，永遠無法自外於呈現的政略。因此本書所稱的「反美學」，標幟的不是現代的虛無主義──那種虛無主義因為一再違法犯紀反而證實法紀之不可廢──而是一種批判，是為了重新銘寫表象的秩序而不惜將之解構的一種批判。

「反美學」一詞也表明了，美學的概念，即美學的觀念網路，在本書中受到質疑。有道是美學經驗遺世孤立，沒有「目標」，完全超越歷史的限制；或宣稱藝術如今能夠造就一個（互為）主觀（[inter] subjective）、具體與共相兼而

有之——象徵意義上的總體性——的世界：這樣的美學觀正是本書質疑的對象。因此「反美學」，一如「後現代主義」，標幟的是立足於現時的文化立場：美學界所提供的分類是否仍有實效？（舉例而言，主觀品味的模型難道不是面臨大眾口味的威脅？共相洞識〔universal vision〕的模型面對異類文化的興起不也是一樣？）縮小範圍來說，「反美學」也標識一種實踐之道，本質上就是學科越界（cross-disciplinary）的實踐，對於涉及到政略（譬如女性主義藝術）或植根於本土的文化形式——亦即拒絕特權美學領域的文化形式——保持敏銳的觸角。

美學界的歷險事蹟構成了現代性波瀾壯闊的敘事之一：從美學自主的時代出發，途經為藝術而藝術，終於抵達必然進境於否定範疇的美學局面，對世界現狀展開批判。令人難以割捨的就是最後這個（西奧多・阿多諾〔Theodore Ador-no〕妙筆生花所著墨的）時刻：這時候的見解是，美學具有顛覆性，是少了美學就會淪為工具掛帥的世界中的一個批評間隙。然而，我們必須考慮的是，這個美學空間也遭到侵蝕——或者，說得恰當些，美學界的批評火網如今大體上是虛幻的（所以也是工具性的）。在這樣一個關係重大的時機，師承阿多諾的策略，即「否定的協議」的戰略，或許得要加以修訂或放棄，得要構想一個新的（和葛蘭西有關的）干涉戰略。這起碼是本書中各家論文的突進行動。當然啦，這樣

的戰略，如果察覺不出自身的侷限——那些限制在當前的世界確實如影隨形——的話，就只有浪漫以終的份。然而，我們顯然不能掉以輕心：身處一個四面八方都是反動勢力的文化，實有必要堅守抵制型的實踐之道。

＊本文分節小標題為中譯者所加。

現代性：一個不完整的方案

Modernity: An Incomplete Project

尤根·哈伯瑪斯（Jürgen Habermas）

一九八○年，建築師繼畫家和電影工作者之後，獲准參加威尼斯雙年展（Biennial in Venice）。破天荒的這次建築雙年展所發表的聲明，實在令人失望。就我看來，在威尼斯參展的那些建築師組成了一個顛倒戰線的前衛派。我的意思是，他們為了遷就一個新的歷史觀，不惜犧牲現代性的傳統。針對這件事，德國《法蘭克福匯報》（*Frankfurter Allgemeine Zeitung*）有個評論家發表了一篇文章，其意義超越這個特定的事件本身；那是對我們的時代所下的一個診斷：「後現代性明確展現其反現代性的面貌。」這句話描述出我們這個時代的一股情感的潮流，這股潮流業已穿透知識生活的一切領域。後啟蒙運動、後現代性，乃至於後歷史的理論──給端上檯面，列入議程。

［現代與古典］

我們從歷史認識到「古代人與現代人」這個語詞。就讓我從定義這些概念開始著手吧。「現代」這個術語由來已久，漢斯・羅伯特・姚斯（Hans Robert Jauss）①已經探討過。「現代」的拉丁文寫作"modernus"，在西元五世紀末首度用於區分兩個時代：一個是已改宗基督教的現時（the present），另一個是羅馬與非基督教的過去。「現代」一詞，含義雖然因時而異，卻是一再用於表達一個新紀元的自覺意

識，把當今的時代和遠古的過去繫結起來，視自己為從舊時代過渡到新時代的結果。

有些作家把「現代性」這個概念侷限於文藝復興，這樣的看法，就歷史觀點而言，是見樹不見林。在十二世紀查理大帝時期，以及十七世紀名聞遐邇的「古今之爭（Querelle des Anciens et des Modernes）」進行得如火如荼時候的法國，人們就認為他們自己是現代人。也就是說，在歐洲，「現代」這個措詞出現、再出現，正巧都是一個新紀元的自覺意識由於重新界定與古人的關係而醞釀成形的時候——尤有進者，在這些新紀元，上古時代被視為可以經由某種模仿使其重見天日的模型。

古代世界的經典施於後代精神的魔咒，由於法國啟蒙運動所揭櫫的理想而首度遭到破解。明確地說，由於現代科學的啟發，人們相信知識的進展永無止境，社會與道德的改善也同樣永無止境，此一信念改變了以往經由回顧古人而油興身處「現代」的觀念。現代派自覺意識的另一種形態就是在這個改變的軌跡中形成的。浪漫主義的現代派反對古典主義者的尚古理想，要尋求一個新的歷史紀元，果然在理想化了的中古時代找到了。然而，十九世紀初奠定的這個新的理想時代，並沒有維持一個固定的理想。十九世紀年間，從這種浪漫精神冒出那種激進化的現代性意識，擺脫了一切特定的歷史連繫。最近出現的這種現代主義只不過是在傳統與現時

之間憑空畫出楚河漢界；而我們，就某方面而論，仍然和十
九世紀中葉首度出現的那種美學現代性同屬一個時代。從那
以後，被視為現代作品的醒目標幟就是「新」，就是由於新
風格不斷推陳出新而將會被征服、變陳舊的那種「新」。但
是，僅僅追求「時尚」的作品很快就會過時，現代的作品則
保有一條連繫古典的神秘臍帶。當然啦，經得起時間考驗的
一向被認為是古典。但是，絕對現代的文獻不再從過去某個
紀元的權威求取這種成為經典的動力；取而代之的是，現代
的作品因為一度是如假包換的現代而成為經典。我們的現代
觀創造了成為經典的自我封閉的典律。就是從這樣的觀點，
我們，比方說從現代藝術史的角度，談到古典的現代性。「現
代」和「古典」的關係肯定已經失去了固定的歷史指涉。

美學現代性的規律

美學現代性的精神與規律，在波德萊爾（Baudelaire）的
作品具有清晰的輪廓。接下來，現代性在不同的前衛運動展
現風采，最後在達達主義者聚會的伏爾泰咖啡屋（Café
Voltaire）和超現實主義達到高潮。在改變了的時間意識找到
共同的焦點，這一類心態是美學現代性的特色。這種時間意
識是透過前鋒和前衛的隱喻表達出來的。前衛明白自己的角
色是侵入未知的領域，把自己暴露在驟然而至、令人心驚的

遭遇戰的危險中,征服尚未被佔領的未來。前衛必須在似乎尚未有人探險過的景觀找到一個方向。

　　但是這些往前探索的行動,這種對於前景不明的未來以及新奇的流派所作的預期,事實上意味著對於現時的抬舉。新的時間意識在柏格森(Bergson)的著作中進入了哲學,其作用不只是表達社會變動、歷史加速、日常生活斷斷續續的經驗。勉強加在短暫無常、捉摸不定與朝生暮死之上的新價值觀,亦即對於動態論(dynamism)的讚揚,揭露了對於清淨、無瑕又安定的現時的渴望。

　　這說明了現代派談到「過去」時,一貫使用的相當抽象的語言。個別的新紀元喪失了它們明確的動力。歷史的記憶被現時對於歷史的極端所懷抱的英雄情緣給取代了——就是頹廢在野蠻、狂暴與原始中立即找到知音的一種時間感(sense of time)。我們觀察到摧毀歷史連續體(the continuum of history)的無政府狀態的意圖;此一意圖,我們可以從這種新美學意識的顛覆力量加以解釋。現代性公然反叛傳統的規範功能;現代性以反抗的經驗維生,反抗所有的規範。這種暴動是把道德與實效這兩個準則中立化的一個途徑。這種美學意識持續演出一場辯證劇碼,辯證的雙方是隱私和公眾醜聞;它沉迷於隨詆毀之舉而來的那種恐怖,卻總是逃避詆毀所造成的微不足道的後果。

　　在另一方面,前衛藝術所表述的時間意識不僅止於漠視

歷史（ahistorical）；它矛尖所刺的對象或可稱為歷史中的假規範。 現代、前衛的精神向來想要以不同的方式利用過去；它隨時準備動用因歷史主義的客觀化學識而能為人有效利用的過去，同時卻反對被鎖進歷史主義博物館的中性化歷史。

瓦特・班雅明（Walter Benjamin）承襲超現實主義的精神，以我會稱之為後歷史主義的心態建構現代性與歷史的關係。他提醒我們法國大革命的自知之明：「大革命引述古羅馬，正如同時裝界推出復古裝。每逢以往的流行界有什麼風吹草動，時裝界就聞得出風尚。」這是班雅明所了解的 *Jetzt-zeit*，也就是把現時當作是開悟的契機，是紛雜的碎象因靈竅頓開而驟顯意趣的時刻。就這個意義而論，對羅伯斯比（Robespierre）來說，上古的羅馬是富含瞬間啟示的一段過去。②

如今，這種美學現代性的精神已在最近開始老化。一九六〇年代還曾經傳頌一時；然而，一九七〇年代以後，我們得要承認，這種現代主義在今天所激起的反應，比起十五年前是要微弱得多。奧塔維歐・帕斯（Octavio Paz），現代性的同路人，在一九六〇年代中葉已注意到，「一九六七年的前衛派是在重複一九一七年的前衛派的作風和姿態。我們正在經驗現代藝術觀念的終結。」從那個時候起，彼得・比爾格（Peter Bürger）的作品就教我們說「後前衛」（post-avant-

garde) 藝術；這個術語挑明了超現實主義的反抗一敗塗地。
③可是，這個失敗到底是什麼意思？是揮手告別現代性嗎？
從比較廣義的角度來思考的話，後前衛的存在是表示有一段
過渡期通往被稱為後現代性的那個比較明顯的現象？

　　事實上，美國最出色的新保守主義者丹尼爾・貝爾
(Daniel Bell) 就是從這個角度闡明當前的形勢。貝爾在《資
本主義的文化矛盾》 (*The Cultural Contradictions of Capi-
talism*) 書中辯稱，西方已開發社會的危機要往前追溯到文化
與社會的分裂。現代主義文化已經滲透到日常生活的價值；
生命世界受到了現代主義的感染。由於現代主義的力道，百
無禁忌的自我實現的原則、對於真正的自我體驗的需求以及
感官遭受過度刺激的主觀論 (subjectivism) ，全都變成主
流。貝爾說，這種風氣釋放出和社會中講求專業生活的紀律
無法共容的享樂動機。尤有進者，現代主義文化和人生中具
有目標、合乎理性行為的道德基礎根本不能相容。就這樣，
貝爾把導致新教倫理體系 (Protestant ethic) 解體（早已困
擾瑪克斯・韋伯〔Max Weber〕的一個現象）的責任歸咎於
「反方文化 (adversary culture) 」。以現代形式表現出來的
文化，挑起了對於日常生活的成規和美德的敵意，這在經濟
與行政的強制壓力之下已經合理化了。

　　我想提醒各位注意這個觀點錯綜複雜的紋路。在另一方
面，我們聽說現代性的衝力已經衰竭；任何一個自認為前衛

的人都能夠讀到自己的死亡證明書。前衛派雖然仍被認為要拓展版圖，卻可能不再有創意可言。現代主義勢大無比卻氣息不存。因此，對新保守派而言，問題來了：怎樣才能發揚可以限制自由思想、重建紀律與工作倫理的準則？什麼樣的新準則會在社會福利國家所引起的齊頭式平等踩煞車，使得個體力爭上游以獲取成就的美德重歸主流？在貝爾看來，來一場宗教復興是唯一的解決辦法。宗教信仰結合對傳統的信仰將提供給個人明確的身分認同與存在的（existential）安全感。

文化現代性與社會現代化

人肯定不可能藉魔法召喚出支配得了權威的強勢信念。因此，像貝爾所作的分析徒然導致一種如今在德國廣為流傳，而且在美國也不相上下的態度：對文化現代性的推廣人進行一場知識的與政治的遭遇戰。下面引述彼得・司坦福茲（Peter Steinfels），他觀察新保守主義者硬戴在一九七○年代知識界頭上的一頂新款式大帽子：

> 鬥爭表現在揭發每一個可稱之為反對派心理的表徵，同時追蹤其「邏輯」，以便把它和極端主義的種種不同形態聯結在一起：斷言兩者之間的關連，包括現代

主義與虛無主義之間……政府法令與極權主義之間，
批評軍備支出與屈從共產主義之間，婦女解放或同性
戀權利與破壞家庭之間……廣義的左派與恐怖主義、
反猶太主義和法西斯主義之間……。④

這些知識罪名所顯示人身攻擊的批評方法和咬牙切齒的
作風，在德國也已經響徹雲霄。要解釋這個現象，犯不著大
張旗鼓去分析新保守主義作家的心理；只消說它們植根於新
保守主義教條本身在分析條理方面的弱點，這就夠了。

新保守主義把多少算得上成功的資本主義經濟與社會現
代化所造成令人不安的後遺症，轉嫁給文化現代主義。新保
守主義的教條模糊了受到歡迎的社會現代化過程和令人感到
遺憾的文化發展兩者的關係。新保守派並沒有為工作、消費、
成就與休閒等態度的改變揭露經濟與社會成因。結果是，他
把下列的這一切——享樂主義、缺乏社會認同、不懂得服從、
自戀、逃避地位與成就競爭——全都歸因於「文化」的範
疇。然而，揆諸事實，文化只有透過非常間接而且幾經轉手
的方式才介入這些問題的發生。

新保守派就這樣移花接木，把那些仍然覺得自己獻身於
現代性計畫的知識分子和那些未經分析的理由給畫上等號。
如今滋養新保守主義的那種心境，絕不是源自對於文化走出
博物館進入日常生活之流的反律法論（antinomian）後果有

所不滿。這種不滿，現代主義知識分子從來不曾把它當作一回事。它的源頭在於，對**社會**現代化的過程懷有根深蒂固的反動心態。在維持經濟成長的動力與貫徹國家的組織雙重壓力之下，這種社會的現代化滲透到人類生存的種種舊形式，越來越深入。此一生命世界臣服於體制號令的情形，在我看來無異於擾亂日常生活溝通的基層結構。

因此，舉例而言，新民粹主義的抗議只是以話中帶刺的作風表達一個普遍的恐懼，恐懼都市與自然環境遭受破壞以及維繫人類社會和諧的種種形式毀於一旦。新保守主義的這些抗議確實令人錯愕。延續文化傳統、社會整合與社會化等工作，在在需要秉持我所稱的溝通的理性。但是抗議與不滿偏偏都是出現在這樣的時機：由經濟與行政兩皆講求理性的標準──換句話說，就是與隨後提到的那些領域所倚賴的那種種溝通的理性標準大不相同的理性化標準──所主導的一種現代化形態，突破了以價值和常規的再生和承傳為中心的種種溝通運作的領域。可是新保守派的教條偏偏就是要把我們的注意力從這類社會工程轉移開來：他們編派一些理由，並不加以說明，就把這些理由投射在具有顛覆性的文化及其擁護者身上。

可以確定的是，文化現代性也造成自己進退失據的困局。現代性的方案啟人疑竇，這固然是**社會**現代化的後果有以致之，**文化**發展本身的展望也是難辭其咎。既已檢討新保

守主義對現代性所作立論薄弱的批評，以下我要轉個方向，從討論現代性及其不滿轉向不同的範圍，探討文化現代性的這種種困局——這方面的議題經常只是被取來為下列幾種立場提供藉口：要不是呼求後現代，就是主張回歸某種前現代的形態，不然就是一腳踢翻現代。

啟蒙運動的方案

　　現代的觀念和歐洲藝術的發展息息相關，不過我說的「現代性的方案(the project of modernity)」只有在我們揚棄獨尊藝術的慣常看法之後才找得到焦點。就讓我從瑪克斯・韋伯的一個觀念著手進行不一樣的分析。他認為文化現代性的特徵在於，宗教與形上學所表達的具體道理分裂成三個領域：科學、道德與藝術。這三個領域各自獨立門戶，因為統一的宗教與形上學的世界觀已經崩潰。十八世紀以來，從這些較古老的世界觀承襲而來的問題，可以按實效分門別類，明確歸為三方面：真理，規範性適切 (normative right-ness) ，真實性 (authenticity) 與美感。於是，這些問題可以依次按知識、正義與道德、品味的問題加以解決。這一來，科學論述、道德理論、法理學以及藝術的創作與批評，都可以制度化。每一個文化領域都可以使之對應於文化專業，每一個專業的問題都可以有專家的立場據以處理。這種文化傳

統的專業化處理，把文化三大範疇各自的固有結構呈現在我
們的眼前。認知－工具、道德－實用以及美學－表現的理性
結構於焉出現，無一不在專業人士的掌握中，而這些專業人
士似乎比其他人更善於運用這些特定的邏輯方法。結果是，
專家文化與為數更多的公眾文化兩者的距離越來越大。經由
專業處理與思索所衍生的文化效益並沒有立即，也不見得必
然成為日常實用的資產。由於這種文化的理性化，傳統要義
本已貶值的生命世界將會越來越貧瘠的威脅有增無已。

　　十八世紀啟蒙運動哲學家所構想的現代性方案，可以從
他們在這方面的努力看出來：根據各自的內在邏輯發展客觀
的科學、普遍的道德與法律，以及自主藝術。這個方案同時
有意從這些領域各自的祕傳形式釋放其認知潛能。啟蒙運動
哲學家要利用這種專業化文化的衍生效益，為的是厚實日常
生活——也就是說，為了日常社會生活的理性運作。

　　和孔多塞（Condorcet）同屬一類的啟蒙運動思想家甚至
懷有不切實際的期望，期望藝術與科學不只會提高對於自然
勢力的控制，而且會促進對於世界和自我的了解、道德的進
步、法規的公平，乃至於人類的福祉。二十世紀動搖了這個
樂觀主義。科學、道德與藝術的分化，如今態勢已趨明朗，
無非意味著自主性只存在於專業人士所處理的小部分範圍，
而且這些各自為政的專業範圍根本脫離了日常溝通的詮釋系
統（hermeneutics）。這一分裂正是引發試圖「否定」專才文

化的問題所在。問題可不會自行消失：我們是該奮力堅持啟蒙運動的**意圖**，雖然這些意圖也許根基不穩，還是應該宣佈整個現代性方案是個失效了的主張？既已從歷史觀點說明何以美學現代性只是整體文化現代性的一部分，現在我要回到藝術文化的問題。

錯誤的文化否定綱領

大而化之地說，從現代藝術史可以發現在藝術的定義與實踐上，自主性越來越強的一個趨勢。「美」的範疇以及美感對象的領域最早是在文藝復興時期給確定的。十八世紀年間，文學、美術與音樂都制度化了，成為獨立於宗教與宮廷之外的活動。大約在十九世紀中葉，終於出現藝術的唯美概念，此一概念激勵藝術家根據明確的為藝術而藝術的意識從事藝術創作。這一來，美學領域的自主性就有可能成為一個有所為而為的方案：有天分的藝術家可以真確表現他在遭遇自己的去中心主體性時的那些經驗，擺脫公式化認知與日常活動雙重束縛。

十九世紀中葉，在繪畫與文學，掀啟了奧塔維歐‧帕斯發現在波德萊爾的藝術批評已經具備雛形的一場運動。色彩、線條、聲音和動作不再是以呈現（representation）為首要目標；表達的媒介和創作的技巧本身成了美學的客體。因

此，西奧多・阿多諾（Theodor W. Adorno）的《美學理論》
（*Aesthetic Theory*）開宗明義寫出這樣的句子：「如今被視
為理所當然的是，藝術之事再也無一可視為理所當然：藝術
本身固然如此，藝術和整體的關係也一樣，甚至連藝術存在
的權利也不再是理所當然。」「藝術之為藝術的存在權利」
（*das Existenzrecht der Kunst als Kunst*），這正是當時超現
實主義所否認的。可以確定的是，如果現代藝術不再針對其
與人生「整體」的關係提出快樂的允諾，超現實主義也就不
會挑釁藝術存在的權利。對席勒（Schiller）而言，美感直覺足
以傳達卻無法實現這樣的允諾。席勒的《論美育書簡》
（*Letters on the Aesthetic Education of Man*）告訴我們一個
超越藝術本身的烏托邦。波德萊爾重申透過藝術追求「快樂
的允諾」，可是到了他那個時代，與社會妥協的烏托邦已經
變得索然無味。對立的關係出現了；藝術變成一面吹毛求疵
的鏡子，鏡中顯現美學世界與社會世界無從妥協的本質。隨
藝術越來越脫離人生，越來越縮進完全自主而無從捉摸的地
步，這種現代主義的轉變也就越來越讓人感到痛苦。這一類
感情的潮流終於匯成那種種爆發的能量，一股腦兒傾洩在摧
毀藝術自給自足的領域以及強迫藝術與人生取得妥協的超現
實主義意圖。

可是所有那些拉攏藝術與人生、虛構與實際、表相
（appearance）與真實的意圖；那些消除工藝品與實用物、有

意識的表現與即興式的作樂的分際的意圖；那些宣稱每一樣東西都是藝術而每一個人都是藝術家，撤消所有的準繩而把美學判斷和主觀經驗的表達畫上等號的意圖──事實證明，所有這些作為是毫無意義的實驗。這些實驗反倒使得他們存心破除的那些藝術結構起死回生，又將之發揚光大。舉凡作為虛構之媒介的表相，藝術品凌駕社會之上的超越性，藝術生產所具備密集而且有計畫的特性，以及品味判斷的特殊認知狀態，他們一概賦予新的正統地位，視其為目的本身。說來諷刺，否定藝術的激進作風竟然落得這樣的下場：到頭來獲得平反的正是啟蒙運動美學已經用來限制其客體領域的那些範疇。超現實主義者展開最偏激的戰鬥，但是特別有兩個錯誤使得他們的反抗功虧一簣。第一個是，自主發展的文化領域的容器搖搖欲墜的時候，內容物自然跟著散落。揚棄了高尚的意義，或擺脫了結構的形式，就一無所剩了；解放的效果不會隨之而來。

第二個錯誤引發的後果，意義更重大。在日常溝通，認知的意義、道德的期望、主觀的表達與評價，全都必須彼此關連。溝通過程需要一個涵蓋所有領域的文化傳統，包括認知、道德實踐和表達等領域。因此，單獨敲開藝術這個文化領域的窗口，這樣僅僅提供眾多分殊化知識複合體（special-ized knowledge complexes）當中的一個通道，就想挽救理性化的日常生活，使其免於文化貧瘠，這幾乎是不可能的。超

現實主義的反抗充其量只能取代一個抽象觀念。

　　我們或可稱之為錯誤的文化否定（false negation of cul-ture）的這種作風，在理論性知識與道德的領域也有類似的失敗事例，只是比較不受重視而已。自從青年黑格爾學派（Young Hegelians）的時代，一再有人談到哲學的否定。自從馬克思，一再有人質疑理論與實踐的關係。然而，馬克思學派的知識分子投身於一場社會運動；可以和超現實主義否定藝術的綱領相提並論的企圖實行否定哲學的綱領，則只見於這場運動外圍的派系之爭。只要觀察獨斷論（dogmatism）和道德嚴謹論（moral rigorism）的後果，即可在這些綱領明白看出類似超現實主義所犯的錯誤。

　　只有一個方法糾正得了物化的日常生活實踐：為認知活動創造一個可以和道德實踐以及美學表達這兩個領域的種種要素自然而然產生互動的關係。僅僅迫使那些高度風格化的活動領域當中的一個敞開門戶而變得比較開放，這無法克服物化。我們倒是發覺在某些情況下，恐怖主義的活動以及這些領域當中的任何一個過度擴張而介入別的領域，這兩者有關係：把政治美學化，或以道德嚴謹論取代政治，或使政治屈從於某一教條的獨斷論，凡此傾向都可能會成為我們現在所說的例子。然而，這種種現象不應該促使我們抨擊浩劫餘生的啟蒙運動傳統的旨趣，斥其為植根於「恐怖主義的理智」。⑤把現代性的方案和個別恐怖分子的意識狀態與驚人

之舉混為一談的那些人，他們目光如豆不下於這種人：會宣稱在黑暗中、在憲兵隊和情治單位的地下室以及在營區和官方機構所發生的，更持久與更廣泛兩皆無與倫比的官僚恐怖，是現代國家「存在的根由」，只因為這一類行政上的恐怖乘便利用現代官僚政治的強制手段。

替代途徑

我想，與其把現代性及其計畫看作走入死胡同的主張而棄如敝屣，我們不如從那些企圖否定現代性的大而無當的綱領所犯的錯誤學得教訓。感受藝術的形態或能提供起碼可以指示脫困方向的一個事例。

資產階級藝術對觀眾同時有兩個期望。一方面，喜歡藝術的門外漢應該自修，使自己成為行家。另一方面，他也應該像個識貨的消費者，善用藝術並且把美感經驗和他個人的生活問題結合起來。這第二個，而且似乎無害的，體驗藝術的方式，已經喪失激進的意涵，正是因為這種體驗和行家與專業態度的關係業已混淆。

確定的是，如果不是以專業處理自主問題的形式去執行，如果對通俗問題不怎麼感興趣的專家不再關心，藝術生產會枯竭。因此，藝術家和評論家都接受此一事實：這類問題全困在我先前所稱一個文化領域的「內在邏輯」的魔咒之

下。可是，美感經驗一旦捲入個人的生活經歷而成為日常生活的一部分，這種明確的界說，這樣僅僅專注於實效面而排除真理面與正義面，就站不住腳了。一般人士，或「日常生活專家」，對於藝術的感受別有門路，和專業批評家的藝術感受大異其趣。

　　阿布雷希特‧韋爾莫（Albrecht Wellmer）使我注意到，不因專家評論性的品味判斷而自縛手腳的美學經驗，可以有其別出心裁之道：這種經驗一經使用於闡明生活史的情境，便和人生問題搭上線，就歸於不再是美學批評家所專擅的一種語言遊戲。這麼一來，美學經驗不只是重新詮釋我們賴以理解世界的種種需求。它還滲透到我們的認知性示意（cognitive significations）和規範性期望（normative expectations），並且改變所有這些關係要素相互指涉的方式。我來舉個例子說明這個過程。

　　這種感受與領會藝術的方式，德裔瑞典籍作家彼得‧魏斯（Peter Weiss）所著《美學反制》（*The Aesthetics of Resistance*）第一卷提到了。魏斯透過一九三七年柏林一群兼有政治動機與知識饑渴的工人，描述重新挪用藝術的過程。⑥他們都是年輕人，從高級中學夜間部的教育學到了掌握歐洲藝術通史與社會史的知識方法。這種客觀精神極具韌性的龐然偉構，就體現於他們在柏林的博物館一次又一次看到的藝術品，於是他們開始從那巍巍壯觀的建築拆解他們自己的

紀念石塊，彙集之後，在他們自己的環境背景加以重組。這個環境遠離傳統教育以及當時存在的社會組織的環境。這些年輕的工人來回穿梭於歐洲藝術的龐然偉構和他們自己的環境，直到他們有能力探幽發微，兩邊無所偏廢。

　　這一類例子說明從生命世界的立場重新挪用專家的文化，從中我們可以領悟出持平看待沒有指望的超現實主義的反抗意圖的一個道理，或許比起布雷希特（Brecht）與班雅明對於藝術作品──它們已經失去靈性──如何還能帶給人啟示的興趣，只有過之而無必及。總而言之，現代性的方案仍未實現。此一方案至少包括三方面，藝術的感受只是其一。這個方案的目標是有所區別地重新連繫現代文化與日常實踐，後者固然仰賴重要遺產，卻會因為故步自封而喪失生機。然而，這個新關聯只有在一個條件之下才建立得起來：社會現代化也要往不同的方向發展。生命世界得要有能力從自身發展出一些機制，足以限制一個近乎自主的經濟制度及其行政機關的內部動力與強制力。

　　如果我說得沒錯，那麼當今的情況並不樂觀。大體說來，在整個西方世界，進一步推動資本主義現代化的過程與趨向的一股思潮已經成型，此一過程與趨向對於文化現代主義並無好感。否定藝術與哲學的那些綱領雖然失敗了，可是因此而來的幻滅感卻成為保守派立場的藉口。我就簡略區分一下「青年保守分子」的反現代主義和「老年保守分子」的前現

代主義以及新保守份子的後現代主義之間的差別。

「青年保守分子」重溫美學現代性的基本經驗。他們宣稱，揭露一個從工作與實用的義務獲得解脫的去中心主體性，是他們獨有的經驗；由於此一經驗，他們跨步揮別現代世界。他們以現代主義的心態為基礎，為一個無可妥協的反現代主義提出辯護。他們把自發的想像力、自我經驗和情感驅逐到遙遠又古老的領域。他們以二元對立的方式，把工具性的理智和唯有招魂才能獲致的原則等量齊觀，不管召喚是來自是權力或主權意志，不管是來自存有或詩的狂熱。在法國，這個門派從巴塔耶（Georges Bataille）經傅柯（Michel Foucault）傳到德希達（Jacques Derrida）。

「老年保守分子」不允許自己受到文化現代主義所感染。他們看到實質理智的沒落，看到科學、道德與藝術各立門戶，看到現代世界觀及其程序掛帥的理性，滿懷憂戚，因此倡議退隱到現代性發蒙**之前**的立場。特別是新亞里斯多德主義（Neo-Aristotelianism），如今坐享一定的成果。鑑於社會生態的問題，他們主張建立一套宇宙倫理觀（a cosmological ethic）。（這個派別源自雷歐・史特勞斯〔Leo Strauss〕，漢斯・尤納斯〔Hans Jonas〕和羅伯特・司佩曼〔Robert Spaemann〕所撰有趣的著作，可以歸為同一類。）

最後，新保守分子歡迎現代科學的發展，只要這發展持續帶動科技的進步、資本主義的成長以及合理的施政。尤有

進者，他們針對文化現代性的爆炸性內容提出一種能化解危機的政略。主張之一是，只要對科學有正確的了解，當可發現科學對於生命世界的走向已經注定毫無意義。還有一個主張是，政治必需盡量保持超然，不要屈從於道德實踐的理由。第三個主張斷言藝術的純內在性 (pure immanence) ，反駁藝術具有烏托邦的內含，並且為了把美感經驗侷限於個人隱私，舉證指出藝術的虛幻性格。（此處可以列出早期的維根斯坦〔Wittgenstein〕，中期的卡爾・施密特〔Carl Schmitt〕，和晚期的戈特夫里德・貝恩〔Gottfried Benn〕。）但是，由於科學、道德與藝術毫不含糊侷限於自主的領域，脫離了生活世界，全歸於專家在經營，文化的現代性方案所保留的就只是假設我們全盤放棄現代性方案之後所剩下的。有人要以傳統取代，然而傳統被抓牢了，對於（規範性）正當與實效的需求根本無動於衷。

這種類型論 (typology) ，一如任何其他種類，當然是簡化的說法，但是用於分析當代知識與政治的遭遇戰，可能不至於完全沒有用處。我擔心的是反現代性，外加一點前現代性的意味，在另類文化的圈子裡正流行。觀察德國政治黨派內部意識的轉型，顯然可見一股新的意識形態變遷 (*Tenden-zwende*)。那正是後現代主義派和前現代主義派的合流。在我看來，知識分子的弊病和新保守主義的立場並不是特定政黨的專利。因此，我有正當的理由感謝法蘭克福市頒給我以阿

多諾為名的這個獎所代表的自由主義精神——阿多諾正是法蘭克福最傑出的一個市民，他以哲學家和作家的身分在我國以無與倫比的方式留下知識分子的形象，他甚至已經成為知識分子效法的模楷。

Seyla Ben-Habib英譯

＊本文原是一九八○年九月，哈伯瑪斯接受法蘭克福市所頒阿多諾獎 (the Theodor W. Adorno prize) 時，發表的演講。隨後，先是在一九八一年三月，再度發表於紐約大學的紐約人文研究所詹姆斯講座 (James Lecture of the New York Institute for the Humanities)，接著以〈現代性與後現代性之爭〉 ("Modernity Versus Postmodernity") 的標題刊登於*New German Critique*第22期(1981年冬季號)。譯文經原作者與出版社同意授權轉載。

＊本文 [ ] 內的標題為中譯者所加。

註釋

[註1] 姚斯是個傑出的德國文學史家與批評家，研究專長為「感受美學」 ("the aesthetics of reception")，那是跟德國的讀者反

應批評 (reader-response criticism) 有關的批評類型。對於
「現代」一詞的討論，見姚斯所著 *Asthetische Normen und
geschichtliche Reflexion in der Querelle des Anciens et des
Modernes* (Munich, 1964)。以英文發表的，見姚斯所撰"History
of Art and Pragmatic History," *Toward an Aesthetic of
Reception,* trans. Timothy Bahti (Minneapolis: University of
Minnesota Press, 1982), pp.46-8.〔編者〕

〔註 2〕見班雅明所撰"Theses on the Philosophy of History," *Illumi-
nations,* trans. Harry Zohn (New York: Schocken, 1969), p.
261。〔編者〕

〔註 3〕帕斯對於前衛派的見解，*Children of the Mire: Modern Poetry
from Romanticism to the Avant-Garde* (Cambridge: Harvard
University Press, 1974), pp.148-64特別值得注意。至於比爾
格，見 *Theory of the Avant-Garde* (Minneapolis: University of
Minnesota Press, Fall 1983)。〔編者〕

〔註 4〕Peter Steinfels, *The Neoconservatives* (New York: Simon
and Schuster, 1979), p.65.

〔註 5〕「把政治美學化」(to aestheticize politics) 這個語詞呼應班
雅明在"The Work of Art in the Age of Mechanical Repro-
duction"文中對法西斯主義者錯誤的社會綱領所作精譬的陳
述。哈伯瑪斯此處對於啟蒙運動批評家所作的批評，對象似
乎不是阿多諾和馬克斯·霍克海默 (Max Horkheimer) ，而
是當代的「新哲學家」 (*nouveaux philosophes*，如 Bernard-
Henri Lèvy等人) 及其德國與美國的同道。

[註 6] 指的是魏斯的小說*Die Asthetik des Widerstands*(1975-8)，他最
　　　　廣為人知的或許是一九六五年的劇本《馬哈／薩德》
　　　　(*Marat / Sade*)。被這些工人「重新挪用」的藝術品是波格門
　　　　祭壇 (Pergamon altar)，那是權勢、古典主義與理性的象徵。
　　　〔編者〕
　　　中譯按：《馬哈／薩德》劇本的中譯，見鍾明德《從馬哈／薩德
到馬哈台北》（台北：書林，1988），pp.15-133。 又，波格門祭壇
係西元前一八〇至一六〇年間所建，位於今土耳其的貝爾加馬衛城內
的宙斯祭壇，柏林博物館於一八七八年開始主持古城遺址挖掘時所出
土的古蹟之一，現藏於德國的波格蒙 (Pergamum) 博物館。

朝向批判性地區主義：
抵制性建築六大要點

Towards a Critical Regionalism:
Six Points for an Architecture of Resistance

肯尼斯‧法蘭屯 (Kenneth Frampton)

共相化（universalization）的現象是人類的一大進展，同時也形成一種難以言詮的毀滅，不單是指傳統文化的毀滅，那可能不是無法挽回的錯誤，而且也指我目前所稱的偉大文化的創造核心，那個核心乃是我們詮釋生命的基礎，也就是我先前所稱的人類的倫理與神話核心。衝突從那裡冒出來。我們有這樣的感覺：這個獨樹一幟的世界文明同時奮力在進行什麼消耗或磨損，不惜犧牲創造過去的偉大文明的那些文化資源。這個威脅見於，只說令人不安的許多結果當中的一個，遍佈在我們眼前的二流文明，那種文明則是我方才所稱的基礎文化荒謬的配對。放眼世間，到處可見同樣的爛電影，同樣的自動販賣機，同樣觸目驚心的塑膠或鋁製品，同樣扭曲原義的廣告語言，例子不勝枚舉。看來仿如人類集體邁向基本的消費社會，因此也集體逗留在一個次文化的水平。這就說到了剛脫離未開發階段的國家所遭遇的危機問題。為了走上現代化的道路，難道就非要擯棄曾經是民族命脈賴以維繫的舊文化不可？……於是有了這樣的矛盾：在一方面，國家得要植根於過去的土壤，錘鍊民族精神，在殖民主義的政策面前撐開這一張精神與文化的反制大纛。可是，為了參與現代文明，必得要同時參與科學、技術與政治的理性行為，這在大多數的情況下唯有全盤放棄文化的過去。這是事實：沒有一個文化能夠承受現代文明的衝擊又加以吸收。這是矛盾所在：如何走向現代，同時回到源頭；如何復甦舊的、死氣沉沉的文明，同時參與共相文明。①

——保羅・里克爾《歷史與真相》

一、文化與文明

現代建築如今普遍受到精益求精的工業技術的制約，程度之深竟至於創造有意義的都市形態的可能性已變得窒礙難行。由於汽車的流通和土地投機炒作雙重緊箍咒的掣肘，都市設計處處受到限制，任何干預都難有效果可言，不是淪為生產指令預先決定了的生活環境的矯正術，就是淪為現代發展為了促進行銷和維持社會管制所不可或缺的一層保護膜。當今建築的實踐似乎呈現越來越明顯的兩極化趨勢，一方面是完全取決於生產的所謂「高科技」方法，另一方面是提供一個「補償正面（compensatory facade）」以遮掩這個共相建築系統所造就的不堪入目的現實。②

二十年前，文明與文化的辯證作用仍然可能對都市建材的外形和意義，有效維持某種一般性的管制。然而，最近二十年已經大幅度改變已開發世界的都會中心。在一九六〇年代基本上仍然是十九世紀都市建材的建築物，從那以後逐步被超大型都會發展的兩種共生的工具給淹沒——獨棟高聳的大樓和蜿蜿蜒蜒的快速道路。前者終於時來運轉，成為因後者帶動地價增值而得利的上上策。典型的市區，一直到二十年前，仍然呈現主要住宅區混雜服務業和製造業的面貌，如今差不多全變成了**辦公大樓林立**的都市景觀：共相文明節節

進逼，隨地區而不同的文化全面敗退。里克爾指出的困局
——亦即「如何走向現代，同時回到源頭」③——如今似乎
是被現代化的啟示軍給迂迴包抄重點突破了，一個社會可能
在其中生根的神話－倫理核心，則由於漫無節制的發展而飽
受侵蝕。④

　　從啟蒙運動開始直到現在，**文明**所涉及的主要是工具性
動機，**文化**則著重於表現的特性——著重於對生存的體悟及
其**集體**心理－社會現實的演化。當今文明被捲入永無休止的
「手段與目的」的鏈環，有增無已。在這樣的鏈環當中，按
漢娜・鄂蘭的說法，「『為了某種目標』一變而為『基於某
種考量』的內容；實用性證實為意義釀成無意義。」⑤

二、前衛運動的興衰

　　前衛運動的出現和社會與建築的現代化是分不開的。過
去一個半世紀以來，前衛文化承擔過不同的角色，有時促進
現代化的過程，因而扮演進步、解放的作風，有時則滿懷敵
意反對資產階級文化的實證主義（positivism）。大體說來，前
衛建築對於啟蒙運動進步的軌跡扮演過正面的角色。這方面
的範例見於新古典主義所扮演的角色：自十八世紀以來，它
同時充當推廣共相文明的象徵與工具。然而，十九世紀卻見
到歷史上的前衛運動對工業製造方法和新古典形式採取敵對

的立場。這是「傳統」的一方首度齊心協力，對現代化的製造方法作出激烈的反應，當時正值哥德風復興運動與美術工藝運動 (the Gothic Revival and the Arts-and-Crafts movements) 對於功利主義與分工產業採取絕對否定的態度。批判歸批判，現代化並沒有因而改弦易轍；十九世紀下半葉自始至終，資產階級藝術逐漸遠離殖民主義冷冰冰的現實和古技術的利用。因此，在那個世紀的末年，前衛派的新藝術 (Art Nouveau) 在「為藝術而藝術」這個補償命題找到了庇護所，縮進華格納(Wagner)音樂劇脫俗絕塵的風格所激發的思古幽情或魔術幻景的夢想世界。

　　然而，進入二十世紀不久，革新的前衛派由於未來主義的誕生而如虎添翼，所向披靡。對舊秩序 (*ancien régime*) 毫不含糊的批判促成了一九二〇年代生氣蓬勃的主要文化流派：純粹主義，新造形主義 (Neoplasticism)，以及構成主義 (Constructivism)。這些運動是激進的前衛主義能夠衷心認同現代化過程的最後一個時機。第一次世界大戰——「結束所有戰爭的一場戰爭」——的第一道餘波，科學、醫藥與產業的勝利，似乎是要確認現代方案帶來解放的許諾。然而，在一九三〇年代，新興的都市化勞動階級普遍的落伍與長期的不安全感，戰爭、革命與經濟蕭條引起的動亂，繼之以面臨全球性政治與經濟危機而油然興起對於心理－社會穩定的渴求，三者共同引發一種形勢：壟斷與國家資本主義兩者的

利益脫離了文化現代化的解放驅力，這在現代史上是頭一遭。共相文明與世界文化不可能用於支撐「國家神話（the myth of the State）」；歷史上的前衛運動擱淺在西班牙內戰的礁岩，反動－成形的模式一再發生。

這些反動當中，特別重要的一個是新康德學派（Neo-Kantian）的美學主張再度抬頭，取代了文化解放的現代方案。以往擁護社會－文化現代化的左翼鬥士，對史達林主義的政治與社會策略感到困惑，如今鼓吹戰略性的撤退，棄守全面改變當前現實的方案。他們是基於這樣的信念：只要社會主義與資本主義的鬥爭持續不已（進行這場衝突必然導致的操縱大眾文化的策略），現代世界就不可能繼續懷抱推展一個可以打斷（或提到打斷）資產階級迫害史的邊緣性、解放性、前衛派文化的遠景。類似**為藝術而藝術**的這個主張，最初是在一九三九年柯列門特‧格林伯格的〈前衛與三流作品〉所提出，當作一條「落地航線（holding pattern）」；該文結論相當曖昧，是這樣寫的：「當今我們捍衛社會主義僅僅為了保護我們目前擁有的任何活文化。」⑥一九六五年，格林伯格在〈現代派繪畫〉以形式主義的措詞重申這個立場，文中寫道：

　　〔藝術家〕所能鄭重其事看待的所有工作全遭啟蒙運動否定之後，他們看來仿如即將同化於純粹的娛樂，而

娛樂看來仿如即將，像宗教一樣，同化於治療。藝術唯有證明它們所提供的這種經驗本身就是價值所在，而且這種經驗不是從事其他活動所能得到的，這樣才有可能拯救自己免於矮化。⑦

雖然有這種知識盾的立論，藝術畢竟是走在下坡的路上，就算不是向娛樂靠攏，也肯定是向商品以及向——以查爾茲·京可斯分類的「後現代建築」⑧以來的情況而論——純技術或純景觀靠攏。在後一種情況，所謂的後現代建築師，在解放性現代方案被認為已證實破產之後，僅僅是以沒頭沒腦、不食人間煙火的形象滿足媒體社會，而不是供應，像他們宣稱的，一個創造性的**秩序重整**。關於這一點，正如胡森說的，「美國的後現代主義前衛派，因此，不只是前衛主義遊戲的結束。它也代表批判性的反方文化的分裂與沒落。」⑨

儘管如此，現代化再也不能夠過度簡化地稱之為**內含解放性**，這是實情，部分是由於媒體事業（尤其是電視，正如傑瑞·曼德提醒我們的，其說服力在一九四五到一九七五年間擴張了一千倍⑩）造就大眾文化的優勢，另有部分是由於現代化的軌道已經把我們帶到核子戰爭和全人類滅絕的門檻。也因此，前衛主義不再能夠繼續從事解放運動，部分由於它初始的烏托邦允諾已經被工具性動機的內在合理性給吞

噬了。此一「終結」在下引賀伯特‧馬庫色的一段話，表述
最為清晰：

> 科技演繹就是一種政治演繹，既然自然的變化包含人
> 的變化，既然「人為的創造」源自而且重歸社會全體。
> 或許可以堅持說科技世界的機制是「那樣」漠視政治
> 目的──它可以改革或阻撓社會，左右逢源……。然
> 而，工技成為物質生產的共相形式之時，它也限制了整
> 個文化，顯現一個歷史的總體──一個「世界」。⑪

三、批判性地區主義與世界文化

建築唯有堅持批判性實踐才能在當今挺立，前提是採取
後衛立場，也就是說，對於啟蒙運動的進步神話和反動、不
切實際的回歸前工業之前的建築形態的衝動保持等距。批判
性後衛得要從先進科技的完善化（optimization）以及陰魂不
散的退回懷舊的歷史主義或亮麗的裝飾風格的趨勢抽身而
退。我的主張是，唯獨後衛在善用共相科技的同時，有能力
培養出一種有抵抗力、會產生認同的文化。

後衛經常讓人聯想到民粹主義或濫情的地區主義，因此
有必要限定後衛這個術語，以便減縮那一類保守政策的批評

火網。為了把後衛主義建立在一個有根柢卻具批判性的策略
之上，把批判性地區主義這個術語限制在耶力斯・左尼斯和
利林・勒菲瑞於〈網格與通道〉（1981）文中所拈出的用法，
有其助益；他們在該文提出警告，要避免區域性改革主義的
曖昧，因為自從十九世紀的後四分之一以來，這種情形偶而
就會浮現：

> 過去這兩個半世紀，地區主義幾乎在所有的國家都曾
> 主導過建築。按概括性的定義，我們可以說地區主義標
> 榜當地獨具的建築特色，抗衡比較共相也比較抽象的
> 風格。然而，地區主義同時也帶有曖昧的標記。從一方
> 面來看，它向來和改革或解放運動分不開；……在另
> 一方面，它已經展現為壓制與沙文主義的強有力工具
> ……。誠然，批判性地區主義有其侷限。民粹主義運動
> ──地區主義發展較為成熟的一種形態──帶來的劇
> 變已經暴露這些弱點。沒有建立起設計師和使用者的
> 新關係，沒有新的綱領，就不會有新的建築出現……。
> 雖有這些侷限，批判性地區主義畢竟是未來的人文主
> 義式建築必須通過的一座橋樑。⑫

批判性地區主義的根本策略是，調和共相文明的衝擊與**間接**
取自特定地方獨具特色的種種要素。準此，顯然可以看出，

批判性地區主義有賴於批判性自覺維持在一個高水準。它可以在局部照明的方位與品質，或是在源自獨特結構模式的某一**建築藝術特性**（*tectonic*），或是在既定場所的地形之類的事物找到決定性的靈感。

但是，正如我已經暗示過的，有必要辨別批判性地區主義和恢復失傳的本土建築風格的假想形式這種天真的意圖。和批判性地區主義成對比的是，民粹主義的主要表現形式是**溝通性**或**工具性**符號。這樣的符號試圖喚起的，不是對於現實的批判性知覺，而是對於從資訊的供應求取直接經驗的慾望的昇華。其戰術目標是，本著盡可能合乎經濟的前提，獲致行為主義觀點所稱預想的喜悅水平(a preconceived level of gratification)。就這點而論，民粹主義對於廣告的修辭手法與意象情有獨鍾，很難說是偶然。除非對於這樣的一個趨同作用有所警覺，否則將會混淆批判性實踐的抗拒能力和民粹主義的煽動趨勢。

可以這麼申論：批判性地區主義作為一個文化戰術乃是**世界文化**的搬運媒介，也是**共相文明**的傳輸媒介，兩者的作用旗鼓相當。設想我們承傳世界文化正意味著我們全都是共相文明的繼承人，這顯然是誤解，然而明顯不過的是，既然我們，在大體上，難免於這兩者的衝擊，我們當今除了密切觀察它們的互動，別無選擇。就這一點而論，批判性地區主義的實踐取決於雙重調和的過程。首先，得要「解構」它無

可避免要承襲的世界文化的全光譜；其次，藉由綜合矛盾
（synthetic contradiction），得要達成批判共相文明的目標，
讓人一目了然。解構世界文化是為了擺脫抄襲外來、異國形
式的世紀末（*fin de siècle*）折衷主義，以重振無精打采的社
會的表達力。（令人想起杭瑞‧凡德威爾德〔Henri van de
Velde〕的「形式力」美學〔"form-force" aesthetics〕或維克
托‧霍塔〔Victor Horta〕的「鞭繩阿拉伯裝飾圖案
〔whiplash-Arabesques〕」。）在另一方面，共相技術的調和
涉及對工業與後工業科技之完善化加以設限。未來有必要統
合種種取自各色各樣的來源與互不相同的意識形態的原則與
要素，這似乎是里克爾在下面這段話所提的要點：

> 沒有人說得上來，我們的文明，在以征服和支配這種震
> 撼之外的其他方式真正接觸不同文明的時候，會變成
> 什麼樣子。可是我們得要承認，這種接觸還不曾在真正
> 的對話階段發生。那就是為什麼我們現在處於類似風
> 平浪靜或青黃不接的情況，不再能夠實踐單一真理的
> 教條主義，也還沒有能力征服我們已經涉足其間的懷
> 疑主義。⑬

類似又具有補充作用的觀感，是阿寶‧凡艾克表達的。這位
荷蘭建築師，說來相當湊巧，同時寫道：「西方文明一向自

視甚高，總認為和自己不同類就是偏差，就是不夠先進、原始或，就最好的情況來說，在安全距離之外具有異域情趣，因而習慣性地自認就是文明本身。」⑭

批判性地區主義不能單純地只根據一個特定地區本土固有的形式，關於這一點，加州建築師漢米爾頓・哈威爾・哈瑞斯在將近三十年前說得很清楚：

> 和限制性地區主義 (Regionalism of Restriction) 成對比的另一種地區主義，是解放性地區主義 (Regionalism of Liberation)。那是一個地區跟時代的新生思想十分搭調的跡象。我們把這樣一個跡象稱作「地區性」，只因為它還沒有在其他地方出現……。一個地區可能孕育觀念。一個地區可能接受觀念。想像與智能對這兩者同樣不可或缺。在加州，在二十年代末與三十年代，現代歐洲觀念遇上了仍在發展中的地區主義。另一方面，在新英格蘭，歐洲現代主義遇上了不知變通又處處設限，始於抗拒而終於投降的地區主義。新英格蘭全盤接受歐洲現代主義，因為當地的地區主義已經淪落為規則的收集。⑮

在共相文明與世界文化之間達成自覺綜合 (self-conscious synthesis) 的機會，或可引用惹恩・烏特松 (Jørn Utzon) 設

計的 Bagsvaerd Church 做個明確的解說。該教堂於一九七六年完工，座落在哥本哈根附近，其複雜的意義直接源自兩種觀念的結合，富啟發性：一方面是規範技術的**理性**，另一方面是怪異形式的**非理性**（*arationality*）。這一幢建築物呈規則網格的組織，又以組合式建材重複施工——前者用的是水泥磚，後者用的是預鑄混凝牆片。就這一點而論，我們可以順理成章說它是共相文明的成果。這樣的營建系統，包含預鑄混凝土組合成分的在地（*in situ*）混凝土結構，應用在已開發世界的例子確實是不計其數。然而，此一製造法——在此處的例子包括獲得專利的屋頂鑲嵌——的共相性卻呈現出人意表的變化，這只要把視線從建築物外部的最佳組合式表牆轉移到橫跨中堂（nave）的鋼筋水泥貝殼狀拱頂，即可一目了然。選擇相對而言並不合乎經濟原則的拱頂結構，主要基於雙重考量：首先，拱頂使人聯想到神聖的空間；其次，拱頂具有多方面的跨文化指涉。鋼筋水泥貝殼狀拱頂在西方現代建築久已佔穩一席之地，此處採用的高度曲褶面卻談不上常見，而且應用在宗教場合僅有的先例是見於東方，而不是西方——亦即中國佛塔的屋頂，這是烏特松在一九六三年的〈平頂與平台〉這一篇重要論文引述的。⑯Bagsvaerd 的主要拱頂雖然具備自發的宗教意涵，卻同時揚棄單獨倚賴西方或東方對於公眾與神聖空間符碼的閱讀才具備這樣的效果。這種表現形態，本意當然是揚棄語意宗教指涉（semantic religious references）的老生常談，以及通常和這些指涉形影不離的自動反應，為的是把神聖的形式世俗化。可以辯稱，在高度世俗化的時代，這是比較恰當的表現教堂的方式；畢竟，在這樣的一個時代，任何影射教會的象徵手法通常淪為庸俗藝術的噱頭。說來矛盾，在Bagsvaerd所見到的去神聖化卻不著痕跡地形成精神再生的基礎，這個基礎我相信是建立在地區性的重新肯定——起碼是某種集體靈性的根柢。

四、空間形式的抵制

　　地理學家金・戈特曼在一九六一年所指認的「超大都會」⑰，如今持續繁殖，遍及已開發世界，竟至於，除了在十九、二十世紀之交就失去活力的城市，我們再也無法維繫明確的都市形態。過去這四分之一個世紀已經看到所謂的都市設計領域淪落為理論性的論題，其論述幾乎和現代發展的實務扯不上關係。如今甚至連都市計畫的高級管理人才訓練也陷入危機。就這一點而論，第二次世界大戰之後荷蘭官方大張旗鼓廣為宣傳的鹿特丹重建計畫的下場可以一葉知秋，因為該計畫，從最近變更的情形來判斷，證實了當今流行的趨勢，也就是把整體規劃簡化成差不多就是土地重劃與供銷管理。一直到相當晚近，鹿特丹大計畫每隔十年就根據新增的建築物修改一次，水準也跟著不斷提升。然而，在一九七五

年，這個精益求精的都市文化作業程序很意外地無疾而終，轉而支持地區性規模的構想，頒佈了一個不切實際的下層結構計畫。這樣的計畫所關心的，差不多僅限於有效管理土地利用的變更，以及擴大現有的供銷體系。

　　馬丁・海德格在一九五四年一篇題為〈建物，住宅，思考〉的文章，提供我們一個批判性的立足點，有助於觀察這個普遍的無固定空間（placelessness）的現象。按拉丁，或說得精確些，按古代**抽象**的空間概念，空間大致上可視為一個無限的連續體，空間成分或完整物均勻分佈其中。這些構成空間的成分或完整物，海德格稱之為 *spatium* 和 *extensio*。基於這樣的背景，海德格反對德文用於稱呼空間（或者說得精確些，地方）的字眼 *Raum*。他辯稱，這樣一個空間／地方（space/place）的現象學本質取決於其疆界的**具體**、明確界定的性質，因為，正如他說的，「疆界並不是接壤處的終點，而是如希臘人所了解到的，接壤處的起點。」[18]確認西方的抽象觀念源自地中海地區的古代文化之餘，海德格指出，就字源學而論，德文用來表示動名詞building（營造，建築物）的字眼和 *being*（生存）、cultivating（栽培）、dwelling（居住，寓所）這三個字的古字形關係非常密切。他進一步說明，「居住」的條件只可能發生在有清楚界線的範圍之內，因此分析到最後，「生存」的條件也只可能發生在界線清楚的範圍之內。

對於把批判性實踐建立在像「生存」這麼一個深奧的形上概念的基礎上，我們可能抱著懷疑的態度。然而，一旦面對現代生活環境中到處存在的無固定空間，我們為了創造抵制性的建築，只能追隨海德格假定一個由界線定範圍的絕對先決條件。只有這樣一個定了界的範圍才有可能產生抗拒——也因此在制度上實際抵擋——超大都會漫無止境的洪流。

有邊際的空間形式，就其公共模式而言，對於漢娜‧鄂蘭所稱的「人類出現的空間」也是不可或缺，因為正統權力的演化一向都是取決於「城市（polis）」的存在以及體制與具體（physical）形式的對應單位。希臘城市的政治生活並非直接源自城邦（city-state）具體的出現與呈現，倒是展現了與超大都會成對比的都市人口密集的行政分區的特色。所以，鄂蘭在《人類的處境》書中寫道：

> 在權力發生的過程中，唯一少不了的具體因素是人們生活在一起。只有人們密切生活在一起，使得行動的潛能生生不息，權力才會持續保留在他們手中，因此城市——就其為城市國家（city states）而論，迄今依然是所有西方政治組織的典範——的根基是權力最重要的實質前提。⑲

沒有比像梅爾文‧偉博之類的實證派都市計畫者的合理化行為更遠離城邦的政治本質。他對於**無親近感社區**和**無空間都市領域**的意識形態概念，如果不是為了合理化真正的公共領域在現代汽車邦（motopia）消失不存而構想出來的口號，根本沒什麼價值。⑳捏造出來的這類意識形態偏見，沒有人比羅伯特‧文圖里表達得更淋漓盡致。他在《建築的複雜與矛盾》斷言，美國人不需要市區公共廣場（piazzas），因為他們應該待在家裡看電視。㉑這類反動的心態凸顯了都市化民眾的無力感，而這些民眾，說來矛盾，已經喪失了都市化的目標。

如前文所介紹的批判性地區主義的戰術，主要是在抵制性建築維持**表現的密度與共鳴**（一種文化密度，這在當今的條件下，可以說是表裡兼具潛在的解放能量，因為它引導使用者接觸多方面的**經驗**），而空間形式的提供對於批判性實踐也是同樣不可或缺，既然抵制性建築，就文化體制而言，必定要仰賴一個明確界定的範圍。這樣的都市形式最典型的例子或許是塊狀圈圍區（perimeter block），雖然其他相關的內觀式（introspective）種類，如遮頂通廊（galleria）、中庭（atrium）、前庭（forecourt）、和迷宮（labyrinth），也有類似的作用。這些種類如今所見到的許多實例只是調節擬公共（pseudo-public）領域的手段（令人想起近來在住宅、觀光飯店、購物中心等場所的超大建築），即使如此，面對這些例

子還是不能完全低估此一空間形式隱而不顯的政治性與抵制性潛能。

五、文化對比自然：
地形、環境脈絡、氣候、光線與建築形式

　　和現代前衛建築比較抽象、講究形式的傳統比起來，批判性地區主義必然包含與自然更為直接的辯證關係。既然完全平坦的建地被認為是營建工程合理化所仰賴的最合經濟原則的母體環境，現代化的**素質**傾向（*tabula rasa* tendency）偏好堆土設備的完善利用實乃不證自明。說到這一點，我們再度以具體的措詞觸及共相文明與本生文化（autochthonous culture）的根本對立。用堆土機鏟平不規則的地表，這明顯是技術官僚的手法，其目標不外乎絕對的**無固定空間**；反之，在同一地點闢成梯形丘，接納建築物的梯階形式，這種作為則是在從事「栽培」或「經營」場所。

　　顯然，這樣一種觀看與作為的模式，再一次引人貼近海德格的字源學之說，同時引人回想瑞士建築師馬瑞歐·博塔（Mario Botta）所拈出的「營造場所（building the site）」的方法。可以辯稱，在最後的這個例子，一個地區的特定文化——也就是說，該地在地質與農業雙重意義上的歷史——給銘記在作品的形式和實現（realization）當中。此一銘記乃是把建築物「鑲入」場所有以致之，可以有許多層次的

意義，因為它具有包容力，以營造的形式體現地方的前歷史、
考古的過去以及續發的跨越時間的經營與變貌。經由這樣的
場所層累（layering into the site），地方的種種特異性質都能
有恰當的表現，又不至於淪為感情用事。

　　在地形事例明顯不過的觀念，對於都市建築材料照樣適
用，而且同樣的情況也見於與氣候相關的可能狀況以及局部
光線的暫時性變化。這些因素的精確調控與整合，顧名思義，
必定和共相技術的完善利用水火不容。這在採光設計與氣候
調控或許最為明顯。建築物外層表膜遭受光與氣候這兩種自
然力的衝擊時，類型化的窗戶顯然是最敏感的部位；窗洞布
置（fenestration）原本就能夠為建築藝術銘記一個地區的特
性，也因此表明作品所在地。

　　直到最近，現代美術館的管理人員普遍接受的實踐方針
還是偏好在所有的展覽區只用人造光。這種閉鎖狀態可能把
藝術品貶成商品，其過程或許不盡為人所察覺，因為這樣的
環境必定使得藝術品喪失固定的空間感。此乃局部光的光譜
特性使然。我們再度看到共相科技相對靜態的應用如何也導
致氛圍的喪失，瓦特‧班雅明（Walter Benjamin）把這個過程
歸因於機械性複製。扭轉這種「無固定空間」的實踐，可能
得要透過精心設計的監測器，為展覽區提供頂光照明，以便
在避免陽光直接照射的後遺症的同時，使展覽品周圍的光隨
時間、季節、濕度等因素的影響而改變。這些條件確保空間

意識得以流露詩意──是文化與自然、藝術與光交互作用的一種複合滲透形態。顯然此一原則適合所有的窗洞布置，不因尺寸與位置而受影響。這種形態的定性「地區變異」(constant "regional inflection") 乃是直接來自下述的事實：玻璃窗開口在某些氣候區相當先進，在其他地區卻呈磚石結構正面內凹式（不然就是覆以可調節式遮陽板）。

像這樣以窗口兼具通風設備的作法，也構成反映當地文化通性的一個務實要件。在這節骨眼，固有文化的主要敵手顯然是隨處可見的空氣調節機，不受時空環境的限制，甚至連能夠表現特定地點與季節變化的當地氣候條件也限制不了。空氣調節機所在之處，密閉的窗戶和遙控式空氣調節系統兩者沆瀣一氣，標示共相技術的支配地位。

地形與光線的重要性固然是一大關鍵，建築自主性的首要原則畢竟是表現在**建築術** (the *tectonic*)，而不是在**配景術** (the *scenographic*)：也就是說，此一自主性具體表現於結構體顯性的結合紐帶，以及建築物的結構形態明確抗拒重力的方法。顯然，在結構體被覆蓋或被其他方式隱蔽的所在，這種承重（橫樑）與支重（直柱）的論述不可能成為事實。在另一方面，可別把建築術和純粹的技術給混淆，因為建築術遠超乎分體術 (stereotomy；譯按，即將固態物質切割成特定形態與尺寸的技術，此處的用法，一如後現代論述所常見的，乃是挪用和譬喻雙管齊下）所揭露或鋼筋骨架所表現的

單純意涵。建築術的精義，最早由德國的美學家卡爾‧柏提歇（Karl Bötticher）形諸文字，在他所撰《希臘建築術》（*Die Tektonik der Hellenen*, 1852）書中；摘述他的觀念最稱簡潔的，或許是建築史家司丹福‧安德森：

> 「建築術（*Tektonik*）」不是僅僅指營造實體要件的工程活動……更是指化工程為藝術形式的活動……。功能妥善的形式必得要加以調整，直到能夠表現其功能。希臘石柱的卷殺（entasis）所提供的支重感成了這種「建築術」概念的試金石。㉒

建築術流傳到今天，成了我們的法寶，能夠以去蕪存菁的方式展現物質、工藝與重力的相互作用，從而產生其實就是整體結構精華的要素。這時候，我們就可以說結構詩意的呈現（the presentation of a structural poetic），而不是說建築物正面的再現（the re-presentation of a facade）。

六、視覺對比觸覺

空間形式的觸覺韌性和視覺以外的身體感官閱讀環境的性能，兩者為抗拒共相科技的優勢指引出一條可行之道。我們發覺有必要提醒自己，觸覺是感受建築形式的一個重要指

標──這是強調視覺優先的徵兆。人心有一個互補性感官知覺的完整範圍，由靈敏的身體負責偵測：明暗度與冷熱度；對濕度的感覺；物料的氣味；身體察覺到不得自由時，仿如磚石建築物逼近眼前的感受；穿越地板時，步態受到感應所產生的動量，或身體的相對慣性；我們自己的步伐所造成的回聲共鳴。魯基諾・維斯康堤（Luchino Visconti）在拍《納粹狂魔》（*The Damned*）這部影片時，深深了解這些因素，堅持在主要佈景環境鋪上木料拼花地板。他相信，要是少了踏實的地板，演員勢必演不出恰當又能取信於人的體態。

　　類似的觸感事例見於芬蘭建築師阿爾托（Alvar Aalto）所設計，一九五二年完工的賽于奈察洛市政廳（Säynatsalo Town Hall）的公共通道。主通道通往二樓市議會的議事廳，其構思根本就是觸覺與視覺效果雙管齊下。主要出入口的梯階不只是襯裡採用傾斜式（raked）砌磚工程，連踏面和豎板都是磚造。這一來，身體拾階而上時的運動衝力自然受到梯級的摩擦力的牽制，此一摩擦力在踏上議事廳的原木地板之後，很快就可以經由對比「讀」出來。會議室的肅穆氣氛是透過聲音、氣味和紋理產生的，腳下地板引起的彈力偏斜（以及在光滑的表面失去平衡的顯著傾向）更不在話下。從這個例子明顯可以了解到，觸覺的解放要義在於下述的事實：唯有**經驗**本身能夠破解觸覺的奧妙。觸覺不可能化約成資訊與呈現的形態，更別提為沒有身歷其境的人召喚一個類像（simulacrum)。

　　如上所述,批判性地區主義重新開發人類知覺的觸覺範圍,力圖充實我們的規範性視覺經驗。這一番作為,為的是平衡形象 (the image) 優先論的偏差,同時抗衡西方世界全然以透視觀點詮釋環境的趨勢。就字源學而論,透視意指合理化的視野或清晰的視覺;此一定義有其前提,即有意識地壓抑嗅覺、聽覺與味覺,結果就是遠離了比較直接的環境經驗。這樣的畫地自限和海德格所稱的「喪失親近感」息息相關。為了抗衡這種失落,觸覺得要和配景術以及遮覆實體表面的帷幕劃清界線。體認到觸覺具有激發接觸衝動 (the impulse to touch) 的性能,建築師因而回歸營造詩學 (the poetics of construction) 的理念,也因此設計出每一個構成要素在建築術上的價值端視其客體界 (objecthood) 的密合度而定的作品。觸覺與建築術兩相結合所產生的性能超越了技術所能獲致的表相成果,正如空間形式足以經得起全球性現代化無情的襲擊。

註釋

[註 1] 保羅・里克爾〈共相文明與國族文化〉 (Paul Ricoeur, "Universal Civilization and National Cultures," 1961) ，錄於《歷史與真相》 (*History and Truth*) ，Chas. A. Kebley 英譯 (Evanston: Northwestern University Press, 1965) ，276-7頁。

[註 2] 這兩種建築其實是一體的兩面，最顯著的一個例子見於一九八二年所完成，奧勒岡州波特蘭市在 Michael Graves 的設計加建的市政廳擴建工程。此一建築的建材和應用於這建築物裡裡外外的「代表性」透視景觀，並沒有任何關聯。

[註 3] 里克爾（見註1），277頁。

[註 4] 布勞德爾 (Fernand Braudel) 告訴我們，「文化 (culture)」一詞在進入十九世紀之前幾乎不存在；進入十九世紀之後，就盎格魯撒克遜文學而論，在柯律芝 (Samuel Taylor Coleridge) 的作品中，尤其是一八三〇年問世的 *On the Constitution of Church and State*，「文化」就已經具有和「文明 (civilization)」相對的意涵。「文明」一詞的歷史則比較悠久，最早出現在一七六六年，雖然其動詞與分詞形態可以上溯到十六與十七世紀。里克爾取來對比這兩個術語的用法，涉及二十世紀德國思想家與作家的作品，包括史賓格勒 (Osvald Spengler) 、斐迪南・特尼斯 (Ferdinand Tönnies) 、亞佛烈・韋伯 (Alfred Weber) 和托瑪斯・曼 (Thomas

Mann) 等人。

[註 5] 漢娜・鄂蘭《人類的處境》 (Hannah Arendt, *The Human Condition* [Chicago: University of Chicago Press, 1958]) ，154頁。

[註 6] 柯列門特・格林伯格〈前衛與三流作品〉 (Clement Greenberg, "Avant-Garde and *Kitsch*") ，見 Gillo Dorfles 編《三流作品》 (*Kitsch* [New York: Universe Books, 1969]) ，126頁。

[註 7] 格林伯格〈現代主義繪畫〉 ("Modernist Painting") ，見 Gregory Battcock 編《新藝術》 (*The New Art* [New York: Dutton, 1966]) ，101-2頁。

[註 8] 見查爾茲・京可斯《後現代建築語言》 (Charles Jencks, *The Language of Post-Modern Architecture* [New York: Rizzoli, 1977]) 。

[註 9] 胡森〈追尋傳統：一九七〇年代的前衛派與後現代主義〉 (Andreas Huyssens, "The Search for Tradition: Avant-Garde and Postmodernism in the 1970s") ，*New German Critique* 二二期 (一九八一年冬季號) 34頁。

[註10] 傑瑞・曼德《主張淘汰電視的四個理由》 (Jerry Mander, *Four Arguments for the Elimination of Television* [New York: Morrow Quill, 1978]) ，134頁。

[註11] 賀伯特・馬庫色《單向度人》 (Herbert Marcuse, *One-Dimensional Man* [Boston: Beacon Press, 1964]) ，156頁。

［註12］耶力斯・左尼斯、利林・勒菲瑞〈網格與通道〉（Alex Tzonis and Liliane Lefaivre, "The Grid and the Pathway. An Intro-duction to the Work of Dimitris and Susana Antonakakis"），*Architecture in Greece*十五期（Athens: 1981），178頁。

［註13］里克爾（見註1），283頁。

［註14］阿竇・凡艾克《公共廣場》（Aldo Van Eyck, *Forum* [Amsterdam: 1962]）。

［註15］漢米爾頓・哈威爾・哈瑞斯〈解放性與限制性地區主義〉（Hamilton Harwell Harris, "Liberative and Restrictive Regionalism"），一九五四年在奧勒岡州尤金市（Eugene），於美國建築師協會西北分會（Northwest Chapter of the AIA）所發表的演說。

［註16］惹恩・烏特松〈平頂與平台：一座丹麥建築物的理念〉（Jφrn Utzon , "Platforms and Plateaus: Ideas of a Danish Architect,"）*Zodiac*十期（Milan: Edizioni Communita, 1963），112-14頁。

［註17］金・戈特曼《超大都會》（Jean Gottman, *Megalopolis* [Cambridge : MIT Press, 1961]）。

［註18］馬丁・海德格〈建物，住宅，思考〉（Martin Heidegger, "Building, Dwelling, Thinking"）見《詩，語言，思想》（*Poetry, Language, Thought* [New York: Harper Colophon, 1971]），154頁。這篇文章原以德文發表於一九五四年。

　　　　中譯按：海德格此處引述古典空間概念，乃是借用數學

觀念作說明。譯文所稱的「連續體」（continuum），在數學
上稱作連續統，指任一空間中含有至少兩個點的具有某種強
連續性（兼具連通和緊密雙重特徵）的集合，例如由一個實
數增大到另一個實數的所有實數。至於譯文的「完整物」
（integers），即數學上的整數。把空間比喻為整數的連續統，
整數即組成空間的成分。這樣一個「空間是盈滿的」的觀
念，即英文俗諺所說的「自然厭惡真空」（Nature abhors a
vacuum），是由西元前五世紀的希臘哲學家恩培多克利茲
（Empedocles）率先提出。

[註19] 鄂蘭（見註5），201頁

[註20] 梅爾文・偉博《探索都市結構》（Melvin Webber, *Explora-
tions in Urban Structure* ［Philadelphia: University of Penn-
sylvania Press, 1964］）。

[註21] 羅伯特・文圖里《建築的複雜與矛盾》（Robert Venturi,
Complexity and Contradiction in Architecture ［New York:
Museum of Modern Art, 1966］），133頁。

[註22] 司丹福・安德森〈現代建築與工業〉（Stanford Anderson,
"Modern Architecture and Industry: Peter Behrens, The AEG,
and Industrial Design"），*Oppositions* 二一期（一九八〇年夏
季號），83頁。

　　中譯按：卷殺（entasis）亦作「圓柱收分曲線」，廣義
而言卻不單指柱子的隆起或陽紋，精確的定義是指建築術的
視覺美學處理手法，把柱子、尖塔或類似的直立組件的輪廓

做成微凸曲線，以免在直線收分的情況下產生凹陷或薄弱的
錯覺。法蘭屯所稱透視的觀念強調視覺而有意識地壓抑其他
知覺感受，這其實反映了歐洲文化獨尊視覺的傳統，此一傳
統早在雅典衛城(Acropolis)神廟建築所營造的視幻覺(opti-
cal illusion)即可見到。《蘇菲的世界》(Sophie's World, Jos-
tein Gaarder)書中〈雅典〉一章的前半，介紹此一建築特
色，可謂深入淺出；參見本書所錄歐因茲〈異類論述〉文中
〈可見與不可見〉一節。又，tektonik按希臘字源可譯作「建
築術」，英文音譯作 tectonic，一般用法為形容詞；用於指稱
建築的整體風格時，含有「建築藝術」之意，但也可以指稱
該風格的個別特性。

異類論述：女性主義者與後現代主義

The Discourse of Others:
Feminists and Postmodernism

柯瑞格・歐因茲（Craig Owens）

後現代知識（*le savoir postmoderne*）不僅僅是權力
的一個工具。它精煉我們對於差異的敏感度，並且提升
我們對於差別相（incommensurability）的容忍度。
　　　　　　　　——李歐塔《後現代情境》
（J. F. Lyotard, *La condition postmoderne*）

　　去中心，託喻（allegorical），精神分裂……——不論我
們如何診斷其癥候，不論所持的立場是贊成或反對，後現代
主義通常被視為文化權威的危機，特別是歐洲文化及其體制
所掌控的權威。歐洲文明的霸權已近尾聲，這談不上是新概
念；起碼自一九五〇年代中葉以來，我們已經體認到，遭遇
不同的文化時，有必要排除支配和征服的震撼途徑。相關的
文本包括阿諾德‧湯恩比（Arnold Toynbee）在劃時代鉅著
《歷史的研究》（*Study in History*）第八卷，論及現代（湯
恩比斷言現代肇始於十五世紀末，歐洲開始運用影響力宰制
非其所有的廣大地區與人口之時）的終結，以及一個新而名
副其實的，以不同文化的共存為特徵的後現代的開端。這個
脈絡可以含括克婁德‧李維史陀（Claude Lévi-Strauss）對於
西方的民族優越感（ethnocentrism）的批判，以及賈克‧德希
達（Jacques　Derrida）在《文字科學論》（*Of　Gram-
matology*）書中對於這個批判所進行的批判。但是，針對西方

宗主權的終結所發表的最動人的宣言，或許出自保羅‧里克爾，他在一九六二年寫道：「文化多元性的發現絕不是無害的經驗。」

> 一旦我們發現文化有若干種，而不是只有一種，結果在
> 我們承認某種文化壟斷的終結時，不管文化壟斷是虛
> 幻的還是真實的，我們就面臨了被自己的發現所毀滅
> 的危險。突然間，有可能舉目所見全是異類（*others*），
> 我們自己則是異類當中的一個「異己」（an "other"）。
> 所有的意義和每一個目標全都落空，有可能在眾文明
> 間飄泊，仿如在遺跡與廢墟中遊蕩。整個人類變成一座
> 想像的博物館：要造訪吳哥（Angkor）廢墟，或是閒逛
> 哥本哈根的蒂沃利花園（Tivoli）？我們輕易可以想
> 像，這樣的時候到了：非常有錢的人，隨時可以離開自
> 己的國家，為的是在漫無期限、毫無目標的旅行中品嘗
> 自己的國家之死。①

後來，我們把這樣的狀況視為後現代。誠然，里克爾說的是我們的文化近來喪失優勢比較令人沮喪的後果，他有先見之明，預想到流行文化產品的憂鬱症和折衷主義——備受讚揚的多元論當然不在話下。然而，多元論把我們貶成了異類中的異己；它不是認明差異，而是把差異化約成絕對的不

以為意、一視同仁、可替代性（尚・布希亞〔Jean Baudrillard〕稱之為「內爆〔implosion〕」）。這一來，不只是西方文化的霸權岌岌可危，甚至連（我們所了解到的）我們的文化認同也朝不保夕。然而，這雙重的利害關係糾纏在一起，如此難分難解（正如傅柯〔Foucault〕告訴我們的，假想一個「異己」是鞏固、收編任何一個文化體所不可或缺的契機），竟至於不無可能做這樣的思考：動搖我們對於宗主權的主張的，其實是了解到我們的文化並不是像我們一度所相信的既是同質（homogeneous），又是一體（monolithic）。換句話說，現代性大勢已去，其由來——起碼像里克爾所描述的後果——在於內憂兼有外患，兩者一樣嚴重。然而，里克爾只述及外在的差異。內在的差異又怎麼說呢？

在現代時期，作品的權威，即作品呈現世間某一真實洞識（authentic vision）的主張，並不是像常有人說的那樣，在於其獨一無二（uniqueness）或別出心裁（singularity）。正確地說，權威乃建立在作品的共相性（universality），即由於作品是具體歷史環境的產物所導致的內容差異之外，現代美學藉以呈現洞識的**形式**有其普遍的特徵。② （舉例而言，康德〔Kant〕堅持品味的判斷要具有共相——即放諸四海皆可溝通——要源自「根深蒂固的，而且所有人皆能分享的根據，使得他們在評價客體賴以表現的形式有一致的標準。」）後現代主義作品不只是宣稱沒有這樣的權威，甚至還積極破壞

這一類的主張，因此大肆揮舞解構的利刃。正如最近對視覺呈現的「表述機制」（"enunciative apparatus" of visual representation）——包括宣洩與接受這兩極——進行分析所確認的，西方的呈現系統只認可一種洞識，即構成男性主體的洞察力——或更精確地說，他們設定呈現的主體是絕對以陽性為中心的一元觀點。③

後現代作品試圖顛覆那種重新確保支配地位的穩定性。如所周知，此一方案得以落實，克麗絲蒂娃（Julia Kristeva）和羅蘭・巴特（Roland Barthes）等作家歸功於**現代主義**前衛派，這一派藝術引進異質（heterogeneity）、不連續（discontinuity）、荒誕言語（glossolalia）等，或許就是這樣把呈現的主體推向危機。但是，這個前衛意圖超越呈現，偏好親歷感（presence）與臨即感（immediacy），宣告符徵（signifier）的自主性，也就是解放符徵，使其免於「符旨（the signified）的專制」；反觀後現代主義者，卻是要揭發**符徵**的專制，揭發其法則的暴力。④（拉岡〔Lacan〕提到，有必要屈服於符徵的「玷污」；難道我們不該問，是誰在我們的文化中被符徵給「玷污」了？）晚近，德希達提出警告，說譴責呈現要慎防一竿子打翻一條船，不只是因為這樣的譴責可能變成在鼓吹為親歷感與臨即感尋求平反，因而促進最反動的政治趨勢的利益，而且，也許更重要的是，因為凡事一旦走極端，「踰越所有可能的呈現的身影」，很可能定到頭來自己成了

……法則。這迫使我們，德希達結論道，用「完全**不同**的方式思考」。⑤

正是在可以呈現和不能呈現這兩者的法定交界處，後現代主義的運作給搬上了擡面——不是為了超越呈現，而是為了揭發那個認可某些呈現，卻阻撓、禁止或廢棄其他呈現的權力體系。西方的呈現所列名的拒絕往來戶，女人即是其一，她們被一切合法的呈現給除名了。被呈現本身的結構給驅逐之後，她們改頭換面，以無從呈現的（大寫的「自然」、大寫的「真理」、大寫的「雄渾」〔the Sublime〕等）身影回到那個結構——也是一種呈現。這一道禁制令主要是針對以女人為主體而發，和女人作為呈現的客體則少有關聯，因為女人的形象處處可見。然而，女人固然被呈現出來了，卻一直不見容於主流文化，就像米凱列・蒙希雷（Michèle Montrelay）在問「精神分析豈不正是為了壓抑陰性氣質（便於製造其象徵性呈現）而說得頭頭是道」時提到的。⑥為了要發言，為了要呈現自己，女人以陽性的立場現身；也許這就是為什麼陰性氣質經常讓人聯想到化裝舞會，聯想到虛假的呈現（representation），聯想到擬象（simulation）與引誘。事實上，蒙希雷認定女人是「使呈現走上窮途末路的原因」：不只是她們沒什麼好損失的；西方只呈現她們的表相適足以暴露那種呈現的種種侷限。

說到這裡，女性主義對於父權體制的批判，以及後現代

主義對於呈現的批判，兩者的交會點呼之欲出；本文希望能拋磚引玉，探討那個交點的意涵。筆者無意在這兩種批判之間捨此就彼靠邊站，也無意將這兩者擺在敵對或相反的立場。即使我在後現代主義和女性主義之間穿梭游移，那也是為了把性別差異的議題引入現代／後現代論戰——這一場論戰到現在已經成了令人反感的爛仗。⑦

「一個重大的疏忽」⑧

針對當代藝術的託喻衝動——我認定是後現代的一種衝動——我寫過兩篇文章。幾年前，我開始寫其中的第二篇，論及羅蕾・安德森（Laurie Anderson）的多媒體表演《美國人往前走》（*Americans on the Move*）。⑨《美國人往前走》把運輸當作溝通的隱喻（metaphor）——從甲方傳送意義到乙方——其演出主要是對於投射在表演者後方銀幕上的視覺影像進行口語評論。開場之後沒多久，安德森介紹一對裸體男女的圖像，男方高舉右手打招呼作為先驅號太空船外殼的船徽。就是在這個時候，關於這個畫面，她有話要說，有意思的是，觀眾聽到的分明是男性的聲音（其實是安德森自己在說話，她利用和聲器使音調降低八度——一種電子語音反串〔electronic vocal transvestism〕）：

在我國，我們把手語的畫面送到外太空。這幾個畫面，
他們針對我們的手語議論紛紛。各位認為他們會認為
他的手永遠都是那樣的姿態？還是認為他們看得懂我
們的手勢？在我國，揮手道別看來就像打招呼。

我對這一段話的評論是這樣的：

有兩個可能。一個是，外星人接收到這個訊號，認為那
只是圖畫，是酷似人類姿態的身影。在這樣的情況下，
他可能推出一個合理的結論：地球的男性居民永遠高
舉右手走路。不然就是，他猜中這個手勢是對他而發
的，試圖解讀手勢的意義。在這樣的情況下，他會不知
所措，因為單獨這個手勢可以同時表示招呼和道別，而
任何解讀必定是在這兩個極端之間擺盪。這同一個手
勢也可以代表「停！」或發誓的動作，但是如果安德
森的文本沒有考慮到最後這兩個可能，那是因為它牽
扯不到歧義（ambiguity），沒有涉及單一符號產生多重
意義的問題；說得明確些，就是兩個清楚界定卻水火
不容的解讀，沒頭沒腦碰在一起，無從取捨。

上述的分析使我自己吃驚：那是評論顧此失彼一個顯著
的例子。為了申論意義的確定與不確定兩者的對比，我急於

補充安德森的文本，結果忽視了某些東西——我忽視的地方如此顯眼，如此「自然」，竟至於乍看之下似乎不值得評論。今天看來卻不是那麼一回事。我說的當然是因生殖器的分配而產生的性別差異或，更確切地說，性別分化的形象，就像那個男人的右手一再標示的，而男人的右手在打招呼時，挺立（erected）比高舉（raised）更常見。然而，我說地球上的男人可能永遠高舉什麼東西走路的時候，我倒也貼近這個形象的「真相」——貼近，也許，可不是指雪茄。（假如我當時已經知道，安德森早年完成過把在街上勾搭她的男人攝入鏡頭的工作，那麼我的解讀會不會有所不同——或比較可取一些？）⑩就像我們的文化所產生的一切性別差異的呈現，這個形象並非僅僅是關於解剖學上的差異，而是關係到它被賦予的價值觀念。在這裡，生殖器是符徵（也就是，它代表另一個符徵呈現主體）；事實上，它是特權符徵，是擁有特權的符徵，擁有在我們的社會中長年累積給男性的特權。這麼說來，它指出了符意（signification）一般性的作用。理由是，在這個（拉岡式）形象，它被選擇用來為居住在外星球的「異己」呈現地球的居民，它就是說話的那個〔男〕人（the man），那個〔男〕人則代表人類。女人只是由他〔／男〕人代為出面；她（一如往常）已經由〔男〕人代為發言。

舊文重提，不只是糾正我自己的重大疏忽，更重要的是指出，在我們關於後現代主義的討論中常見的一個盲點：我

們沒能專注於性別差異的議題——對我們討論的對象固然如此，在我們自己的表述中也是一樣。⑪然而，不論如何限制其探究領域，後現代主義論述——起碼就其試圖解釋那個領域之內的某些新變化而論——雄心勃勃，要建構當代文化的通論。過去十年來，意義最重大的發展之一——事實可能會證明是**唯一**意義最重大的——在於出現，幾乎在每一個文化活動領域，明確的女性主義實踐。大量的心力業已投注於發現與重估以往被邊緣化或被低估的作品；處處看得到此一方案帶來令人鼓舞的成果。正如投身於這些活動的瑪莎・羅茲勒（Martha Rosler）所觀察到的，她們有功於揭穿現代主義宣稱藝術作品所擁有的特權地位，意義非凡：「對於那些〔早期的〕形式的意義與社會來歷與根基所作的詮釋，有助於從根腐蝕現代主義把美學從人生的其他領域分離開來的理念；對於似乎不帶動機的高級文化形式的迫害所作的分析，則是和這件作品相得益彰。」⑫

再者，如果說後現代文化最醒目的一面是堅持女性心聲的現身（我特意使用**心聲**〔*voice*〕和**現身**〔*presence*〕這樣的字眼），那麼後現代主義的理論顯然有這樣的趨勢：不是忽視就是壓抑那個心聲。性別差異的討論在後現代主義的相關著作缺席（absence），連同鮮有婦女參與現代主義／後現代主義論戰這一件事實，意味著後現代主義可能是另一個男性圖謀排除女人的新發明。然而，按我個人淺見，女人對於差

異和差別相的堅持也許不只是可以和後現代思想並存不悖，其實根本就是後現代主義活生生的實例。後現代思想不再是二元思想（正如李歐塔說的：「以對立的方式思考並不吻合後現代知識最富活力的模式」）。⑬批判二元論有時被斥為知識界的時尚；然而，它是知識界所不可或缺的，因為顯著和隱晦關係的階層對立（生殖器的決定性／區分性現身／缺席）乃是呈現差異並辯明差異在我們社會中居於附屬地位的主流形式。因此，我們必須學習的是，如何設想沒有對立的差異。

持同情立場的男性批評家雖然都尊重女性主義（老掉牙的一個話題：尊重女人）⑭，也寄望女性主義發展順利，對於嘗試和他們進行對話的女同事卻通常有所保留。女性主義者有時候被指責為走過頭，有時候卻被指責為走得不夠遠。⑮女性主義的心聲通常被視為多數當中的一個，其堅持差異足以證明這個時代的多元論。於是，女性主義很快被解放或自決這一系列的運動給同化。這裡列出的是最近的一張清單，出自一位傑出的男性批評家：「民族團體，敦親睦鄰運動，女性主義，種種不同的『對抗文化』或另類生活格調團體，勞工大眾異議份子，學生運動，單一訴求的種種運動。」這樣勉強組成的聯合陣線不只是把女性主義本身看作黨中無派的大一統，因而壓抑其內部多方面的差異（基本教義派、文化派、語言學派、弗洛依德派、反弗洛依德派……）；它也假

定有一個龐大、沒有分歧的類別，即大寫的「差異」，可以
吸收所有被邊緣化或受壓迫團體，而且接下來就可以由女人
作為代表整個類別的一個象徵，一個「整體的一部分」
(*pars totalis*) （另一個老掉牙的話題：女人並不圓滿，是不
完整的）。但是，女性主義批判父權制的明確屬性因此被放
棄了，連帶被放棄的還包括所有反對性別、種族與階級歧視
的其他形態。（羅茲勒提出警告，別把女人當作「代表所有
差異標幟的表徵」；她說：「欣賞以迫害為題材的女人的作
品，使人對於所有的壓迫麻木不仁。」）

尤有進者，男人看來沒有意願對女人列在批判議程上的
議題發表意見，除非那些議題已先給中性化了──雖然這又
是同化的問題，同化於已知的，同化於已寫就的。只舉一例
而言，在《政治無意識》書中，詹明信呼籲「重新聆聽黑人
與少數民族的文化、女人或同性戀文學、『樸素』或邊緣化
的民間藝術**以及這一類**的對立心聲」（準此，女人的文化成
果被歸為民間藝術，完全無視於時代落差），不過他隨即修
正道，「這類非霸權的文化心聲的主張仍然起不了作用」，
如果，他辯稱，她們不是先以她們在「社會階級的對話系統」
固有的地位重寫的話。⑯確定的是，性別──以及性別迫害
──的階級決定因素太常被忽視了。但是兩性不平等不能化
約為經濟剝削──男人彼此進行女人交易──的事例，也不
能夠單單從階級鬥爭的觀點來解釋；把羅茲勒的話反過來

說，只專注於經濟迫害會使人對其他的迫害形態麻木不仁。

　　宣稱兩性之分無法以勞力分工來解釋，這是冒著把女性主義和馬克思主義兩極化的危險；只要考慮到馬克思主義根本就建立在父權制的偏見之上，這裡說的危險即可明朗化。馬克思主義獨尊典型的陽性生產活動，稱其為**無庸置疑的人類**活動（馬克思：人們「一開始製造維生工具，也就開始和動物分道揚鑣」）；⑰女人，在歷史上被發配到非生產或生殖勞力的領域，因此處於男性生產者社會的外圍，處於一種自然的狀態（a state of nature）。（正如李歐塔寫道：「橫亙在兩性之間的邊疆地帶並沒有分離同一社會實體的兩部分。」）⑱然而，重點不只在於馬克思主義論述的迫害性，而是在於其總體化的野心，在於其宣稱要論斷社會經驗的每一種形態。不過，這樣的主張是所有的理論論述的通性，女人經常譴責它是陽物政體觀（phallocratic）的一個理由即在於此。⑲女人拒絕理論，不見得都是理論本身的關係，也不僅僅是，像李歐塔說的，男人一向理論掛帥，反對實際的經驗到了不知變通的地步。應該這麼說：她們非難的是，理論在它自身和它的對象之間維持的距離——凡事客體化而且高高在上的距離。

　　由於必須付出相當可觀的重新概念化（reconceptualization）的心力，以防止陽物理體觀（phallologic）在她們的論述中死灰復燃，許多女性主義藝術家費盡心思，事實上和理

論建立了新的（或重新建立了）同盟——使她們獲益最大的
也許是受拉岡式精神分析（Lacanian　psychoanalysis）影響
的女人的著作（依希嘉黑〔Luce　Irigaray〕、艾蓮・西蘇
〔Hélène Cixous〕、蒙希雷……）。這些藝術家當中，許多人
自己就在理論方面有所建樹：例如電影導演羅拉・馬維
（Laura Mulvey）在一九七五年發表的論文〈視覺快樂與敘
事電影〉（Visual Pleasure and Narrative Cinema），引發熱烈
的討論，評論的焦點在於影像凝視的陽剛性（masculinity of
the cinematic gaze）。⑳不論是否受到精神分析的影響，女性
主義藝術家通常把批評和理論書寫當作戰略性干預的一個舞
台。瑪莎・羅茲勒針對攝影的紀實傳統（documentary tradi-
tion）所寫的批評文本——可以列入這個領域中最傑出的
——即是她**以藝術家身分**從事活動的一個重要部分。當然
啦，許多現代主義藝術家也產生過和他們自己的產品有關的
文本，不過相對於他們以畫家、雕塑家、攝影家等身分所產
生的主要作品，寫作幾乎總是補充說明，㉑反觀那種從四面八
方同時展開進擊的活動，允為許多女性主義實踐的一大特
色，是一種後現代現象。此一活動挑戰的對象之一，乃是現
代主義在藝術方面的實踐與理論兩者毫無彈性的對立。

　　後現代女性主義實踐還同時質疑理論——不限於**美學**理
論。不妨考慮瑪麗・凱莉（Mary　Kelly）的《產後文獻》
（*Post-Partum Document*, 1973-79），由六部分，多達一百六

十五件組成的藝術作品（另外還有註解），運用多種呈現模式（文學、科學、精神分析、語言學、考古學等等）依流年記錄她兒子六歲以前的生活。部分是檔案，部分是展示，部分是個案史，《產後文獻》也對拉岡的理論兼有貢獻與批判。此一藝術品開始只是一系列取自《書寫》（*Ecrits*）的圖表（凱莉以**照片**呈現這些圖表），可能會被（誤）讀為開門見山的精神分析應用或圖解。其實它是一位母親對於拉岡的質問，這一番質問到最後顯示拉岡對於母子關係的敘事有一個重大的疏忽——該如何解釋母親面對孩子所產生的幻想。就這樣，《產後文獻》成了引人爭議的作品，因為它顯然為**女性**戀物癖提供了證據（母親為了否認與孩子分離而蒐羅的替代品）；凱莉因而揭露該理論沒能把戀物癖包括在內，而戀物癖這種反常行為一向被認為是男性所獨有的。凱莉的作品並非反理論；恰當地說，正如她利用多種呈現系統所證明的，她的作品是個具體的例子，說明了沒有一個敘事有可能全面解說人類的經驗。或者，如同這位藝術家自己說的，「沒有為所有的社會關係形態或為每一種政治實踐模式提供解釋的單一理論論述。」㉒

追尋失落的敘事

　　「沒有……單一的理論論述」——此一女性主義立場也

是一種後現代狀況。事實上，按李歐塔的診斷，這後現代情境就是現代性的種種「大敘事」（grands récits）──「精神」（Spirit）的辯證、工人的解放、財富的累積、沒有階級的社會──全都不再可靠。按李歐塔的定義，論述一旦為了自身的正當性而訴諸這些「大敘事」中的任何一個，就是現代論述；準此，後現代性的降臨意味著敘事的正當化功能，也就是強求共識的能力，出現危機。他辯稱，敘事現在是動輒得咎，不得其（眾）所──「大危險，大旅行，大目標」無一可以為安身立命之處。繼之而來的是，「它〔敘事〕在語言粒子（linguistic particles）的重重雲霧中分解──分解成敘事群，卻也有指示性的、處方性的、描述性的等種種敘事──每一種敘事都有自己的實用價（pragmatic valence）。今天，我們每一個人都生活在這許多敘事的周遭。我們不必然形成穩定的語言群落，我們所形成的那些語言群落的特性也不必然可以互相溝通。」㉓

然而，李歐塔並不惋惜現代性的消逝，即使他自己以哲學家的立場所從事的活動因而危機重重。「對大多數人而言，」他寫道，「懷念失落了的敘事（le récit perdu）已成為過去式。」㉔「大多數人」並沒有包括詹明信，雖然他也使用類似的措辭診斷後現代情境（敘述喪失其社會功能），並且根據作品與「藝術的『真理內容（truth-content）』，亦即作品所宣稱具有某些真理或認識論的價值」的不同關係，區別

現代主義與後現代主義作品。他對於現代主義文學的危機所
作的描述，正可借來說明現代性本身的危機：

> 現代主義的經驗，追根究底説來，並不屬於單一的歷史
> 運動或過程，而是屬於一種「隨發現而來的衝擊」，屬
> 於經由一系列「虔誠的改宗」而信奉並遵循其個別形
> 式的經驗。僅僅是讀勞倫斯（D. H. Lawrence）或里爾克
> （Rilke），看雷諾瓦（Jean Renoir）或希區考克（Hitch-
> cock），或聽史特拉文斯基（Stravinsky），對於我們所稱
> 的現代主義只是霧裡看花。得要讀特定作家全部的作
> 品，認識一種風格與一種現象世界，心隨意轉而有所皈
> 依……。然而，這意味著某一現代主義形式的經驗容不
> 下其他形式的經驗，此所以進入一個世界就非得放棄
> 另一個世界不可……。這一來，驟然發覺「勞倫斯」壓
> 根兒不是絕對，不是最終獲致的世界真理的形態，只是
> 許多藝術語言（art-language）當中的一種，只是一整座
> 令人眼花撩亂的圖書館裡頭的一排書而已，這時候，現
> 代主義的危機就出現了。㉕

　　雖然傅柯的讀者可能認為，前述的覺悟在現代主義的源
頭（福樓拜〔Flaubert〕、馬內〔Manet〕）就有跡可尋，並不
是直到現代主義的終結才出現的，㉖詹明信對現代性的危機

所作的說明，在我看來卻是既能服人又有疑義——因為使人信服而產生疑問。一如李歐塔，詹明信把我們帶入激進的尼采式觀點主義（Nietzschean perspectivism）： 每一位作家的主要作品不只是代表同一世界的不同觀點，而且相當於一個完全不同的世界。和李歐塔不一樣的是，他這麼做只是為了使我們得以開脫。在詹明信看來，喪失敘事無異於喪失為我們自己在歷史上定位的能力；準此，他把後現代主義診斷為「精神分裂」，意思就是以崩潰了的時間感（sense of temporality）為後現代主義的特徵。㉗此所以他在《政治無意識》書中極力主張，不只是要使敘事起死回生，成為「社會上的象徵性舉動」，而且特別是要使他所稱的馬克思主義的「主敘事」（Marxist "master narrative"）——人類「為了從『必然』（Necessity）的領域奪取『自由』（Freedom）的領域而進行集體鬥爭」的故事㉘——恢復生機。

　　Master narrative（主敘事）——除此還能如何翻譯李歐塔的 *grand récit*（大敘述）？在這個譯名，我們瞥見另一種分析現代性的消隕所用的措辭，無關乎種種現代敘事的不能相容，倒是說明了它們根本就是有志一同。理由在於，它們全都是主宰權的敘事（narratives of mastery），都是人尋求征服自然的終極目標的敘事，如果不是基於這樣的事實，是什麼使得現代性的諸多「大敘事」成為主敘事？除了把西方人自己指定的，按照自己的形象改變這整個星球的使命正

當化,這些敘事還發揮過什麼樣的功能?而這個使命,如果不是以人在所有既存的事物留下他的戳記——也就是把這個世界轉化成一個表象(representation),以人為其主體——如果不是以這樣的形式,這個使命可曾採取過其他的形式?然而,就這一點而論,**主敘事**之稱似乎是累贅,既然所有的敘事,由於「有權力主宰時間過程的腐蝕力所造成使人消沉的作用」,㉙可能都是主宰權的敘事。㉚

　　這麼說來,處境堪危的不僅僅是敘事的地位,「呈現」本身的地位也一樣。理由在於,現代時期不只是主敘事的時代,同時也是表象的時代——起碼海德格於一九三八年在布賴斯高地區弗賴堡(Freiburg im Breisgau)發表的一篇演講詞就是這麼說的,不過那篇講稿直到一九五二年才以〈世界圖象的時代〉(*Die Zeit die Weltbildes*)刊印。㉛根據海德格的看法,過渡到現代性並不是因中古的世界圖象為現代的世界圖象所取代而圓滿達成,「而是這個世界根本就成了一幅圖象,此一事實凸顯出現代時期的本質。」對現代人來說,萬事萬物一無例外,只存在於表象〔即心理影像〕,而且唯有透過表象才存在。這樣的說法無異於宣稱,世界只存在於主體,而且唯有透過**主體**才存在,而該主體相信他在製造世界的表象的過程中製造世界:

　　現代時期的根本事件是征服圖象世界(the world as picture)。「圖象」〔Bild〕這個字眼，現在意指組構而成的形象〔Gebild〕，是人製造出來呈現並優先考慮的創造物。在這樣的製造過程中，人爭取他可以成為那一個為現存的事事物物設定準繩兼發號施令的特定生命的地位。

因此，世界轉變成圖象，人則轉變成主體，由於「這兩個事件彼此糾纏，人類開始走上不歸路，舉凡人類用於衡量與執行的能力所及之處，無不蓄勢待發，為的是全面奪取主宰權。」畢竟，表象如果不是一種「攫取和掌握」（侵佔），如果不是一種「監控防備，一種推進繼之以主宰」，㉜那麼表象又是什麼？

　　因此，在最近一次接受訪問，詹明信呼籲「**重新征服**某些表象的形式」（他把表象和敘事相提並論，辯稱：「『敘事』，我想，大體上就是人們轉述常見的後結構主義對於『表象的批判』時，心裡頭所想的」）㉝，他其實是在呼籲重整現代性本身的整個社會方案。既然馬克思主義的主敘述只是眾多現代的主宰權敘述當中的一種（畢竟，「為了從必然的領域奪取自由的領域而進行集體鬥爭」如果不是人類對地球進行進步性的開發，那又是什麼？），詹明信要重振（此一）敘事的慾望也就是現代的慾望，就是**心繫**現代性的慾望。那是我們的後現代情境的一個症狀；當今到處都經驗到的主宰

權的大量流失，以及隨之而來的，為了恢復那種損失而乘勢
興起的治療綱領，左派、右派都有，即是此處說的後現代情
境。雖然李歐塔提出警告──我相信他的警告是正確的
──不要把現代／後現代文化的轉變解釋成主要是社會轉變
的結果（比方說，假設後工業社會的降臨），㉞明顯的是，損
失的主要不在於文化的主宰權，而是在於經濟、技術與政治
的主宰權。畢竟，如果不是第三世界國家、「自然的反撲」
和婦女運動──也就是被征服者的心聲──的出現，那又是
什麼對西方想要永遠穩佔更高的支配與控制地位形成挑戰
呢？

　　我們近來喪失主宰權的跡象，在當今的文化活動處處見
得到──最明顯的莫過於在視覺藝術。追隨功能與功利的理
性原則，結合科學與科技的力量以改變環境的現代主義方案
（生產主義〔Productivism〕，包浩斯學院〔the Bauhaus〕）
久來已遭放棄；取而代之的是，我們目睹困獸之鬥，經常是
歇斯底裡的嘗試，想要復興氣勢宏偉而規模龐大的架上繪畫
（easel painting）與醒目的鑄青銅雕塑（cast-bronze sculp-
ture）──這一類媒介本身和西歐的文化霸權是一體的兩面
──藉以恢復某種程度的主宰權。然而，當代藝術家頂多能
夠模擬（to simulate）主宰權，操弄其符號； 在現代時期，
由於主宰權千篇一律和人類的勞力緊密相關，美學生產如今
淪落為藝術勞工符號的大規模部署──譬如強有力、「激

昂」的畫風。然而,這一類主宰權的類像 (simulacra) 徒然證
實主宰權的淪喪;事實上,當代藝術家似乎汲汲營營在從事
一場集體的否認行動——而否認總是和喪失……雄勁、陽
剛、權勢分不開。㉟

這一批藝術家代表團還有隨行人員,他們拒絕主宰權的
擬象,而偏好懷著憂鬱的神情冥想主宰權的喪失。有一個那
樣的藝術家提到,「熱情在一個把自我表現給制度化了的文
化中是行不通的」;另一個則提到,「美學事關渴望與失
落,無關乎完成」。一位畫家重拾風景畫的題材,使這個久
遭遺棄的類別重見天日,卻只是為他自己的畫布借來土地本
身一片枯竭的模樣,悄悄地把畫布殘破的表面和他所畫的荒
野等量其觀 (土地因而增輝);另一個以誇張的手法表現他
的焦慮,用人所能想到的最陳舊的形態畫出閹割的威脅
——「女人」……高高在上,可望而不可及。不論他們是否
認或是昭告他們自己的無力感,不論他們擺出的是英雄或受
害人的姿態,這些藝術家已經,不用說也知道,博得盛名,
在一個不願意承認自己已經被逐離中心地位的社會廣受歡
迎;有一種「官樣」藝術,和產生這種藝術的文化一樣,非
得要對它自身的貧瘠逆來順受不可。

後現代藝術家也談到貧瘠的問題——方式卻大不相同。
有時候,後現代作品為**慎重**拒絕主宰權提出見證,如瑪莎‧
羅茲勒的系列攝影《兩種描述系統寫不盡鮑厄里》 (*The*

Bowery in Two Inadequate Descriptive Systems; 1974-75)，以
紐約市下曼哈頓區的鮑厄里街區為背景，店面照片和表示醉
意的印刷體單字群交錯陳列。這些照片雖然刻意讓人一目了
然，羅茲勒在這一系列作品中對於主宰權的拒絕卻不僅止於
技術性的。一方面，她否定說明文字／文本具有彌補影像不
足以達意之處的常規功能；取而代之的是，她合併運用兩種
呈現系統，視覺的和語文的，苦心孤詣（如標題所暗示的）
使得這兩種系統的真理價值彼此「相剋」，而不是彼此「相
生」。㊱更重要的是，羅茲勒不願意把該地的貧民窟居民攝入
鏡頭，不為他們發言，不代表他們發言，不願意站在安全距
離之外讓他們亮相（在雅各・里斯〔Jacob Riis〕所奠定的傳
統中，攝影是社會工作）。理由是，「關懷」或羅茲勒所稱
的「受害人」攝影忽視其自身活動的基本角色，攝影活動被
認為僅僅是呈現性的（攝影兼具透明與客觀雙重特性的「神
話」）。在呈現那些被剝奪了表象媒介使用權的民眾時，攝
影家縱使出於善意，也無可避免地執行權力系統代理人的功
能，而該權力系統根本是從一開始就對那些民眾展開消音的
工作。因此，他們是雙重受害：先是受害於社會，接著又受
害於自認有權代表他們發言的攝影家。揆諸事實，在這一類
的攝影中，是攝影家而不是攝影的「主體」在擺姿態──自
命為該主體的意識，仿如那就是良心本身。在這系列作品，
雖然羅茲勒可能不是酒醉的逆論述（counter-discourse）

——那得要包含醉漢對於他們自己的存在狀況（conditions of existence）的理論——的創始人，她畢竟是以反證的方式，指出了當今以政治考量為出發點的藝術實踐的關鍵議題：「代表別人發言有傷其尊嚴」。㊲

羅茲勒的立場也對批評形成挑戰，特別是對於批評家以自己的論述取代藝術作品。在我的文本中說到這一點，我不能越俎代庖，我必須禮讓發言權給藝術家本人；在和《兩種描述系統寫不盡鮑厄里》一起刊行的〈（紀實攝影）來回出入感想〉一文，羅茲勒寫道：

> 如果貧瘠是這裡的主體，可以更確定地說，那是呈現的策略形單影隻步履蹣跚的貧瘠，而不是求生模式的貧瘠。照片無力應付尚待意識形態事先全盤理解的現實，而且照片是光影成像，難以捉摸不下於組字成文——比起由外設框烘托，文字起碼在醉態的文化（the culture of drunkenness）之內還算容易定位。㊳

可見與不可見

像《兩種描述系統寫不盡鮑厄里》這樣的作品，不只是揭發攝影兼具透明與客觀雙重特性的「神話」，而且顛覆以

視覺為得天獨厚通往確實與真理的途徑（所謂「眼見為真」）這個（現代）信念。現代美學宣稱，視覺因為與其對象保持超然的距離而超越其他感官。黑格爾（Hegel）在《美學論集》（*Lectures on Aesthetics*）告訴我們：「視覺與其客體處於純理論的關係，這個關係是經由光的媒介而建立的，而光這個無形的物質容許視覺客體真正的自由，兼有照明與啟明之功，卻不至於耗損對方。」㊴這種超然的距離，後現代主義藝術家並不否認，但也不會歌頌。更恰當地說，他們要探討視覺所能提供的特殊利益。理由是，視覺很難說是不涉及利害，也談不上無動於衷；正如依希嘉黑所論：「觀看所得在女人並不像男人那樣得天獨厚。眼睛把對象客體化，然後加以主宰，程度遠在其他感官之上。眼睛守候在一段距離之外，保持那一段距離。在我們的文化，觀看佔有優勢地位，超乎嗅覺、味覺、觸覺、聽覺，致使身體的種種關係變得貧瘠……。觀看獨佔優勢的那一瞬間，身體就喪失了實體（materiality）。」㊵也就是說，身體變形成了一個形象（image）。

我們的文化賦與視覺的優先權是一種感官貧瘠，這說不上是新觀念；然而，女性主義把視覺的特權和性特權聯繫在一起。弗洛依德指認，從母權社會到父權社會的過渡相當於嗅覺性慾（olfactory sexuality）退化而同時比較間接、比較高超的（sublimated）視覺性慾進化的階段。㊶尤有進者，按

弗洛依德所述，兒童就是從觀看發覺性別差異，根據陽物的
現身與否採取性別認同。正如珍·蓋洛普在近作《女性主義
與精神分析》提醒我們的，「弗洛依德申論『閹割的發現』
離不開眼睛所見：看見男孩身上有陽物，看見女孩身上沒有
陽物，最後看見母親身上沒有陽物。**性別差異從眼睛所見取
得決定性的意義。**」⑫這難道不是因為陽物是性別差異最顯
而易見（visible）的符號，因而成為「得天獨厚的符徵（privi-
leged signifier）」？然而，不只是差異的發現，連差異的否認
也取決於視覺（雖然把差異縮減到普通的程度──女人是根
據男人的標準受評斷因而被發現有所欠缺──就已經是一種
否認）。正如弗洛依德在一九二六年一篇論「戀物癖」的文
章所提到的，男孩通常以在「創傷性（traumatic）」目擊之
前的最後一個視覺印象取代母親「失落的」陰莖：

> 因此，腳或鞋子成為物神，或物神的一部分，只因為生
> 性好奇的男孩慣常凝視女人的腿，往她的生殖器偷窺。
> 絨布和毛皮引出──正如被察覺已久的──陰毛的景
> 象，陰毛應該顯露盼望中的陰莖；經常被當成物神的
> 內衣產生寬衣解帶的情景，這是女人還可以被視為與
> 陽物崇拜有關的最後一個時刻。⑬

在一個獨厚視覺而薄待其他感官的父權規則之下，視覺

藝術能有什麼好說的呢？難道我們不能期望視覺藝術成為陽
剛特權的領域——就像視覺藝術史所確實證明的——成為也
許是透過呈現主宰女性擺出的「威脅」的一個途徑？近年來
新興一種由女性主義理論出面鼓吹的視覺藝術實踐，或多或
少擺明了是針對呈現與性慾而發——陰、陽兩性都包括在
內。男性藝術家傾向於探討陽性氣質的社會建構（如 Mike
Glier、 Eric Bogosian 以及 Richard Prince 早期的作品）；女
人則展開延宕已久的解構陰性氣質的過程。新版的、「正面
的」陰性氣質的形象仍難得一見；這麼做只會提供並且因而
延長現存的呈現機制（representational apparatus）的壽命。
有些人壓根兒拒絕呈現女人，他們認定在我們的文化，呈現
女性身體絕無可能免於陽物偏見。然而這一類的藝術家，大
多數利用文化意象（cultural imagery）現存的庫藏——不是
因為他們缺乏創意或有所批評——而是因為他們的主題，即
陰性性慾，向來都是形成於而且形成為（constituted in and
as）表象，是一種具有差異性的表象。必須強調的是，這些藝
術家主要的興趣所在，不是「關於女人，表象說些什麼」；
而是，他們探討「對於女人，表象**做**些什麼」（比方說，千
篇一律把女人擺設成男性凝視的對象這樣的呈現方式）。畢
竟，正如拉岡說的：「**適合**（*for*）女人的形象與象徵不可能
脫離**屬於**（*of*）女人的形象與象徵。……決定如何發揮作用
的是表象，不論是否受到壓抑（repressed）的陰性性慾的表

象。」㊹

　　然而，這種作品的評論小心翼翼迴避了──繞開了
──性別的議題。由於其全面性的解構野心，此一實踐有時
被現代主義的去神秘化（demystification）給同化了。（因
此，表象的批判就是，這種作品塌陷成意識形態的批判。）
在一篇（再度）探討現代藝術中的託喻程序的論文，班傑
民‧布克婁討論了六位婦女藝術家──黛樂‧本包姆（Dara
Birnbaum）、簡妮‧侯澤（Jenny Holzer）、芭芭拉‧克魯格
（Barbara Kruger）、露易絲‧婁勒（Louise Lawler）、雪
莉‧萊文（Sherrie Levine）、瑪莎‧羅茲勒──的作品，聲稱
她們是羅蘭‧巴特（Roland Barthes）在一九五七年的《神話
學》（*Mythologies*）所闡明的「續發的神話過程（secondary
mythification）」的模型。布克婁不承認巴特後來否認這一套
方法論的事實──巴特的否認必須視為他自從《文本的樂
趣》（*The Pleasure of the Text*）以降越來越排斥主宰權的
一部分。㊺布克婁也不承認這些藝術家清一色是女人這件事
實有特別的意義；相反的，他為她們提供一個在拼貼與蒙太
奇的達達傳統（dada tradition）中明顯是男性的系譜。因此，
這六位藝術家全都被說成是在操縱通俗文化──電視、廣
告、攝影──的語言，竟至於「她們的意識形態功能與效果
變成透明」；或者，也可以這麼說，在她們的作品，「行為
與意識形態兩者之間細微而且似乎難分難解的交互作用」應

該會變成一種「**可觀察**的樣式」。㊻

　　但是，宣稱這些藝術家把不可見（the invisible）轉譯成可見（the visible），特別是在一個可看性（visibility）總是偏向男性，而不可看性（invisibility）總是偏向女性的文化，到底有什麼意義？批評家說這些藝術家顯示、暴露、「揭開」（"unveil"，這個字在布克婁的文本中俯拾皆是）大眾文化意象中隱藏的意識形態議程（ideological agendas），又到底是什麼意思？不妨暫時考慮布克婁對於黛樂・本包姆的作品的討論。本包姆是影像藝術家，重新剪輯直接從廣播電視側錄下來的連續鏡頭，她的《科技／變形：才女》（*Technology/ Transformation: Wonder Woman*, 1978-79），即是取材於同標題的通俗電視影集，布克婁說它「揭開『才女』思春期的幻想。」然而，就像本包姆所有的作品，這捲錄影帶處理的不只是大眾文化的意象，而是大眾文化的**女人形象**。涉及女性身體的揭開遮蔽、卸除衣物、裸身橫陳等動作，不都是如假包換的男性特權？㊼尤有進者，本包姆所再現（re-presents）的女人通常是在體能方面追求完美境界的運動家或表演家。她們沒有缺陷，沒有匱乏，所以也沒有歷史，也沒有慾望。（『才女』是陽物崇拜女教主〔the phallic mother〕的完美化身。）我們在她的作品所辨認出來的，是自戀女的弗洛依德式轉喻（Freudian trope），或陰性氣質觀瞻自持的拉岡式「主題（theme）」，其存在只是陽剛慾望的一個心理影像。㊽

使這類作品生氣蓬勃的解構衝動也暗示了其與後結構主義的文本策略的親和關係，而關於這些藝術家的批評文章——包括我本人的——不乏以法文譯介她們的作品。可以肯定，傅柯對於西方的邊緣化與排外性策略的討論，德希達對於「陽物中心論」的指摘，德勒茲和瓜塔里（Guattari）的「沒有器官的身體」，看來全都和女性主義觀點意氣相投。（正如依希嘉黑所述，「沒有器官的身體」不就是女人在歷史上的處境？）⑭縱然如此，後結構主義理論與後現代主義實踐之間的親和關係可能使批評家昧於下述的事實：一旦涉及女人，類似的手法會產生差別甚大的意義。這麼說來，雪莉‧萊文挪用（appropriates）——字義就是拿（take）——瓦克‧艾文斯（Walker Evans）所拍攝的都市貧民照片或，也許關係更密切的是，愛德華‧韋斯屯（Edward Weston）所拍攝他**兒子**尼爾（Neil）擺成古典希臘軀幹雕像的照片，難道她只是在一個形象充斥的文化中，用代言體的方式表現（dramatizing）萎縮了的創意空間？或者說，她拒絕著作權莫非事實上就是拒絕創作者乃是**他**〔黑體係中譯強調〕的作品的「父親」這樣的角色，亦即拒絕法律賦給作者的父權（paternal rights）？⑳（下述事實足以支持此一閱讀萊文的策略：她所挪用的千篇一律是『異己』（the Other）的形象：女人、自然、兒童、窮人、精神錯亂者……。）㉑萊文鄙棄父親的權威意味著，稱她的作法為挪用——逮到機會就不

放手——是言重了，倒不如說是徵收來得恰當：她徵收〔挪／〕佔用者。

有時候，萊文和露易絲‧婁勒以「一幅畫並不是替代品」("A Picture is No Substitute for Anything") 這個共同標題攜手合作——毫不含糊批判傳統所界定的表象。（E. H. Gombrich：「所有的藝術都是形象製造〔image-making〕，所有的形象製造都是在創造替代品。」）難道她們的合作不會感動我們，促使我們發問這畫被認為是什麼的替代品，它取代什麼，它隱藏什麼欠缺（absence）？再說，婁勒先後於一九七九年在洛杉磯和一九八三年在紐約展出〈沒有畫面的電影〉("A Movie without the Picture")，她只是要求觀眾共同參與形象的製作？或者說，她不也是拒絕提供給觀者電影一貫提供的那種視覺快樂——就是被認為和觀淫癖（voyeurism）與窺陰癖（scopophilia）這兩種陽性反常行為有關的快樂？㉒那麼，她在洛杉磯放映（或者說不放映）瑪麗蓮夢露生前主演的最後一部電影《亂點鴛鴦譜》（*The Misfits*），似乎是蠻恰當的。所以說，婁勒撤消的不單單是一幅畫，而且是陰性慾望價值的原型意象（archetypal image of feminine desirability）。

為了探討電影劇照，辛蒂‧薛門（Cindy Sherman）在一九七〇與八〇年代拍攝一系列的無標題黑白照片，先把自己打扮成近似五〇年代末與六〇年代初好萊塢 B 級影片的女主

角，然後拍出自己處於暗示某種潛伏在畫面之外的內含危險
的情勢。她只是在抨擊「把女演員在攝影機前面故佈的疑陣
和導演在攝影機背後設想的真實性劃上等號的電影作者論
（auteurism）」的修辭？⑤或者說，她的扮－演（play-act-
ing）不也是演出陰性氣質如化裝舞會，亦即視陰性氣質為男
性慾望的心理影像的精神分析看法？正如艾蓮・西蘇寫道：
「人總是在表象中；女人一旦應要求在這個表象現身，她就
是，不用說也知道，被要求呈現男人的慾望。」⑤誠然，薛門
的攝影本身具有鏡像面具（mirror-masks）的功能，反射給觀
看者他自己的慾望（而這作品所設定的觀者清一色是男性）
——明確地說，是把女人固定在一個持續而且穩定的身分認
同的陽性慾望。但是，這正是薛門的作品所要否認的，理由
是：她的攝影都是自畫像，藝術家本人出現在這些照片中各
不相同，連模特兒都絕無重複之例；我們固然可以假定辨認
得出是同一個人，卻也同時不得不面對那一個身分像鋸輪般
震顫不已的事實。⑤在隨後的一系列作品，薛門放棄劇照的格
式，代之以雜誌的跨頁照片，不惜冒著受人指摘的危險，說
她是自己被客體化的共謀，說她強調女人被束縛在框框之內
的形象。⑤這樣的說法也許沒錯；但是，薛門擺出性感女郎的
姿態，固然有可能被張貼在牆壁上，卻不可能被釘死在上頭。

　　最後要談的是芭芭拉・克魯格。一九八一年，她從五十
年代一本攝影年鑑擷取一張側面女性半身像，拼貼上"Your

gaze hits the side of my face"（你的凝視擊中我的側臉）　，
就只是「畫個等號……在美感的影像和凝視的疏離之間：兩
者都是物化」？⑰她在訴說的難道不是從事客體化和爭取主
宰權的途徑，而非觀看的**陽性氣質**？　或者說，"You invest in
the divinity of the masterpiece"（你投資在傑作的神性）這
些字出現在梵諦岡西斯汀禮拜堂（Sistine）拱頂的創世記壁
畫的局部放大像之上，她只是在降格模擬（parodying）我們
對藝術作品的敬意，或者說，這難道不是針對藝術製作為一
父子契約所發表的評論？克魯格的作品所表述的，一向是性
別分明；然而，她的重點不在於陽性氣質與陰性氣質是事先
由呈現機制所攤派的固定狀態。明白地說，克魯格使用一個
沒有固定內容的措辭，即語言學上的代換（「我／你」）　，
為的是說明陽性與陰性本身，並不是穩定的身分，而是替－
變（ex-change）易如反掌。

　　說來不可思議，所有這些實踐，以及支撐這些實踐的理
論作品，都是出現在一個一般認為其特色在於全然冷漠的歷
史形勢。在視覺藝術，我們目睹一度壁壘分明的區別逐漸消
失——原作／複製，真跡／仿冒，功能／裝飾。每一個術語
如今似乎都包含其反面，這種不確定性帶來選擇的不可能
性，或者換一種說法，帶來絕對的同義與等值，因而使得種
種選擇都不是絕對的，都具有可替代性。是有人這麼說。⑱女
性主義的經驗，連同女性主義對差異的堅持，迫使我們重新

思考。理由是，在我們的國家，說再會和打招呼也許看來相同，但那只是從陽性的立場。女人已經學會──或許她們一向都知道──如何辨認差異。

註釋

[註1] 保羅・里克爾〈文明與民族文化〉（Paul　Ricoeur, "Civilization and National Cultures"），錄於《歷史與真相》（*History and Truth*），Chas. A. Kelbley 英譯（Evanston: Northwestern University Press, 1965），278頁。

[註2] Hayden White, "Getting Out of History," *diacritics*, 12, 3(Fall, 1982), p.3. White 不曾在其他場合承認，正是這種共相性在當今引起爭議。

[註3] 可參見 Louis Marin, "Toward A Theory of Reading in the Visual Arts: Poussin's *The Arcadian Shepherds*," in S. Suleiman and I. Crosman, eds, *The Reader in the Text* (Princeton: Princeton University Press,1980), pp.293-324. 該文重申 Marin 在 *Détruire le peinture* (Paris: Galilée, 1977)書中開頭部分的主要論點。又見 Christian Metz 在"History/Discourse: A Note on Two Voyeurism"對於電影呈現的表述機制的討論，錄於 *The Imaginary Signifier*，Britton, Williams,

Brewster 與 Guzzetti 英譯 (Bloomington: Indiana Uneversity Press, 1982)。至於這些分析的概括性回顧,見筆者所撰 "Representation, Appropriation & Power," *Art in America*, 70, 5 (May 1982), pp. 9-21。

[註4] 此所以有克麗絲蒂娃指稱前衛實踐為陰性 (feminine) 這種啟人疑竇的說法──說啟人疑竇,因為她的說法聽來好像串通所有下面指出的那些論述:把女人從藝術呈現的團隊驅逐出境,令人將她們和大寫的「自然」、大寫的「無意識」、身體等前象徵 (the presymbolic) 聯想在一起。

[註5] Jacques Derrida, "Sending: On Representation," trans. P. and M. A. Caws, *Social Research*, 49, 2, (Summer 1982), pp. 325, 326,黑體是筆者強調的。(在這篇文章中,德希達討論海德格的〈世界圖象的時代〉,這是我回頭會再提到的一個文本。) 德希達寫道:「當今思想界多的是反對表象。這種論斷,多少稱得上條理清晰或深思熟率,不難摘述:表象是不好的……。然而,不論此一主流思潮有多強勁又多曖昧,表象的權威使我們受到束縛,是一道緊箍咒,透過濃密的、謎似的而且高度階層化的歷史,強加在我們的思想。它把我們規格化,又牽著我們的鼻子走,又正襟危坐警告我們,使得我們無法僅僅當它是一個客體、一個表象、一個表象的客體,在我們眼前像一個主題」 (p.304)。因此,德希達結論道:「表象的本質並不是一種呈現,表象的本質是無法呈現的,**沒有屬於呈現的表象**」 (p.314,黑體為筆者強

調）。

[註 6] Michèle Montrelay, "Recherches sur la femininité," *Critique*, 278 (July 1970); translated by Parveen Adams as "Inquiry into Femininity," *m/f*, 1(1978);repr. in *Semiotext(e)*, 10(1981), p. 232.

[註 7] 下文將討論的議題，有許多──例如對二元思想的批判，或是洞察力優於其他感官──在哲學史上已是久歷風霜。我感到興趣的卻是女性主義的理論如何應用於性別特權。因此，經常被抨擊為僅僅涉及認識論的議題搖身一變，也和政治扯上關係。（關於這一類抨擊，例子之一請見Andreas Huyssens, "Critical Theory and Modernity, *"New German Critique,* 26［Spring/Summer 1982］, pp. 3-11。）事實上，女性主義證明，堅持要為這兩者劃清界線是不可能的。

[註 8] 「毫無疑問，此處涉及的是女人性別的概念性前景，這使我們注意到一個重大的疏忽」，見 Jacques Lacan, "Guiding Remarks for a Congress on Feminine Sexuality,"in J.Mitchell and J. Rose, eds., *Feminine Sexuality* (New York: Norton and Pantheon, 1982), p.87.

[註 9] 見拙文"The Allegorical Impulse: Toward a Theory of Postmodernism"(part2),*October*, 13 (Summer 1980),pp.59-80。《美國人往前走》於一九七九年四月在紐約市的 The Kitchen Center for Video, Music and Dance首度演出之後，幾經修改，併入安德森分兩晚演出的作品 *United States , Parts I-IV*，於

一九八三年二月在布魯克林音樂學院（Brooklyn Academy of Music）推出完整版。

[註10] 這個計畫引起我的注意，得歸功於Rosalyn Deutsche。

[註11] 正如Stephen Heath寫道：「論理析義沒能考慮性別差異問題的任何論述將會，在父權制度之內，乏善可陳，只是反映男性優勢。」"Difference," *Screen*,19, 4, (Winter 1978-79), p. 53.

[註12] Martha Rosler, "Notes on Quotes," *Wedge*, 2 (Fall 1982), p. 69.

[註13] 李歐塔《後現代情境》（Jean-Francois Lyotard, *La condition postmoderne* [Paris: Minuit,1979]），29頁。

[註14] 見 Sarah Kofman, *Le Respect des Femmes* (Paris: Galilée, 1982)。部分英譯見於"The Economy of Respect: Kant and Respect for Women," trans. N. Fisher, *Social Research*, 49, 2 (Summer 1982), pp.383-404.

[註15] 為什麼總是距離的問題？舉例而言，薩依德（Edward Said）寫道：「有文學與文化研究成果問世的人，幾乎沒有人考慮到事實的真相：知識或文化工作，一無例外，總是發生在某個地方、在某個時代、在某個構思與可行性都非常明確的領域，而那個領域根本就是國家的一部分。女性主義批評家在中途已經掀啟這個問題，可是**他們還沒走完全程**。」引文見〈美國「左派」文學批評〉（"American 'Left' Literary Criticism"），錄於《世界、文本與批評家》（*The World, the Text,* *and the Critic* [Cambridge: Harvard University Press, 1983] ），169頁。黑體字為筆者所強調。

[註16] 詹明信《政治無意識》（Fredric Jameson, *The Political Unconscious* [Ithaca: Cornell University Press, 1981] ），84頁。

[註17] 馬克思、恩格斯《德意志意識形態》（Marx and Engels, *The German Ideology* [New York: International Publishers, 1970] ），42頁。女性主義所揭發的事情之一是，馬克思對於兩性不平等的無知令人憤慨。馬克思和恩格斯兩人都視父權制為前資本主義生產模式的一部分，宣稱生產模式從封建制度過渡到資本制度，也就是從男性優勢過渡到資本優勢。因此，他們在《共產主義宣言》寫道：「不論在什麼地方，資產階級一旦掌握權力，就結束了所有封建制度、父權制度的……關係。」修正主義者意圖（如詹明信在《政治無意識》書中的企圖）把父權制的存續解釋為往昔的生產模式的遺風，這不足以回應女性主義對馬克思主義所提出的挑戰。馬克思主義和女性主義處不來，這不盡然是從外在承襲而來的意識形態偏見；說得確切些，那是馬克思主義把生產獨尊為無庸置疑的人類活動這個結構性的後果。對於這些問題的討論，見Isaac D. Balbus, *Marxism and Domination* (Princeton: Princeton University Press , 1982)，特別是第二章 "Marxist Theories of Patriarchy"，和第五章 "Neo-Marxist Theories of Patriarchy"。又見 Stanley Aronowitz, *The Crisis in Historical Materialism* (Brooklyn: J. F. Bergin, 1981)，特別

是第四章"The Question of Class"。

[註18] Lyotard, "One of the Things at Stake in Women's Struggles," *Substance*, 20(1978), p.15.

[註19] 女性主義反理論的聲明，說得最大聲的或許是 Marguerite Duras：「人們評斷智力的準繩仍然是理論化的才能，而在所有現在看得到的運動中，不論是在哪個範圍，電影也好，劇場也好，文學也好，理論領域的影響力正在流失。轟擊之聲已經響了幾個世紀。現在是必須把它給撞個四腳朝天的時候，讓它在恢復知覺時不知身處何地，眼睛也瞎了，動彈不得。」引文見 E. Marks 與 I. de Courtivron 合編 *New French Feminisms*（New York: Schocken, 1981）111頁。此處隱含人們賦予理論的特權和人們賦予洞識超越其他感官的特權兩者的關聯，引人想起 *theoria* 的字源；見下文。

　　或許必較正確的說法是，大多數的女性主義者對於理論愛恨交加。比方說，在莎莉・波特（Sally Potter）的電影 *Thriller*（1979）──該片鋪陳《波希米亞人》（*La Bohême*）中「誰該為咪咪（Mimi）之死負責？」的問題〔譯按：咪咪是普契尼（Puccini）的歌劇《波西米亞人》的女主角〕──女主角在大聲朗讀克麗絲蒂娃的 *Théorie d'ensemble* 書中導論時，爆笑不已。結果是，波特的電影被解釋成反理論的聲明。然而，重點似乎是在於，當今流行的理論建構不足以說明一個女人的經驗的特異性。理由是，我們得知，該部影片的女主角在「尋求可以解釋她的生命和她的死亡的

一套理論。」論 *Thriller* 的文章，見 Jane Weinstock, "She Who Laughs First Laughs Last," *Camera Obscura*, 5(1980).

[註20] 該文發表於 *Screen*, 16, 3(Autumn 1975)。

[註21] 見拙文 "Earthwords, "*October*, 10(Fall 1979), pp.120-132.

[註22] "No Essential Femininity: A Conversation between Mary Kelly and Paul Smith," *Parachute*, 26(Spring 1982), p.33. 中譯按：關於拉岡《書寫》，中文讀者可參閱李奭學譯《閱讀理論：拉岡、德希達與克麗絲蒂娃導讀》 (*Reading Theory: An Introduction to Lacan, Derrida, and Kristeva*) 第二章的介紹 (台北：書林，1996) ，37-155頁。

[註23] 李歐塔《後現代情境》8頁。

中譯注：引譯中的「實用價」，取其「實用價值」之意。原文 pragmatic 是指實用主義 (pragmatism) ；valence 可能指心理學上導向行為目標的「誘發力」，也可能指化學術語的「原子價」 (又稱「化合價」，用於表示一個元素的化合能力，此一性質決定該元素的一個原子所能結合的其他原子數目) 。至於本文開頭的《後現代情境》引文中的「差別相」，可以借用數學概念來說明。在數學上，凡數應該都可以比較，但是一個有理數和一個無理數卻沒有共同的比較基礎，因此是 incommensurable，即「不可公度」。就在《後現代情境》的序言中，李歐塔本人說，所謂「不可公度」就是沒有實效。與之相反的 commensrable 則具有普同性，也因此具有明確的價值觀。

［註24］李歐塔，前揭書68頁。

［註25］Jameson, "'In the Destructive Element Immerse': Hans-Jürgen Syberberg and Cultural Revolution," *October*, 17 (Summer 1981), p. 113.

［註26］例如，見"Fantasia of the Library," in D.F. Bouchard, ed. *Language, counter-memory, practice* (Ithaca: Cornell University Press, 1977), pp.87-109。又見本書所錄克林普"On the Museum's Ruins"。中譯按：該文由於插圖未能取得授權，中譯本不得已割愛。

［註27］見本書所錄詹明信〈後現代主義與消費社會〉一文。

［註28］詹明信《政治無意識》，19頁。

［註29］White前揭文［見註②］3頁。

［註30］因此，與敘事恰成對比的也許就是寓言（allegory），而寓言，Angus Fletcher稱之為「逆敘事（counter-narrative）的縮影」。由於其隱指人的作品注定要再生利用而受到現代美學的譴責，寓言也是反現代的縮影，因為它把歷史視為必然朝向崩潰與傾頹的過程。然而，寓言作者憂鬱、深思的眼光，未必是挫折的跡象；那可能是呈現對於主宰權不再有所企求的人高超的智慧。中譯按：關於「寓言」，請參見本書錄阿默〈後批評的客體〉一文。

［註31］該文由 William Lovitt 英譯，題為"The Age of the World Picture"，錄於 *The Question Concerning Technology* (New York: Harper and Row, 1977)，115-54頁。海德格的論理相

當複雜，而且，我相信，非常重要；我當然是把它大幅度簡
化了。

[註32] 前揭書149、50頁。按海德格的定義，現代時期乃是以爭取主
宰權為目標的表象時代（the age of representation for the
purpose of mastery）。此一定義吻合阿多諾（Theodor Ador-
no）和霍克海默（Max Horkheimer）在他們兩人所合著《啟
蒙的辯證》（*Dialectic of Enlightenment*；該書寫於一九四
四年流亡期間，但是直到一九六九年重新出版之後才展現真
正的影響力）書中對於現代性的討論。「人想要從自然學到
的」，阿多諾和霍克海默寫道，「乃是如何利用自然，以便
全面支配自然和其他的人。」實現這個慾望的主要途徑就是
（起碼是海德格所會認可的）表象──壓抑「存在物之間
的種種親和感」而偏好「賦予意義的主體和毫無意義的客
體兩者之間的單一關係」。就本文的文義格局而言，更富深
意的似乎是，阿多諾和霍克海默再三指稱前述的運作為「父
權制的」。

中譯按：本文的「呈現」和「表象」，一如出現在本書
其他地方，都是譯自representation，前一種譯法取其(to) repre-
sent（動詞「呈現」）的名詞形態，後一種譯法則取其為一
哲學術語。哲學上有一種知識論，名為「表象論」（re-
presentationism），斷言心靈所知覺的東西只是物質對象的心
理影像。此一主體心理所「呈現」的客體影像，即是表象。
至於本文最後一節〈可見與不可見〉第五段後半的「再

現」，則是"re-presents"。

[註33] Jameson, "Interview," *diacritics*, 12, 3(Fall 1982), p. 87.

[註34] 李歐塔《後現代情境》，63頁。在這節骨眼，李歐塔辯稱：現代性的諸多「大敘事」本身就含有使自己喪失正當性的種子。

[註35] 對於這一群畫家的討論，詳見拙文"Honor, Power and the Love of Women," *Art in America*, 71, 1(January 1983), pp.7-13。

[註36] 瑪莎‧羅茲勒接受Martha Gever的訪問，見*Afterimage* (October 1981), p.15。《兩種描述系統寫不盡鮑厄里》圖版刊於羅茲勒的*3 Works* (Halifax: The Press of the Nova Scotia College of Art and Design , 1981) 書中。

[註37] "Intellectuals and Power: A conversation between Michel Foucault and Gilles Deleuze," *Language, counter-memory, practice*, p.209. 在這篇對談錄，德勒茲對傅柯說：「依我看，你是第一個──在你的著作中以及在實際的領域──讓我們知道某種絕對根本的觀念：代表別人發言有傷其尊嚴。」

　　逆論述的觀念也是發端於那一次對談，明確而言是傅柯參與「監獄調查小組」 ("Groupe d'information de prisons") 的工作。傅柯說：「囚犯開始說話時，他們就擁有監獄、刑罰制度與司法的個人理論。歸根結底，關係最緊要的就是這種論述形式，那是一種反對權力的論述，是在押被告和那些我們稱為罪犯的人的逆論述。」

［註38］ 瑪莎‧羅茲勒〈來回出入紀實攝影感想〉（"in, around and after thoughts (on documentary photography)"），3 *Works*，79頁。

［註39］ Heath前揭文［見註⑪］84頁所引。

［註40］ 依希嘉黑接受訪問時的發言，見 M.-F. Hans 與 F. Lapouge 合編 *Les femmes, la pornographie, l'erotisme* (Paris, 1978)，50頁。

［註41］ 弗洛依德《文明及其不滿》（Freud, *Civilization and Its Discontents*）J. Strachey英譯（New York: Norton, 1962），46-7頁。

［註42］ 珍‧蓋洛普（Jane Gallop），《女性主義與精神分析》（*Feminism and Psychoanalysis: The Daughter's Seduction* ［Ithaca: Cornell University Press, 1982］），27頁。

［註43］ "On Fetishism," repr. in Philip Rieff, ed., *Sexuality and the Psychology of Love* (New York: Collier, 1963), p.217.

［註44］ 拉岡前揭文［見註⑧］90頁。

［註45］ 論巴特對於主宰權的排斥，見 Paul Smith,"We Always Fail——Barthes' Last Writings," *SubStance*, 36(1982), pp.34-39。直接抨擊女性主義對於父權體制的批判而無改弦更張之意的男性批評家並不多見，Smith是其中一個。

［註46］ 班傑民‧布克婁〈託喻程序：當代藝術的挪用與蒙太奇〉（Benjamin Buchloh, "Allegorical Procedures: Appropriation and Montage in Contemporary Art, " *Artforum*, XXI, 1(September 1982), pp.43-56。

[註47] 拉岡所說「陽物唯有在遮蔽的情況下才發揮功能」,意味著「揭開」這個措辭另有變貌──然而,這個變貌可不在布克婁的考慮之內。

[註48] 論本包姆的作品,見拙文"Phantasmagoria of the Media," *Art in America*, 70, 5(May 1982), pp.98-100。

[註49] See Alice A. Jardine, "Theories of the Feminine: Kristeva," *enclitic*, 4, 2(Fall 1980), pp.5-15.

[註50] 「一般認為作者(author)就是他的作品的父親兼所有人:因此文藝學術誨人**尊重**手稿和作者的本意,社會則主張作者與作品的合法關係(版稅或著作權的歷史其實不算長,那是法國大革命時代才真正立法的)。至於文本(Text),文本顯示並無『父親』的銘記。」羅蘭・巴特〈從作品到文本〉(Roland Barthes, "From Work to Text"),錄於《意象/音樂/文本》(*Image/Music/Text*),S. Heath英譯(New York: Hill and Wang, 1977),160-61頁。

[註51] 起初,萊文挪用的都是淑女雜誌的母性(女人的天然角色)形象。隨後她取自Eliot Porter和Andreas Feininger的風景攝影,接著是韋斯屯以尼爾為模特兒的人物照,然後是瓦克・艾文斯在一九三○年代經濟大蕭條時期為美國聯邦政府的農莊安全管理處(FSA)所拍攝的照片。她最近的作品和表現主義繪畫有關,但是涉及變異的形象仍然有跡可尋:她曾經展覽過德國畫家法蘭茨・馬爾克(Franz Marc)以動物為

題材的田園畫和奧地利畫家艾貢・希勒 (Egon Schiele) 的自畫像（瘋狂）的複製品，這兩位都是表現主義健將。萊文的「作品」，主題有其一貫之道，見我的評論"Sherrie Levine at A & M Artworks," *Art in America*, 70, 6(Summer 1982), p. 148。

[註52] See Metz, "The Imaginary Signifier."

[註53] Douglas Crimp, "Appropriating Appropriation," in Paula Marincola, ed., *Image Scavengers: Photography* (Philadelphia: Institute of Comtemporary Art, 1982), p.34.

[註54] Hélène Cixous,"Entretien avec Francoise van Rossum-Guyon ," quoted in Heath, p.96.

[註55] 薛門的變換身分引人想起珍・蓋洛普所討論尤簡妮・勒穆安－陸奇歐尼 (Eugenie Lemoine-Luccioni) 的作者策略，見《女性主義與精神分析》 (*Feminism and Psychoanalysis*) ，105頁：「像兒童一樣，一個作者的各種產品全都可以追溯到不同的時刻，嚴格說來不應該被認為是同一個來源，也就是說各有不同的作者。至少我們必須避免這樣一個沒有根據的想法：一個人就是一個樣，經歷時間也不會改變。勒穆安－陸奇歐尼把這個疑難公諸於世，在各個文本簽署不同的名字，卻都是『她的』。」

[註56] 可參見瑪莎・羅茲勒的批評：「重複女人被束縛在框框之內的形象將會，像普普藝術，很快被『後女性主義』社會視為一種**認可**。」 ("Notes on Quotes, "p.73)

[註57] Hal Foster, "Subversive Signs," *Art in America*, 70, 10 (November 1982), p.88.

[註58] 陳述此一立場與當代藝術製作的關係，見馬里歐‧佩尼歐拉 (Mario Perniola) "Time and Time Again," *Artforum*, XXI, 8(April 1983), pp.54-55。佩尼歐拉得力於布希亞；但是，我們不又回到一九六二年的里克爾──就是回到我們的原點？

後批評的客體
The Object of Post-Criticism

葛瑞格里・阿默(Gregory L. Ulmer)

環繞當代批評書寫的爭議，關鍵所在並不難理解，只要從藝術界的現代主義與後現代主義的文義格局著眼即可。爭議的焦點是「呈現（representation）」──明確地說，就是研究的客體在批評文本中的呈現。批評如今正在蛻變，恰如二十世紀初葉在前衛運動的鞭策之下，文學與藝術所經歷的一場蛻變。和「模擬（mimesis）」分道揚鑣，和「寫實主義（realism）」的價值與假定分道揚鑣，這曾經促成現代主義的變革，現在則（姍姍來遲）轉向批評，其主要後果當然是批評文本與其客體──文學──兩者關係的改變。

此一改變的根據可見於海頓・懷特（Hayden White）的抱怨。他說，「歷史學家宣稱歷史結合科學與藝術時，他們的意思通常是，歷史結合十九世紀末葉的社會科學和十九世紀中葉的藝術」，是以司各特（Scott）和薩克雷（Thackeray）的小說為模型。① 懷特改而建議，文學史家（或任何學科，只要是涉及歷史的）應該運用當代科學與藝術的洞察力與方法作為工作的基礎，追求「運用印象主義、表現主義、超現實主義乃至於（或可包括）. 行動主義（actionist）等呈現模式的可能性，以便彰顯他們雖已披露卻因形格勢禁而無法自由引為論據的事實資料的意義」（*Tropics*, pp. 42, 47-8）。我將追隨懷特所提的頭緒，申論「後批評」（後現代主義的，後結構主義的）正是以現代主義藝術方法應用於批評的呈現為根基；我還要進一步申論，批評家與理論家所接收

的主要方法乃是拼貼／蒙太奇（collage／montage）這一對
組織要素。

拼貼／蒙太奇

　　根據大多數的記述，在二十世紀所見到的藝術呈現，拼
貼是最具革命性的形式創新。② 拼貼這個技巧在古代就有
了，被引進「高級藝術」（如所周知）卻得歸功於布拉克
（Braque）和畢卡索，為的是解決分析立體主義所引發的問
題，他們的解決方法最後提供了透視法的「錯覺論」（"il-
lusionism" of perspective）之外的另一種選擇，而透視法自從
文藝復興之初以降就一直主宰西方繪畫。

> 　　一家咖啡屋裡面的一幅靜物寫生，畫有檸檬、牡蠣、玻
> 璃杯、煙斗和報紙〔《有籐椅紋的靜物》（_Still-life
> with Chair Caning_, 1912），第一個立體主義拼貼〕，畢
> 卡索貼上一塊印有編籐圖案的油布，以此表明現場有
> 一張椅子，完全不用傳統的方法。就如同畫面上印出
> JOU三個字母表示JOURNAL（報紙），一段真品複製的
> 籐紋表示整張椅子。後來畢卡索更進一步，在他的拼貼
> 納入實物或物品的殘片，殘片正表示物品本身。這個奇
> 怪的觀念促成立體主義的蛻變，也成為二十世紀藝術

的一大源泉。③

　以拼貼為批評的妙方之所以引人入勝，部分在於立體主義的客觀主義衝動（objectivist impulse；對比於立體主義所激發的非客觀性運動〔non-objective movements〕）。在作品中直接納入指示物（referent）的實物殘片（開放的形式），此一立體主義拼貼，固然和傳統寫實主義視幻覺法（*trompe l'oeil*）的錯覺論徹底畫清界線，仍然是「表象的（representational）」。再者，「這些摸得著而且無意引起錯覺的物品，為藝術的表現與日常世界的經驗兩者的互動呈現一個前所未見的新源泉。料想不到而且意義重大的一步已經跨出去了，更進一步牽引藝術和人生成為一種同時經驗（simultaneous experience）。」④

　此處沒必要重述拼貼成為二十世紀藝術醒目、隨處可見的創作方式的歷史。我要談的是業已主導多種藝術和媒體走向的拼貼／蒙太奇法則，包括最近的文學批評：「從作品、物品、事先存在的訊息取得某些要素，將它們整合成為新的創作，為的是產生一個顯示種種決裂的原創性總體。」⑤這種作法，或可稱之為一種「就地取材」（"bricolage"；李維史陀用語），包含四個特徵：裁剪（découpage；或拆解〔severing〕）；展示的或現存的訊息或材料；組合（蒙太奇）；不連續性或異質性。「拼貼」是材料從一個文義格局

到另一個文義格局的轉移（transfer），「蒙太奇」則是這些挪取物透過新背景的「播散（dissemination）」（*Collages*, 72）。《有籐椅紋的靜物》所展現的拼貼，有兩個特色值得注意：一、挪取的殘片物是個「會把一個特定對象的許多特徵濃縮在一個形式當中」的符徵（Fry, 32-3）；二、籐椅座事實上是以一個**類像**（*simulacrum*）──轉印的油布──呈現出來的，那是現成的添加物，並不是用來營造錯覺的複製品。

對於後批評所採取的呈現模式，攝影是同樣管用的模型──如果我們不把攝影當作線性透視法（linear perspective）之集大成，而是把它當作**機器複製**（如班雅明〔Walter Benjamin〕的名文所描述）的工具來了解的話。因此，後批評和使藝術改觀的呈現手法的變革兩者的類比，應該也包括攝影在寫實派和符號派雙重款式（realist and semiotic versions）的呈現法則。從這個概括的層次加以考慮，我們可以根據拼貼法則來描述攝影的呈現。攝影確實是拼貼機器（在電視臻於完美），製造出生活世界的種種類像。首先，攝影選取視覺連續體（visual continuum）的一個片斷，將之轉移到新的格局。寫實派的論證，以安得烈・巴贊（André Bazin）的陳述最稱有力，是這樣的：由於機器的複製無需人類「創造力」（這個「創造力」萎縮成選擇的動作）的干預就能自動形成這個世界的形象（image），「照片的影像（photographic image）無異於一種移畫（decal）或轉移，……

〔它〕就是客體本身。」⑥其次,雖然符號學偏好以圖像和指標符徵 (iconic and indexical signifiers) 標定此一與現實界的關聯,照片的影像除了表示自己,另還別有表示——它變成在新的框架系統之內重新被啟動的符徵。有幾種不同的說法殊途同歸,論證攝影 (或電影) 是一種語言,其精義就濃縮在愛森斯坦 (Sergei Eisenstein) 的「知性蒙太奇 (Intellectual montage)」觀念,把現實界當作論述的一個要素加以運用。

攝影的符號學理論最強有力的說法,可以從合成照片 (photomontage) 的策略看出來 (此一策略在任何情況下都是攝影與拼貼/蒙太奇兩種原則的結合)。在合成照片,照片的影像本身被裁剪掉,然後黏貼在新的、令人驚訝的、引人爭議的並置 (juxtapósitions),如哈菲爾德的《希特勒式敬禮的意義》 (John Heartfield's *The Meaning of the Hitlerian Salute*, 1933),除了標題,還包含:

一行說明文字,希特勒式的口號:「數百萬人追隨我。」一個影像:希特勒的右邊側面像,擺出希特勒式的敬禮,卻反轉朝後方〔他獨有的手勢,手掌往後彈,手指伸到耳邊〕。他的側影只及於影像的中間。他的手掌上有一疊紙幣,是一個大腹便便的人物交給他的,那個人穿一身黑,龐大無比,身分不明 (幾乎看不到他的

下巴）。⑦

在這個組合中，希特勒的話和他的影像［／形象］變成自唱
反調，神來之筆顯示德國資本主義和納粹黨的掛鉤。

　　合成照片說明了班雅明與布萊希特（Bertolt Brecht）
（還有其他人）所提倡的拼貼有其「生產」潛能。「我說的
是蒙太奇的程序：疊印的（superimposed）元素瓦解了它被
安插於其中的那個文義格局，」在述及布萊希特的戲時，班
雅明這麼寫道。「劇情中斷──因此布萊希特以**史詩**（epic）
形容他的劇場──一而再、再而三打破觀眾的幻覺。理由在
於，這一類的幻覺有礙於主張在實驗性的重組中利用現實要
素的劇場⋯⋯。〔觀眾〕辨認得出那是現實的情境，不是像
在自然主義劇場那樣得到滿足，而是感到驚愕。所以，史詩
劇場不是複製情境，而是揭露情境。」⑧

　　布萊希特反駁盧卡奇（George Lukács）的社會主義寫實
主義（以十九世紀小說的美學為基礎），為拼貼／蒙太奇的
技巧辯護，以之為有機的（organic）發展模式及其關於和
諧、統一、線性發展（linearity）、形式封閉等古典假定的替
代途徑。蒙太奇並不複製實物，而是建構一個客體（其辭彙
包括「組合、建造、連接、合為一體、添加、繫結、建構、
組織」──*Montage*, 121）或，更精確地說，展現一個過程
（「形式與內容的關係不再是外在性（exteriority）的關係，

不再是只求形似可以裝扮的衣服而不管內容如何，而是**一件作品的過程、創造與結果**」——*Montage*, 120）為的是干預世界，不是反映而是改變現實。

合成照片的原則，或任何其他的形式技巧，並不具備先天的顛覆性。而是，正如一再有人提醒我們的，這一類效果得要不斷創新。此一文義格局之所以吸引後批評，部分是由於盧卡奇、布萊希特、班雅明、阿多諾及其他人士之間，針對蒙太奇實驗在文學上的價值所進行的論戰，無疑將會重見於當今的批評界。在呈現方面的拼貼／蒙太奇革命是否會被學院論文所接納，進入知識論述，取代以「真相（truth）」即研究之指涉對象的對應或正確的複製這種看法為基礎的「寫實主義」批評？後批評的問題當初正是這麼給提出來的，發問的是羅蘭・巴特，在他答覆黑孟・皮卡（Raymond Picard）抨擊他論拉辛（Racine）的書時（皮卡把巴特和達達主義相提並論）。巴特解釋道，現代主義詩人，至少從馬拉美（Mallarmé）開始，已經證明詩和批評的一體化（unification）——文學本身就是一種語言批判，而且批評沒有足以描述或解說文學的「後設」語言（"meta"-language）。巴特結論說，把文學和批評分門別類的老路子再也走不通了，如今只有**書寫者**（*writers*）。考慮批評文本與其研究對象的關係，不再是從主體－客體的觀點，而是要從主詞－述語的觀點（作者與批評者都面對同樣的材料，即語言），因為批評的「意

義」就是文學文本的一個「類像」，是修辭在文學綻放的新「葩」。他說，批評家的文本暗示關於這兩種書寫的系統性蛻變，就是其批評對象的一個錯覺表現法（anamorphosis）——類比於扭曲的透視圖，而此一透視圖，在後批評中，是經由類比而和拼貼／蒙太奇結合起來。⑨〔中譯按：錯覺表現法是視覺藝術中一種獨特的透視法，畫中物像從通常的視角看來呈現扭曲的形狀，從特定視角或使用凹凸鏡則歸於正常。〕

眼看自己的「變體文學」⑩創見招來激烈而且帶有敵意的反應，巴特解釋道，那是因為他的方案效法藝術家他們自己的先例，直接觸及語言。⑪賈克·德希達最近重申批評性前衛主義的這個準則：「解構教育體制及其隱含的一切。這個體制所不能忍受的是，有人膽敢竄改語言……。它比較能夠容忍最看得出具有革命意味的意識形態之類的『內容』，只要那個內容沒有觸及語言和它所確保的一切司法－政治契約的畛域。」⑫

文字科學

德希達應該探討現代主義革命在呈現方面的前車之鑑，這不難理解，只要考慮到他在進行的是模擬（mimesis）的概念與原理的解構。「模擬」——德希達把它給貼上「模擬論

(mimetologism)」的標籤——指的是以「理體中心論」的形上學 (metaphysics of "logocentrism") 捕捉表象，其含括的時代上溯到柏拉圖，下迄弗洛依德（及其後），在那麼長的時間裡，書寫（銘記〔inscription〕的所有方式）被貶降到次等地位，只是個「傳輸媒介 (vehicle)」，其中的符旨或指示物 (signified or referent) 總是優先於具體的符號，純粹可理解的 (the purely intelligible) 優先於僅僅能辨識的 (the merely sensible)。⑬「問題不是要『排斥』這些觀念，」德希達說。「它們是必須的，而且對我們來說，至少在目前，要是沒有它們，一切都無從構想……。既然這些概念是要動搖它們所隸屬的傳統所不可或缺的，我們甚至更不應該拋棄它們」(*Grammatology*, 14-15)。準此，德希達在「模擬論」之外別有選擇，並不是放棄或否認關係照應 (reference)，而是採取另一種途徑，重新思考關係照應：「它把理當隔離文本和似乎是處在文本外圍的東西，也就是被歸為**現實界**的東西，兩者的分界線密切扣合起來。」⑭

這一來，事情就明朗化了：仰賴拼貼／蒙太奇作為解構模擬的文體策略之際，德希達是在為這個新的呈現模式做亞里斯多德在《詩學》(Aristotle, *Poetics*) 為「模擬論」所做的事。亞里斯多德為所有文學模式的研究同時提供一套悲劇理論（模擬）和一套方法（形式分析），同樣的道理，德希達在像《喪鐘》(*Glas*；被認為是後結構主義的「範例」文

本⑮）之類的文本為不管採用什麼樣的書寫模式提供一套蒙太奇「理論」（文字科學）和一套方法（解構）。德希達乃是蒙太奇的「亞里斯多德」。

語言的本質儘管牽涉繁複而且爭議無窮，德希達對於語言的本質所作的基本陳述卻是相對地簡單；然而，他的陳述，一旦擺進拼貼類聚體（collage paradigm）的文義格局，旨趣驟然全面彰顯。文字科學是「後結構主義」，因為它揚棄「符號」（"sign"；由符徵〔signifier〕和符旨構成）——結構主義界定之下最基本的意義單位——代之以更基本的單位，即符素（the *gram*）。

> 那是關於產生新的書寫概念的問題。這個概念可稱為符素或衍異（différance）……。不論在說話或書寫論述的規則中，沒有元素能夠不指涉另一個本身不僅僅是在場（present）的元素而發揮符號的功能。這樣的交織導致各個「元素」——音素（phoneme）或音素符號（grapheme）——有共通的構成基礎，都是形成於這個鏈環或系統的其他元素自身之內的軌跡（trace）。這樣的交織，這樣的織品（textile），是只在另一個文本的蛻變中產生的文本。不管在任何地方，不論在元素之間或系統之內，沒有任何東西只是單純的在場或不在場。處處見到的只有差異和軌跡的軌跡。因此，符素是符號研

究（semiology）最一般性的概念──就這樣，符號學變
成文字科學。⑯

　　換句話說，拼貼／蒙太奇是「符素」原理顯現在論述層
面的跡象，一旦把它的定義拿來和下述拼貼效果的修辭學定
義作個比較，個中道理即可明瞭：

　　〔拼貼的〕異質性，即使每一次的組合操作都會減弱
　　它的強度，還是會刺激閱讀，產生數目不限於一種而且
　　性質不穩定的旨趣。每一個摘引的元素都會打破論述
　　的連續性與線性發展，並且必然促成雙重閱讀：參照
　　其原始文本所體會到的片斷閱讀；同一個片斷閱讀給
　　併入全新的、不一樣的整體。拼貼的竅門也包括絕不全
　　面壓抑被重新組合成一暫時性結構的這些元素的變貌
　　（alterity）。因此，拼貼的藝術證實為質疑一切呈現的錯
　　覺（illusions of representation）最有效的策略之一（*Col-*
　　lages,34-5）。

這種無從決定的閱讀效果，游移於在場〔現〕與不在場
〔隱〕之間，正是德希達在他的「雙重科學」的每一個層面
所努力要獲致的，從他針對概念的舊名稱重新定義（重新引
發動機）到他以一個封面出兩本書（《喪鐘》），莫不如

此。

　　符素的觀念特別管用的場合是理論化眾目共睹的事實，這在結構主義精神分析（拉岡）和意識形態批評（阿圖塞〔Althusser〕）討論多矣，他們指出符旨和符徵不斷分離又重新結合，因此顯示索緒爾（Saussure）的符號模式不妥當——根據索緒爾的符號模式，符徵與符旨關係緊密，仿如它們是同一張紙的兩面。整部西方哲學史的走向（「理體中心論」）無非是嘗試清晰界定特定的符旨，然後把它緊緊固定在既定的符徵；這樣的觀念，從文字科學的觀點來看，根本就違背語言的自然法則，因為語言之所以發揮功能，並非透過搭配**成對**（符徵／符旨），而是透過**結為一體**——「結合或連結在一起的一個人或一樣東西」。下面一段描述德希達所稱的「重述性（iterability）」，也是關於符素的拼貼後果一段精彩的摘要：

> 這個可能性是我要堅持的：可以擺脫束縛，從事摘引移植（citational graft），可以取自每一種記號結構，不論是話語的還是書寫的，可以組成每一個符號語言的溝通視域（horizon of semio-linguistic communication）之前與之外的每一個書寫記號：在書寫方面也就是說，可以在某個地方截頭去尾，使之脫離「原本的」渴望說出意思所在（"original" desire-to-say-what-one-means），也

脫離緊密扎實的文義格局。每一個符號，不論語言或非
語言，不論話語或書寫（就這個對立的通行意義而
言），不論小單元或大單元，都可以摘引，擺進引號當
中；這一來，每一個既定的文義格局都給打破，以絕對
無從限制的做法引發無數的新文義格局。⑰

在批評方面，一如在文學方面，拼貼是以摘引的形式來表達
的，卻是走上了極端的摘引（在後批評）；拼貼是摘引的
「極限事例」，文字科學則是書寫即摘引的理論（參見 *Collages,* 301）。

　　回顧德希達自己的蒙太奇實踐，有一個管用的出發點，
即標題為《播散》（*Dissemination*）的文集（「播散」被列
為拼貼／蒙太奇的同義詞──*Collages,* 23）。關於該書，他
說，「那些文本所處理的問題，可以大而化之用一個條目來
概括：閹割與模擬」（*Positions,* 84）。在摘引研究的對象或
提供解說的實例時，批評家乃是處於閹割者的立場：「這樣
的一個決定是一種閹割，至少是演出來或裝出來的，不然就
是割除包皮。一向是這樣的，而那把不由自主一再劈砍 *Numbers*〔德希達在〈播散〉一文所「研究」的文本〕之樹的刀
子在磨刀石上磨呀磨的，有如陽物的威脅……。閱讀／書寫
的『操作』是經由『**紅刀片**』在進行的」（《播散》
301）。但是，我無意詳述書寫與精神分析的這一層關聯，倒

是要說明德希達的後批評技術中兩個主要的元素──移植與擬態（mimicry）：

［後批評的移植］

　　一、移植。德希達在〈播散〉申論蒙太奇書寫即是「移植」，他的討論本身就是以拼貼風格表達的（怎麼**說**就怎麼**做**），其文本包含幾乎同等篇幅的 *Numbers*（菲利‧索耶〔Philippe　Sollers〕所著法國「新新小說」）選輯段落和德希達的框架文本（frame text）。德希達說：「從事寫作意即進行移植。字眼是相同的」（《播散》355）。接著，在描述同等適用於他本人的和索耶的書寫方法時，他補充一段文字，辨明後批評拼貼與成規拼貼之別：

> 因此 *Numbers* 所提供的這一切文本樣品並不是，如各位也許已經忍不住這麼想的，作為「引文（quota-tions）」、「拼貼」乃至於「例證（illustrations）」之用。它們不是取來數在沒有它們也會照樣存在的文本的表面，也不是取來填塞那樣一個文本的空隙。它們本身只能在重新銘記的操作範圍之內閱讀，只能在移植的範圍之內閱讀。那是持續不已、斷斷續續的一種切割暴力，其切口在文本的綢密的質地中並不明顯；那是

繁殖基因變體（allogene）的一種精心策畫的授精作用，
兩個文本透過這樣的基因變體而發生蛻變，彼此促成
對方的變形，彼此拼湊對方的內容，有時傾向於彼此排
擠，不然就是跳脫到另一個文本，在重複中獲得新生，
沿著縫合線的邊緣。每一個移植而來的文本繼續散發
能量，朝移出地點折射回去，也改變舊領地，一如它影
響新領地（《播散》 355）。⑱

　　這個新的呈現，這個給裱進批評框架的樣文的新狀態，
勢必要部分遷就從評論與解說——雙雙仰賴概念——脫離而
出的變動，代之以藉樣文發揮作用，包括在自己的書寫中以
樣文取代論證，⑲以及在它所使用的樣文的層面上探討研究
對象（當其為另一批評或理論文本時）。⑳「剪下樣文，既然
你不可能也不應該從事沒完沒了的評論，仿如時時刻刻都有
必要跟它訂婚然後立即解除婚約」（《播散》300）。如果剪
的動作和「閹割」有關（「這樣切下一刀，殘忍而且霸道的
一刀」），那麼這樣給蒐羅在新框架裡的斷簡殘篇的蒙太奇
或播散就和「內陷（invagination）」有關（拼貼／蒙太奇是
一種雙性〔bisexual〕書寫）。
　　受制於內陷原理的樣文邏輯本身是以借自集合論（set
theory）的一個圖形「環洞（loop hole）」來說明的
（「『概念』即『擁有』或『屬於』」這個見解的現代後

裔），為的是描述這個「樣文」似逃非逃（paradoxical escape）脫離概念化的情形（拼貼書寫不管怎麼說都是一種侵「權〔property〕」──版權法規所保障的智慧財產權，以及特定觀念的所有權──的竊取行為）。此一說明表達了德希達所稱的「文類法則的法則（the law of the law of genre）」：

> 那正是語詞拼湊的原則（a principle of contamination），是不純的法則，是一種寄生經濟（parasitical economy）。在集合理論的符碼中，如果我還可以使用譬喻的說法，我會說是一種參與而不屬於──參加而沒有入夥，在集合中不具備成員的身分。標識成員的特色無法免於分裂，這就形成集合的疆界，係內陷所致，使得內凹（internal pocket）大於整體；這樣分裂與這樣增殖的結果仍然是單數的，也仍然是無限的。㉑

德希達關於「內陷」（裱褙樣文）的策略是要尋求一個批評性「模擬」的模式，這個模式，就像文類法則的法則，可用於闡明其研究對象即是超量（反之亦然）──「不具備成員身分的參與法則，也就是語詞拼湊的法則」，類似集合論中分類層級的悖論（paradox of the hierarchy of classification）：「屬性（belonging）的再標識並不屬於（belong）」

("Genre," 212) 。

面臨比較布朗秀《死亡判決》（Blanchot's _L'arrêt de mort_）和雪萊《生命的凱旋》（Shelley's _The Triumph of Life_）的困難，而尋求替代「模擬論」評論的途徑，德希達提出的問題是：「具有統一性的一個文本，怎麼可能給予或呈現供閱讀的另一個文本，而不和它接觸，不談任何和它有關的事，在實際上不涉及到它？」（"Borderlines," 80）他的解決方法是「極力創造一種**雙重印相**（_superimposing_）的效果，把一個文本印在另一個文本之上」，文本即「再生羊皮紙卷（palimpsest）」〔中譯按：將紙卷抄本的手稿原文括掉，在上面另行書寫文字，其原有文字即是「再生羊皮紙卷」，使用紫外線之類的方法可以將原來文字復原〕或「斑點（macula）」，這是與批評或教學的慣性假定分道揚鑣的一種交互約束或「雙重束縛」的程序：「一個行列疊印在另一個行列之上，雙方若即若離。」但是，「你不可能開一門雪萊的課程卻從來不提他和其他一些人，假裝要談的是布朗秀」（"Borderlines," 83-4）。另一個解決方法，在〈播散〉和《喪鐘》所用的，僅僅是節奏性地插補（音樂似的「插播藝術」），一系列取自「寄主」文本的摘引。但是，正如《喪鐘》證實的，摘引產生過量的長篇文本。超越並置而臻於雙重印相的書寫模式並不是拼貼，而是攝影。"Borderlines"本身被比擬為（就翻譯的困難而論）一部「待沖洗的影片」，尚

待「加工」──因此，文本即是「列隊行進」。「在一張『相
片』之上，這種雙重印相是清晰可解的，」德希達補充道，
指的是布朗秀的短篇中一張重複曝光的相片圖版（"Border-
lines," 77, 85）。換句話說，後批評的工作乃是為新的機械生
產方式的批評性呈現（電影與磁帶──有賴於拼貼／蒙太奇
組構的科技）考量後果，採取布萊希特，正如班雅明在〈作
者即生產者〉（"The Author as Producer"）一文所論，用於
劇場呈現的途徑。德希達從模仿（mime）的角度表述其新的
雙重印相模擬。

［後批評的擬態］

　　二、模仿。德希達的蒙太奇實踐最重要的創見是文本得
以模仿其研究對象的「新模擬」。㉒《播散》實為具有統一
性的研究，這可以從該書開頭兩篇文章（〈柏拉圖的藥劑
學〉〔"Plato's Pharmacy"〕回顧柏拉圖哲學；〈雙審〉
〔"The Double Session"〕回顧馬拉美用來替代柏拉圖式模擬
所作的選擇，是在模仿中發現的）所發展出來的新模擬理論
被應用在總結篇（〈播散〉）一事看出。〈柏拉圖的藥劑
學〉的教訓是，根據機械性生產原理發生作用的任何組構都
隸屬於記憶減退（hypomnesis）或人工記憶（artificial
memory）這個（在柏拉圖哲學素無地位可言的）類別；記

憶減退只能模仿知識。〔上古雅典的〕辯士（sophist）只販售「科學的符號與徽章；不是「記憶」本身（*mneme*），只是紀念物（*hypomnemata*）、庫存品、文獻、摘引、拷貝（copies）、記述、掌故、一覽表、註解、副本（duplicates）、編年史、族譜、參照。不是記憶，而是記錄」（《播散》106-7）。簡言之，書寫是「真科學」的一個類像。但是，「真科學」，從柏拉圖到實證主義，正是後批評所要質疑的。

> 我們當今處在柏拉圖主義的前夕。那自然也可以想成是黑格爾主義（Hegelianism）之後的清晨。在愛好智慧（*philosophia*）這一個明確的立場上，知識模式（*episteme*）並沒有遭受以書寫之類的什麼名義「被推翻」、「被排斥」、「被抑制」等等；實情恰恰相反。但是，基於哲學〔譯按：「哲學」之本義即「愛好智慧」〕會稱為類像的一種關係，基於一種比較精細的超越真相（excess of truth），它們被僭越而且同時被取代，淪落於全然不同的領域，在那個領域中，人仍然能夠「模仿絕對的知識」，但也僅止於如此（《播散》107-8）。

其次，德希達（在〈雙審〉）多方面分析馬拉美的《模仿》（*Mimique*），得出結論說，模仿塑造出可以替代柏拉圖

式模擬的一個選擇。

> 我們因此面臨什麼也仿造不出來的模擬……。沒有完
> 全的關係照應。就是這樣，模仿之舉意在影射，卻影射
> 不出什麼……。所以馬拉美保留擬態或模擬的差異性
> 結構，卻捨棄其柏拉圖式或形上學的詮釋——那種詮
> 釋暗示現有存在之物乃是仿造所得。馬拉美甚至保存
> （而且把自己保存在）柏拉圖所定義的「心像」
> （*phantasma*）結構：類像即是某個拷貝的拷貝。不同的
> 是，他的心像結構不再有任何模型，也因此沒有拷貝
> （《播散》206）。

一旦了解模仿表示（對德希達而言）機械性複製，那麼顯然
可知，沒有關係照應的呈現不啻是底片或磁帶之功能即為一
種「語言」的描述方式，接收正確的視像和聲音拷貝（以拼
貼的措詞來說就是，機械性複製把視像和聲音移出其文義格
局——**解除**它們的動機，關係照應因而**喪失**，因而使人無從
定奪其影射），只為了**重新**賦予它們在新系統中作為符徵的
動機。馬拉美把擬態從理體中心模擬學（logocentric
mimetology）抽離而出，因此博得「現代派」的標籤；德希
達為了新的關係照應（即下一節所論的「寓言」）而使擬態
發揮作用，因此成為「後現代派」。

　　德希達第一次實驗模擬性書寫，大體上由直接、大量摘引的拼貼程序構成（「在這裡我又一次什麼也不做，什麼也不能做，除了摘引，一如各位也許就要看到的」〔《喪鐘》24〕）。這麼做是基於一項假定：重複具有「創意」──「一經重複，同一行文字不再是原原本本的同一行，圓圈不再有同一個圓心，**原文已經演出**。」㉓德希達要把一個文本疊印在另一個文本之上（模擬所遵循的綱領），乃是為了構思一個在「衍異」方面有所作用的關係照應或呈現系統，㉔具有可逆時間性（reversible temporality），而非不可逆轉的符號的時間。於是，從一開始，解構的策略就是重複：「在兩條思維路線之間可能沒有選擇的餘地；我們倒不如去思索無限交插的循環路線。循這個**圓環**，在它自身的歷史可能性中重複繞行，我們自會容許**跳躍式**（*elliptical*）變換跑道，在重複中保有差異。」㉕我們在這裡看到文本即「紋理」（text as "texture"）──「富於觸感（touching）」的語言──的最早說法，解構性書寫在其中**描摹**（*traces*）研究對象的表面（書寫即「描摩」），尋找「瑕疵」或「敗筆」──可能導致文本分裂的接合點或表述的間際。解構之所以功德圓滿，其實有賴於借自寄主作品本身所運用的術語──借自索緒爾的「差異」，借自盧梭的「增補（supplement）」等等──然後解除它們的動機，（根據符素的原則）把它們從概念集合（conceptual set）或語意範疇分離而出，再重新接合於另一

個集合或範疇（不過總是要從整個系統著眼，全方位觀照文字〔the word〕本身具備的潛能或所能〔potentials or materials〕）。

進行「字面（literal）」重複的策略時，光是術語借用與直接摘引仍有不足，還得增補研究對象的通用類像。此一實踐是以一個極端的情況做了清楚的說明，如〈渦卷邊框紋樣〉（"Cartouches"；錄於《繪畫的真相》）所見，該文以論述模仿一件**視覺**作品。這裡的指示物是傑哈賀・泰特斯－卡梅（Gérard Titus-Carmel）的作品，題為《袖珍特林吉特棺材》（*The Pocket-Size Tlingit Coffin*, 1975-76），由一件「雕塑」──大小「適中」的一只桃花心木盒──和這個「模型」的一百二十七幅素描，每一幅素描各採不同的角度。《特林吉特棺材》之內存在於雕塑品與素描圖之間的關係，表示或標識德希達的批評性擬態與其選擇的指示物（「模型」）所建立的關係。這件雕塑（盒子即模型）「並不屬於它所隸屬的家系」；兩者是異質的（《真相》217）。德希達自己的論述，正如前文說過的，「什麼也不觸及，」留下讀者或觀者獨自與作品相處，「一聲不響擦身而過，有如另一套理論，另一系列作品，絕口不說它對我而言代表什麼，甚至也不說對他而言代表什麼」（《真相》227）。

海德格（Heidegger）宣稱藝術「有話說」，德希達則不同，而是堅持這一系列作品悶不吭聲，或者說，堅持它們具

備「無概念而有作用」 (to work without concept) 的本領，不下結論：「這樣會是『解證』 (de-monstration)。我們不濫用取巧的文字遊戲。『解證』就是不證自明，不證明任何結論，不引發任何後果，沒有論證可得的主旨。它根據一個不同的模式從事證明，卻是以自己的「展示步調」或非展示 (pasde de monstration or non-demonstration) 進行。它引起變化，它使自己改觀，雙管其下而不是提出一個有表意作用的論述對象。」㉖也就是說，這一系列素描在樣文與模型的相互關係中『解證』秩序與呈現的疑難，此所以德希達挑選它加以裱褙。確實，他自己的文本正是以這些素描闡明這個盒子的方式闡明這個指示物，不愧為一篇裱褙樣文 (an example mounted)，因為它和 Numbers 一樣，揭露解說 (it exposes exposition)。

模仿《特林吉特棺材》的策略是，無視於諸如此類形態萬千的對象 (猶如根本無視於 Numbers 的「內容」)，卻是模仿作品的組構過程——專注於某一個「偶發」條件的發生 (渦卷邊框圖案、類聚體、物品、引導〔duction〕、偶發事故之類)，其過程則類似泰特斯－卡梅素描其模型完成一百二十七個變奏 (variations)，「全方位觀照，透過一系列的『歧出』 (écarts)、變奏、調節、錯覺表現體會多角度 (方向) 的感受，」在完成預定的頁數之後終於停止，創造出偶發性必然 (contigent necessity) 或率性動機 (arbitrary moti-

vation）的同一效果，即一系列恰恰一百二十七幅的素描
（《真相》229）。辭典出現拼字位移（anagram）和同音異
義（homonym），正可比擬於表象透視法（representational
perspective）出現錯覺表現。德希達模仿這些注明日期的素
描圖還有更進一步的作法，仿如是在寫日記，逐篇標明日期，
各篇分別為一個主題的一個變奏。以上所述就是類像即翻
譯、即視覺場景的語文擬態的邏輯——此一擬態在其他文本
照樣發揮類似的功能，即使指示物有所不同。

　　後批評的文本模仿充實了變體文學的內涵，使之成為文
學與批評、藝術與科學的混血兒，這意味著研究對象的知識
無需概念化或解釋即可取得。更精確地說，仿如師法維根斯
坦（Wittgenstein）「意義即用途」的忠告，德希達演出或展
示（模仿）指示物的合成式構造，結果產生同一「種類」的
另一個文本（「種類」指文類——但是根據前文所述「文類
法則的法則」卻有「不同」）。這麼說來，後批評施展其功
能，係協同一種表演的「認識論」（"epistemology" of perfor-
mance）——知（knowing）即成，即製作，即做，即演，正如
維根斯坦述及知與「精通一種技術」的關係時所說的。所以
說，後批評寫「下」（writes "on"）其客體，無異於維根斯坦
的知音宣稱「現在我知道如何走下去（to go on）！」㉗
——這個「下（on）」帶有德希達的「活下去（Living
On）」中「下」這字眼所有的意義與歧義（超過

〔beyond〕、在四周〔about〕、在上面〔upon〕、朝向〔on〕
──包括寄生的含意）。書寫可以展現比說出來的更多（而
且不相屬）的意思──使德希達興致勃勃的正是這種書寫的
「超值」。　這個「更多」的名稱就是「寓言（alle-
gory）」。

寓言

　　寓言對於後現代主義的重要性，批評家已經討論過，柯
瑞格‧歐因茲即是其一，他其實是使用德希達和保羅‧德曼
（Paul de Man）的書寫來界定這個問題。歐因茲把寓言同化
於德希達關於「增補」的信念（德希達用於符素的效果的許
多名稱之一）：「如果認定寓言是一種增補〔「外加於另一
種說法的一種說法」，因此是「額外的」，卻對於欠缺有所
補充〕，那麼寓言也和書寫相輔相成，猶如書寫被認為是說
話的補充。」㉘歐因茲也善用德希達關於「解構」的信念，為
後現代主義如何「超越形式主義」提出獻策：

　　解構的衝動（deconstructive impulse）是後現代主義藝術
　　一般的特徵，必需和現代主義的自我批評傾向有所區
　　分。現代主義的理論有預設立場，認為模擬，即形象與
　　指示物的密合關係，可以歸類或擱置，又認為藝術客體

本身可用於取代（藉由隱喻）其指示物……。後現代
主義既不歸類也不擱置指示物，反倒是設法把關係照
應的活動化為問題。㉙

關於維繫此一自我關係照應與問題化了的關係照應兩者之間
的區分的可能性，已經有人發表過反對的意見——有針對歐
因茲的陳述，也有針對德希達的方案。㉚這些與「後
（post）」有關的疑慮，這些關於設法「超越」現代主義或結
構主義的可能性的疑慮，乃是基於仍舊屬於符號學而非文字
科學的思維。文字科學是在形式主義危機畢露的時候應勢出
現，已發展出一套具有全面關係照應的論述，不過它的照應
關係卻是基於「敘事性寓言（narrative allegory）」，而不是
「寓言作用（allegoresis）」。「寓言作用」是傳統批評家實
踐已久的評論模式，該模式「擱置」文本的表面（surface），
應用一套「有縱深、多層次、意義隱而不顯、非行家不足以
言詮」的術語；反觀「敘事性寓言」（為後批評家所採
用），卻是探索語言本身的「字面」（literal）——「意符」
（*letteral*）——層次，以水平掃描（horizontal investigation）
的方式探究符號歧義（polysemous meanings），而這些歧義
都是在文字本身——在字源和雙關語（puns）——以及文字
所指稱的事物可同時探查出來的。託喻敘事的展開即是「文
字本身先天具備的字面真相」的戲劇化或演出（擬人化）。

㉛簡言之,敘事性寓言喜愛符徵的材料超過符旨的意義。

　　這個材料性的關係照應如何發生作用的觀念,也許源於歐因茲所提到的例子,包括他(支持我對於攝影的討論)所稱電影是「現代寓言主要的傳輸管道」的論點,原因在於電影的呈現模式:「電影從一系列具體的影像組構敘事,這使得電影特別適合寓言基本的圖畫文法觀(pictogram-matism)」;而且,他引用巴特的話,「一篇寓言就是一個畫謎(rebus),書寫由具體的意象構成」("Allegorical Impulse, Part 2," 74)。歐因茲也引雪莉·萊文(Sherrie Levine)──她真的是「照(takes)」(別人的)相片〔別人的照片她「照樣」「拿」來用在自己的攝影〕──為例,說那是拼貼即「現成品」的寓言之所能的一個極端樣式。萊文最近有一個託喻方案,要「挑選安錐亞斯·費寧厄(An-dreas Feininger)關於自然題材的相片,裱褙之後再框化」,其重點,歐因茲解釋道,乃是解構自然與文化彼此的對立。「萊文想要一張自然的影像時,並不是自己創作一張,而是挪用另一張影像,她這麼做為的是要揭露『自然』陷入一個為它設定明確的、由文化決定其地位的文化價值體系的程度。」㉜也就是說,萊文「解證」適合機械複製的時代之所需的文字科學的書寫,在這樣的複製中,「著作權(copy-right)」的意思就是著作無所不拷貝的權利(the right to copy anything),是一種產生差異的「創業」(originary)擬

態或重複（就像在寓言中，任何事物都可能意指任何其他事
物）。

　　後批評家利用別人（已寫就）的論述書寫，這和萊文的
「照」相〔依照別人照好的相片〕殊無二致。引電子琴音樂
的蒙太奇大家約翰・凱吉（John Cage）的話來說，「有磁帶，
就有可能把音樂作品當作材料來使用（把它裁剪、變形
等）；不會有比這更美妙的事。」㉝羅蘭・巴特充分展現變體
文學的科學與藝術兩者的關係。在這種新的「知性藝術
（intellectual art）」，他解釋道，「我們同時產生理論、論
戰與快樂；我們使得知識和討論的對象———一如在任何藝術
——不再是隸屬於真相的一個實例，而是隸屬於種種**效果**的
一個考量。」㉞這句引文的重點是，「一個扮演（plays）一門
科學，一個以圖畫表達——**像一幅拼貼**」（_Barthes,_ 100）。
就他自己的情況來說，他經常在操演（played with）語言
學：「你使用一種擬語言學（pseudo-linguistics），一種隱喻
的語言學：不是為了表達而尋求意象的那種文法概念，而是
恰恰相反，**因為這些概念構成寓言**，是一種第二語言，其抽
象觀念被移轉到虛構的目標」（Barthes, 124）。巴特的陳述
精確得大可用於定義後現代主義，猶如德希達以符素書寫，
亦即把符素寓言化。

　　歐因茲也有所引述的瓦特・班雅明或許是倡導拼貼寓言
（collage-allegory）的後批評用途的主將。

班雅明看到德國巴洛克（baroque）劇作家的託喻想像
和二十世紀的藝術需求兩者之間的親和力；先是在前
者的憂鬱精神，連同其可意會卻不可言傳的獨家標誌，
那是他在卡夫卡（Kafka）發現的；然後是在他在愛森
斯坦和布萊希特的作品發覺到的同源的蒙太奇原則。
對他而言，蒙太奇成了現代的、結構的、積極的、不憂
鬱的寓言形式，亦即足以連繫不相似的事物，竟至於
「棒喝（shock）」人們，帶給他們新的認知與了解。㉟

班雅明把拼貼／蒙太奇風格應用在早期的《單行道》
（*One-Way Street*）（該書於一九二八年出版時，封面展示一
張薩夏·司東〔Sascha Stone〕的合成照片，作為應用於文本
之技巧的圖像〔icon〕㊱）。把習見的學術書籍定義為「以落
伍的方式穿梭於兩個不同的檔案系統」㊲，班雅明要寫一本
完全由摘引構成的書，為的是徹底排除主體性，讓自我成為
「客觀的文化趨勢」的表現媒介㊳（類似巴特在《戀人絮
語》〔*A Lover's Discourse: Fragments*〕書中的方案）。
　　對於現代主義危機在哲學引發的呈現的問題，班雅明的
反應是放棄因因相襲的書籍形式，而代之以隨筆（essay）
——不完整，拉拉雜雜，沒有證據或結論，可以並置從當代
世界的每一個層面取得的片段、瑣屑的細節（「特寫鏡

頭」）。這些細節當然是以寓言的形態發揮功能。但是，蒙太奇寓言（montage-allegory）以及巴洛克和浪漫（romantic）寓言中客體即寓意圖（emblem）兩者之間有個重大的差異。在後者，客體依附於象形符號（the hieroglyph）的模型，在該模型中，自然或日常生活的特定對象乃是取來作為某個觀念的慣性符號（conventional sign），因此客體之為用「不是傳達其自然的特徵，而是傳達我們自己所賦與的特徵。」㊴在拼貼，情形則有不同：寓言的表意（significance）講求真確，乃是源於自然的特徵本身，不假外求。「班雅明在這種文學形式（*Trauerspiel*）所發現的『真相』，在其詮釋的歷史中已經失落了的一個真相，乃是：寓言並不是以武斷的（arbitrary）手法呈現它所描寫的觀念，而是具體表現那個觀念的素材根據（material foundation）。」㊵

　　隨筆的風格在於成為一種「中斷藝術（art of interruption）」：「中斷是最基本的賦與形式的方法。它大幅超越藝術的領域。只就一方面而論，它是摘引的根源」（*Brecht*, 19）。班雅明所採取的程序是，「在摘引中蒐集並複製當下現前的矛盾，不尋求解套」──「辯證陷入僵局」，並置一個既定觀念的種種極端。此一拼貼策略本身就是「崩潰」的一個形象，是文明在現代世界的「解體」，與班雅明最知名的一句聲明關係密切：「寓言，在思想觀念的國度中，一如廢墟陳跡在事物的國度」（*Tragic Drama*, 178），預設的前提

是物象只在「衰亡」時，或者說只在被逼上解體時（解析即衰亡），才成為知識的客體。

西奧多・阿多諾分享班雅明關於蒙太奇寓言策略之價值的許多假定。阿多諾的方法部分源自他鑽研阿諾德・荀伯格（Arnold Schönberg）的心得。阿多諾要把荀伯格透過十二音作曲技法施展於音樂調性的那一套程序施展於哲學唯心論。「荀伯格排斥藝術家是天才的說法，要代之以藝術家是藝匠（craftsman）；他並不是把音樂當作主體性的表現，而是當作對外在於藝術家的知識的追求。在他而言，作曲是經由造音樂（music-making）的實踐而有新的發現與發明」（Buck-Morss, 123）。此一方法是由「客體」引導，所以是客觀的，批評則是把包括事物、事件、文本自身等**客體的內在邏輯**翻譯成文字。然而，一經表述，素材就可以「重新安排」，使其「真相」能為人所理解：

> 思想家思索不相同的感官現實，不是為了要加以支配，不是為了要削足適履而對心智範疇（mental categories）揮刀動斧，也不是為了要清算其殊相性質而使用抽象的概念將之併吞。相反的，思想家就像藝術家一樣，以擬態的程序進行，然後在模仿材料的過程中將之變形，使它像社會真相的一個單子表達（monadological expression）一樣能為人所閱讀。在這樣的哲學，一如在藝術作

品，形式無異於內容──因此呈現的主旨無異於哲理表達的方式。美學創造本身並非主觀的發明，倒不如說是客觀的發現，經由元素的重組在既有的內涵中發現新意（Buck-Morss, 132）。

班雅明表明此一態度最稱精簡的，或許是在他引述歌德（Goethe）的象徵觀，借箸代籌說明相片如何「示意」的時候：「有一種靈敏的經驗主義，使自己從心坎的最深處認同於客體，因而成為純正的理論。」㊶不過，重要的是了解到，這個「客體成理論」（object-become-theory）在蒙太奇寓言中，是以在傳統的意義上既非寓言亦非象徵的一種呈現而有所作用（意義既不是純粹自發的，也不是純粹受激發而產生──與之相對的是文字科學所解構的，「意義」是解除動機與重新賦與動機的連續過程）。這個「具體殊相的哲學（philosophy of the concrete particular）」的旨趣「在於非概念、個別與殊相，自柏拉圖以來就因為被視為虛幻無常又無關緊要而遭除名，又有黑格爾為之貼上『濁物（foul existence）』的標籤」（Buck-Morss, 69）；其要義，首先由班雅明察覺，接著由阿多諾予以定型，在於足以開發科學與藝術之間的張力，為後批評的策略奠定先聲。阿多諾把這一套方法形容為「精密幻想（exact fantasy）」（「嚴格存在於種種科學所呈現的物象之內，而且只有在它們所配置的最微小相

(aspects) 才超越它們的那種幻想： 這些相可信是幻想本身從一開始就必定產生的」〔Buck-Morss, 86〕），他的形容確實勾勒出後結構主義理論的方案──為知識的「主體」定位──以及「語用學（pragmatics）」的方案──研究使用者（理解者）對於訊息的態度。

以往巴洛克和浪漫寓言家所設想的寓意圖，如今後批評把它當作模型來處理。德希達利用司空見慣的客體。作為理論模型的一個佳例見於《刺，尼采的文體》（*Spurs, Nietzsche's Styles*）。該書天馬行空橫發議論，是針對尼采的筆記本中一個片段──「我忘了我的傘」──顯然是毫無意義的一句摘引，信手記下的。德希達表演一場關於這個片段句的「精密幻想」，辯稱那個句子無從判定的狀態，重複出現在尼采的作品全集（而且也在德希達自己的全集）。在證明這一點的過程中，德希達取這傘作為標誌或形塑文體結構本身的圖像：「這文體刺（style-spur），這刺體（spurring style），是個長形物，長中帶圓的物體，一個字，甚至在擋的時候，也照刺不誤。就是又圓又長又帶葉片的這個點（一刺或一擊）從撐在它的周圍或捲或張的緊張、有抵抗力的薄絹、織物、帆，以及遮布獲得除魅的力量。可是，千萬不能忘記，它也是一把傘。」㊷

文體的「雙重」結構──關係到同時顯露兼隱匿的寓言呈現的問題──在傘的「形態學（morphology）」及其傘柄

與傘面找到一個具體的模型。德希達借來遺留在尼采的筆記本中的「傘」，重新賦與動機（它的意義在任何情況都是不確定的）作為「解證」的妙方。這傘對德希達而言並不是一個「象徵」，不管是弗洛依德式或其他類型的象徵，那根本不是指意所在，而是一部結構完整的機器，具備張收自如的能力，在一張一收之際「解證」無從呈現的符素。

對德希達的文本作一回顧，不啻是掀開一個小聚寶盒，裡頭收藏的是借來的理論物件，除了傘之外，還包括一雙鞋子（借自梵谷）、⑬一把扇子（借自馬拉美）、一個火柴盒（借自惹內〔Genet〕）、一張明信片（借自弗洛依德）——無一不是展示符素的雙重結構。它們合起來組成一幅拼貼，不妨題作〈靜物〉（既已成為書寫的模型，它們必然顯露死亡驅力〔death drive〕）；要不然，或可題為〈自寫像（Autoportrait）〉，取超現實主義的模式，因為這些物件，一無例外，全都是在討論戀物癖的時機出現的。這麼說就夠了：「樣文」在後批評以「物戀對象」的形態產生作用，因而把寓言和精神分析聯繫在變體文學中。

寄生／腐生物

後批評文本與其研究客體的關係，有一個傳統批評家與後批評家在論戰中經常提到的模型，就是寄生物與寄主的關

係。J.希利思・米勒（J. Hillis Miller）在一場以「多元論的侷限（The Limits of Pluralism）」為主題的研討會中聲援解構主義者，反駁韋恩・布斯（Wayne Booth）所聲明（獲得亞伯蘭茲〔M. H. Abrams〕的贊同）的「後結構主義對於既定文本的閱讀擺明了只是寄生於顯相或通義判讀（parasitical on the obvious or univocal reading）。」④既然德希達形容文字科學為一種「寄生經濟」，這個措辭也許不至於像布斯和亞伯蘭茲所存心的那樣「傷人」。米勒的反應是，把「寄生」的意義問題化：「一篇評論『節』錄一段『接生』下來（extracts a 'passage' and 'cites' it），又怎麼樣〔中譯按：此處的機鋒在於passage...cites和parasite諧音〕？這和一首詩裡面的摘引、迴響、典故有不同嗎？難道一段摘引就是寄主，即主要文本，體內的外來寄生物？或者，換一種說法，詮釋性的文本是寄生物，摘引是寄主，寄生物把寄主給團團圍住了？」這個課題在後批評又多了一層複雜，因為後批評的摘引無所不用其極——用於拼貼。

米勒的反駁，用意是要從根斬斷「通義」判讀觀，要顯現「主」與「客」字義模稜兩可、似非而是的多樣性，而「主」、「客」的英文，"host"與"quest"，在字源學上正是同根所出，意義可以互相假借。此一字源之為用的重點，他說，

是論證體認語言看似明朗或沒有歧義其實相當複雜又

富含玄機的價值,甚至連批評的語言也不例外,它在這
方面是延續文學的語言。此一複雜性與豐富的玄機,部
分歸因於下述的事實:沒有喻象 (figure) 就沒有概念
性的表達,沒有隱含的故事、敘事或神話———在這個事
例就是外來的客人在家裡的故事———就沒有概念與喻
象的交織。解構主義是在探索這種喻象、概念與敘事彼
此內屬 (inherence) 到底隱含些什麼 (Miller, 443)。

　　總而言之,米勒所定義的「解構主義」正是莫林・奎里
根 (Maureen Quilligan) 所形容的敘事性寓言的運作。

　　無巧不成書,米歇・塞黑 (Michel Serres) 提供了詳盡的
解說———寓言———說明解構的故事,也就是外來的客人在家
裡的故事,就在題為《寄生物》 (*Parasite*) 的變體文學文
本。塞黑不只是支持米勒所提關於寄主－寄生物這個專業用
語的語義雙關性的要點,他另還有所補充,指出在法文又有
第三個意義,這使得我們可以從字面著手探討寄生物的故
事,視其為傳播理論的寓言 (或者說,就如同符素一般,理
論本身產生寓言) :

　　寄生物是一種微生物,一種取而不施同時耗損而不致
　　命的隱伏性感染源。寄生物也是個客人,以交談、讚美
　　和諂媚換取食物。寄生物也是一種噪音,一個系統裡面

的靜電干擾，或一個頻道的干擾波。這些似乎風馬牛不相及的活動，根據米歇・塞黑，不僅僅是同時由同一個字表達（在法文）。它們在實質上彼此有關聯，而且在事實上具有一個系統之內相同的基本作用。不論是引起發燒或只是激發熱氣，寄生物總是個發熱器（a thermal exciter）。如上所述，寄生物既是一種關係的原子（atom），又是那個關係發生變化的產物。⑮

塞黑取這個異物同名的機緣作線索，詳考從文學挑選出來的樣文，都是些跟晚餐、主人與客人有關的故事，從拉封丹（La Fontaine）的動物寓言開始，包括奧德修斯（Odysseus）回到家中周旋於一干求婚人，以及柏拉圖的對話錄《會飲篇》（Symposium）和莫里哀的喜劇《偽君子塔吐夫》（Tartuffe）等等，檢視的觀點不外乎**中斷**、干擾、嚇跑老鼠的噪音、使得賽莫尼迪茲（Simonides）在屋頂塌落之前奔離餐桌的叫喊聲（為了辨認屍體，他回想哪個客人坐在哪個位子，他的回想被說成是「人工記憶的發端」）。塞黑結論道，寄生現象是一種「新生向性（negentropic）」，是改變或創新的原動力——引人想起班雅明的中斷藝術——由一套新的邏輯組成，包含三個元素：主人、客人、還有妨礙者（interrupter）（噪音是「隨意〔random〕元素，把一組系統或一種秩序改變成另一組系統或另一種秩序」）。符素是語

言的結構，拼貼在論述的層面則是此一創新性中斷的接線生（operator）。

　　這樣的文義格局提供一個機會，可以說明後批評的用途，不只是作為一種組構的方法有其用途，作為變體文學本身的一種閱讀方式也一樣。我要用約翰・凱吉的書寫作為寓言性閱讀的一個測試場，那些書寫在任何情況下都具有範例價值，可列入到目前為止所產生的最重要的變體文學版本。它們的價值，部分在於凱吉是以後現代主義音樂家廣為人知。他的「配件鋼琴（prepared piano）」以及早期使用電子配備，連同作曲法方面的創新（圖式樂譜〔graphic scores〕與隨興演奏〔aleatory precedures〕），為音樂帶來一場革命──革命化即「後現代化」。他決定把他的作曲哲學應用在語言上（「我希望讓文字存在，就像我試著讓聲音存在」⑯），此一事實對於後批評學子能有助益。

　　在這個文義格局，值得注意的是凱吉，一如阿多諾，鑽研荀伯格的音樂理論。凱吉採取的一個觀點，類似阿多諾的「具體殊相」的策略，就是：音樂應該是一種研討，探究素材的邏輯，而凱吉所稱的素材不只包括音樂的素材，還擴及自然世界與文化世界的一切事物：「藝術因科學改變而改變──科學的改變使得藝術家對於自然如何運轉有不同的了解。」⑰這樣的態度把凱吉引向他自己的──音樂版──「理論客體（theoretical object）」：

我們知道空中充斥我們聽不到的振動（vibrations）。在
《變奏第七》（*Variations VII*），我嘗試利用來自那個
聽無聲（inaudible）環境的聲音。可是我們不能把環境當
作一個客體看待。我們知道那是一個過程。如果說的是
煙灰缸，那我們真的是在處理一個客體。把它擺進沒有
回音的小房間，透過一個適當的聲音系統聆聽，那應該
是非常有趣。物體會變成過程；由於一道向科學借用
的程序，我們透過物體的音樂將會發現自然的意義
（*Birds*, 221）。

尤有進者，這一道程序明顯被等同於拼貼／蒙太奇原則，也
就是這裡說的「寂靜（silence）」（或巴特所稱的「作者之
死」）：「《古騰堡星系》（*The Gutenberg Galaxy*）是以
抄襲和拼貼組成的：麥克魯漢（McLuhan）把我說的寂靜應
用在所有的知識領域，也就是，他讓它們說話。書籍之死並
不是語言的終結：它還會持續下去。就像我的例子，寂靜到
處入侵，照樣有音樂」（*Birds*, 117）。凱吉承認麥克魯漢
（創新一種名為「具象隨筆（essai concret）」的榮銜已經
落在他頭上）與諾曼・伯朗（Norman O. Brown）──兩人
都是後批評書寫的重要代表──是他的作品的兩個重要影
響。

　　凱吉如法炮製他在作曲時使用錄音機和其他電子配備的
同一拼貼與隨機程序，造就書寫的「創意」（*inventio*）與
「格調」（*dispositio*），把批評性隨筆（critical essay）給後
現代化。他選的文本──梭羅（Thoreau）的日記和喬哀思的
《芬尼根守靈》（Joyce's　*Finnegans Wake*）──並非信手
拈來，而是像德希達選取 *Numbers* 那樣，選取本身就是批評
性陳述的一個主要環節。（凱吉挪取梭羅日記和《守靈》，
或逐字不漏或以模仿的形態，署名之後，重新賦與動機，使
之成為新框架裡的符徵。）凱吉並不是寫關於梭羅的事，而
是使用他的日記以便釀生其實是音樂化類像（musicalized
simulacra）的其他文本。所有的單字、字母、語詞都是直接取
自梭羅日記，根據變適作用（chance operations）選出來的，
就這一點而論，這些類像都是拼貼構造。比方說，「音羅
（Mureau）」，「音樂」加上「梭羅」，是「字母、音節、
單字、語詞和句子的混合。我這麼寫，把多佛（Dover）出版
的亨利・大衛・梭羅日記中，列入索引的所有他聽到的關於
音樂、寂靜、聲音的意見，歸納於《易經》一系列的變適作
用。人稱代名詞隨這些作用而有不同，排字也因此受到影
響。」⑱

　　這種操作還有個更見用心的版本，題為《空字》（*Empty
Words*），表明這些作品是為表演之用，而表演正是凱吉所賴
以製作「演講事件（lecture-events）」的方法（因而實現以

變易（*changes*）而非以**真相**（*truth*）為「呈現」之道的拼貼／蒙太奇的原始邏輯──誠然，《易經》就是「變易之書」）。「我把梭羅的書寫歸納於《易經》的變適作用以獲得拼貼文本，一部分是為十二名演講聲樂家（speaker-vocal-ists）（或演講演奏家）備用的……。和這部分同時進行的是瑪莉安・耶莫秋（Maryanne Amacher）錄音的微風、雨以及最後的雷電，在最後（雷電）一節有路易斯・法蘭傑拉（Luis Frangella）的電影以梭羅的素描的幻燈片呈現雷電的景象。」㊾

一旦面對這樣的文本出現在印刷版面，巴特針對與書寫者有關的閱讀提出忠告的微言大義自可明瞭，理由是「音羅」之類的字可能無法產生「概念式」閱讀。倒不如用眼睛迅速掃描扉頁，讓眼睛隨時落在不同的字體上，使得那些隨機標記的單字的意義得以留下印象，強有力的效果自然就出現了──帶著完全開放的官能與四處飄浮的專注力信步穿越康科德（Concord）樹林的類像。凱吉解釋說，梭羅在聽的時候「就像作曲家如今使用科技在聽；……他探索康科德周遭地區如飢似渴恰似他們探索電子器材所提供的可能性。」

凱吉的書寫程序的另一個例子是《透過〈芬尼根守靈〉進行二度書寫》（*Writing for the Second Time through "Finnegans Wake"*）。這個文本是運用凱吉的中離合形式（mesostic form）從《芬尼根守靈》釀生而成：「不是離合詩

(acrostics)：要從中間順著往下，不是取邊緣往下。就我的情形而論，構成一首中離合詩的是，一個單字或名字的第一個字母落在第一行，而隨後在同一行找**不**到這個單字或名字的第二個字母。（第二個字母落在第二行）」（*Words,* 134）。依這種方式，凱吉在這件作品的第一個版本產生了一百一十五頁的中離合詩，如下面的例子：

> J ust
> A
> May i
> b E wrong!
> for S he'll be sweet for you as i was sweet when
>   i came down out of me mother.
> J hem
> O r shen /brewed by arclight/
> and ror Y end
> through all C hristian
> ministr E lsy

為了更進一步限制哪個字母要跟在後頭，第二個版本只剩下四十頁。關於這一點，凱吉說：

在進行這作品時，我偶而會有疑慮，在《芬尼根守靈》
尋找這些中離合詩句拼出詹姆士‧喬哀思並沒有擺在
裡頭的他的名字，這樣的作法是不是妥當。不過，我就
是這麼一直做下去，A在J之後，E在M之後，J在S之
後，Y在O之後，E在C之後。每一個段落我至少讀了三
遍，一兩次倒著讀（*Words*, 136）。

　　如果說像《空字》之類的文本例證了後批評的擬態與拼
貼趨向，凱吉的其他書寫則是以闡明寄主－寄生物主題的託
喻能力的方式同樣成功地展示了蒙太奇－寓言的原理。〈我
們在哪裡吃？　又吃些什麼？〉（"Where Are We Eating?
And What Are We Eating?"）是個好例子（完全從停留用餐
時點菜的觀點記敘凱吉隨同康寧漢〔Cunningham〕舞蹈團的
旅行的經驗），可以看出凱吉的敘事寓言和塞黑的《寄生
物》兩者的相似，特別是後者提醒我們去注意凱吉的書寫中
一再出現的許多和主人、客人與用餐相關的軼事的「弦外」
之音。從塞黑詳述"parasite"的法文意義（噪音、食客、寄生
物）所能獲得的深刻見識是，凱吉——他是以使音樂能夠接
納噪音而知名的作曲家（「既然大家習以為常的音樂理論是
一套只關心『樂』音（'musical' sounds）的規律，對於噪音完
全說不出名堂，顯然從一開始就需要以噪音為基礎的音樂，
以噪音的無規律性為基礎……。往下的步驟是社會性的」

——*M*, v) ——即使在寫關於用餐的事，**仍然**在談論噪音。
他的吃飯軼事是以隨筆、漫談的風格，把他在音樂作曲中運
用噪音的那一套方法應用出來。它們也是對於摘引的「寄
生」創新過程的評論，他的音樂和隨筆正是仰賴那一個過
程。

處在此一關於噪音與用餐的寓言的中心的，是凱吉對於
蘑菇的熱愛。凱吉是紐約真菌學會（New York Mycological
Society）的創始人，擁有蘑菇方面的書籍數量之多在全世界
的私人收藏中首屈一指。再者，雖然與蘑菇有關的軼事在凱
吉的書寫中俯拾皆是，他還是寫了一本《蘑菇全書》（*Mush-
room Book*），書中從頭到尾只寫蘑菇，其拼貼構造可以從下
面的介紹看出來：「為妻易斯（Lois）完成手寫本蘑菇全書
的未竟之志，包括蘑菇故事、（蘑菇）書摘、（蘑菇）搜奇
評述、梭羅《日記》摘要（蕈類）、梭羅《日記》摘要（全
緣葉類），評述遍及：人生／藝術，藝術／人生，人生／人
生，藝術／藝術，禪，趨勢閱讀，烹飪（採購、烹調），戲
局，音樂手稿，地圖，交誼，發明，計畫，＋不成句法的書
寫，中離合詩句（拼出蘑菇名稱）」（*M*, 133-34）。

為什麼是蘑菇？凱吉說是因為「蘑菇」在大多數的字典
裡頭和「音樂」排在一起。不過，當作變體文學來閱讀的話，
蘑菇可以當作為了達到託喻目的而裱褙在一個論述裡頭的模
型來了解。誠然，蘑菇證實為德希達所稱的「藥丹（pharma-

kon）」到目前為止最理想的寓意圖，「藥丹」則是一種特效
兼致命的藥劑（襲自柏拉圖），用於形塑德希達（透過類
比）所稱「不可決定之事（undecidables）」（與一切概念
性、分類性的系統相對立）。不可決定之事是：

> 種種類像的統一律（unities），種種「假」語文特性
> （名稱上或語意上），這些特性再也無法包含於哲學
> 的（二元）對立之內，卻據擁哲學的對立關係，既抵抗
> 又破壞那種關係，終究無法構成第三項（term），終究無
> 法預留以思惟辯證的形式尋求解套的餘地（藥丹既不
> 是良藥，也不是毒藥，非善亦非惡，非內亦非外，既不
> 是話語也不是書寫）（*Positions*, 43）。

藥物（以及概念）領域有藥丹，猶如植物世界有蘑菇，
因為，就像凱吉說的，「對它們知道越多，你在辨認它們的
時候越是覺得沒把握。每一株都是它自己。一株蘑菇就是它
自己──它自己的中心。假裝認識蘑菇是沒用的。你的博學
網不住它們」（*Birds*,188）。凱吉迷上真菌學，部分是由於這
種在分類方面的無從決定性，如見於他提及的軼事中專家誤
認有毒的物種為可食，或一般民眾誤食對別人並無後遺症的
變種而罹病，甚至於一命嗚呼（即使對同一真菌種，不同的
人有時候會有不同的反應）。在述及蘑菇中毒的個人經驗的

文義格局中，他隱約提到書本不能吃實乃一大憾事。凱吉這
麼說，似乎是在重申巴特於《S/Z》書中所稱閱讀暗藏**冒險**的
論旨。撒樂賽恩（Sarrasine）誤把去了勢的贊比壘勒（Zam-
binella）當作女人，後來「因為推理不正確又沒有結果」而
死：「文化符碼無不是從摘引逐一搜羅而來，組成怪胎式百
科全書知識的微縮版，一盤雜燴：這盤雜燴形成主體賴以調
適自己，賴以安身立命的日常生活的『現實』。這一套百科
全書一有缺陷，這一疋文化布料一有洞口，結果可能就是死
路一條。不了解教宗政治習俗的符碼，撒樂賽恩卡死在知識
的一個裂縫。」⑩換句話說，**蘑菇**解證一個與求生有關的教
訓。

　　凱吉的**蘑菇**軼事根據蒙太奇－寓言的原理，把影射真菌
學整體學問的片段加以拼貼。準此，要從更廣泛的層面斷定
蘑菇即寓言的旨趣，得要回顧像這樣透過類聚體來表達的
「素材的邏輯」（如同語意範疇所欠缺的條件是消極地藉使
用在語句中的特定項來暗示的）。和我們特定的文義格局有
關的延伸意，必定離不開主客關係即摘引在後批評中的地位
的模型。特別是像約翰・凱吉搜尋、食用的那種蕈類——肉
質多、水分多、「比較高級」的蕈類，如牛肝菌（Boletus）和
可食羊肚菌（Morels）之類——所帶來的啟示即是**共生**
（*symbiosis*）。這些蕈並不是寄生真菌，而是**腐生**真菌（*sapro-
phytes*）（任何依賴已死的有機物維生的有機體），和它們的

寄主處於互惠共生的關係（綠色植物提供「有機」食物）。比方說，"Cortinarius"這個屬，按寇夫曼（C. H. Kauffman）（他的研究著作《密西根的田野傘菌》〔*The Agaricaceae of Michigan*；譯按，田野傘菌是蕈之一科，蘑菇即屬此科〕，凱吉列之為影響他最深遠的十本書之一）的描述，可見於「松林或雲杉林，或山毛櫸的老樹林，只要枝葉濃密而地表含水量高」，當然是長在腐物的下層。蘑菇經由分解作用產生可溶性養料，樹木則從長在根部的蕈株吸收這些養分。(51)

此一共生生態（關係到較低等的蕈類的用途，它們的發酵作用是釀酒和製造乳酪與麵包所不可或缺）是班雅明在比較寓言時所談論點的凱吉版，因為腐生物以有機物死亡後的腐朽物維生，使得植物能夠維持生長，腐生物之於自然界恰如衰敗之於文化，或寓言之於思想。在阿多諾和班雅明看來，衰敗的跡象是資產階級時代歸於**腐朽**的符號，在哲學需要一套「解體的邏輯」。在德希達看來也一樣，解構是分解的過程在西方思想的**根**隱喻（*root* metaphors）——哲素（the philosophemes）——之內發揮作用。可是我們看得出來，此一作用是共生的，類似樹根與蕈株彼此互補，使對方有能力「活**下去**（live *on*）」，有能力「超」生（*sur*vive）的「菌根結構（mycorrhizal formation）」。此處的重點在於，如果說正規的批評家堅持詩即活生生的植物這樣的模型——例如亞伯蘭

茲，非議解構主義者是「共生物」的批評家之一，所著《鏡與燈》（*Mirror and the Lamp*）為詩的有機模型提供了蓋棺論定的研究成果——那麼把後批評寓意化（emblematize）為腐生生物界也許有其意義，因為後批評成長於文學的根部，仰賴傳統的腐朽維生。

凱吉建議，他的蘑菇可以從寓言的角度閱讀，即使他本人（用他自己的措辭，他是伊索寓言中的「蚱蜢」）過於疏懶，沒有費心進行這一層比較（*Silence*,276）。然而，他從自己的音樂理論拈出來的社會觀足以闡明生態學的共生主題，即互相合作繼之以終結競爭。正如他在談到當前的世局時，針對使得塞黑的著作獨樹一幟的寄生主題的全球性意涵提出警告，說：「宴會差不多結束了。但是客人打算留下來：他們沒有別的地方可以去。當初沒有受到邀請的人現在來了。屋子一團糟。我們得要一起來，悶不吭聲清理屋子」（*M*, vii）。

然而，為後現代批評帶來的直接啟示，是出現在日記中的這句話：「蘑菇。教學機」（*M*, 96）。換句話說，那些抨擊後批評是「寄生」的人所未能理解的是，蒙太奇－寓言（蘑菇即教學機）提供通俗化所必需的技術，可用於向一般民眾傳播文化領域的知識，這是正規的、所謂人文主義的批評家宣稱他們一心一意要做的工作。新近膺任現代語言協會（Modern Language Association）會長的韋恩・布斯，在就職

演說責難批評性書寫流於唯我論；他不知道在《明信片》，
只舉一例來說，德希達展現一個運作模型，非常簡單就可以
解證理體中心論傳統的目的論本質：「在我們的幼教文化，
在我們的無所不包的政治，在我們的各種各類的電信傳播，
在我們的超時空（telematicometaphysic）檔案，在我們的圖
書館，例如嘆為觀止的博德利（Bodleian）圖書館，每一件事
都是建立在一條金科玉律死板板的宗旨上，」（《明信片》
25）──那一條金科玉律就是，蘇格拉底**先於**柏拉圖，符旨先
於符徵；簡言之，就是一道不可逆反的序列的僵化秩序。寄
明信片的時候，寄件人相信這張明信片會給送到收件人手
中，這流露認同（identity）的意識形態。凱吉說，「關於郵政
制度，有些事非做不可。要不是那樣，就是不應該再一廂情
願以為只因為我們寄了，它就會給送到目的地。」⑫德希達在
《明信片》提及一種沒有「定數（destiny）」或「目的地
（destination）」的傳播網，其中所有的郵件（訊息）都只是
寫給「敬啟者」──這樣的一個系統認定「噪音」或創新的
價值超過透明的意義。尤有進者，他向我們展現適合這樣一
個時代的書寫：「操作就夠了，」他說，指的是模型明信片，
「剪下，貼上，然後開始動作或分配，暗地裡置換而且像激
素一樣反應迅速」（《明信片》121）。印在卡片上的形象
（他在博德利圖書館發現的那一張，描述蘇格拉底振筆疾
書，聽柏拉圖口授）是**拼貼**出來的，那個形象變成「表述」，

「有能力說出每一件事。」

這一類文本從事呈現或模仿，並非透過符號，而是透過簽名──版權簽署。「認同」在後批評文本所僅存的是由新模擬構成的──語言及其使用者之間的語詞拼湊，其效果可從一件事實看出：譜出「易樂」（Music of Changes，「變化的音樂」）的那個人，透過「變化之書」（《易經》）譜出其一切產品為的是，他希望，改變社會，他被稱作*Jo Change*（**周易**）（John Cage）。㉝

＊本文〔　〕內的分節小標題為中譯者所加。

註釋

〔註1〕 Hayden White, *Tropics of Discourse* (John Hopkins: Baltimore, 1978). pp. 42-3, 45-7.

〔註2〕 See Richard Kostelanetz, ed. *Esthetics Contemporary* (Prometheus: Buffalo, 1978).

〔註3〕 Edward Fry, *Cubism* (McGraw-Hill: New York, n.d.), p.27.

〔註4〕 Eddie Wolfram, *History of Collage* (MacMillan: New York, 1975), pp.17-18.

〔註 5〕 Group　Mu.　eds., *Collages* (Union Générale: Paris, 1978), pp. 13-14.

〔註 6〕 André　Bazin,　"The　Ontology　of　the　Photographic Image," in *Modern Culture and the Arts*, eds. James B. Hall, Barry Ulanov (McGraw-Hill: New York, 1972). p. 427.中譯按：關於「移畫」，轉印貼紙就是使用移畫的技術。

〔註 7〕 *Collage et Montage au Théâtre et dans les autres Arts durant les Années Vingt* (La Cité: Lausanne, 1978), p.98.

〔註 8〕 Benjamin, "The Author as Producer," in *The Essential Frankfurt School Reader*, eds. A. Arato, E. Gebhardt (Urizen: New York, 1978), p.266.

〔註 9〕 Roland　Barthes, *Critique et Vérité* (Seuil: Paris, 1966), 68-9. Also see Barthes, "The Structuralist Activity," in *The Structuralists: From Marx to Lévi-Strauss,* eds, R. and F. DeGeorge (Doubleday: Garden City, N.J., 1972), pp. 148-54.

〔註10〕 關於這種文學與批評的文類融合 (generic conflation)，最新的說法是羅瑟琳‧克勞斯 (Rosalind Krauss) 所提出「變體文學 (paraliterature)」的觀念：「如果現代主義文學的信條之一是創作足以反映其結構狀況的作品，堅持閱讀是一種需要投注更多心力的**批評**行為，那麼**後**現代主義文學的媒介應該是寫成變體文學形式的批評文本，可就不足為奇。明顯的是，巴特和德希達是當今學子所閱讀的**書寫者**，不是批評家。」見羅瑟琳‧克勞斯撰〈後結構主義與「變體文學」〉

("Poststructuralism and the 'Paraliterary,'" *October* 13 (1980):40。

變體文學的前景可以從下述的事實看出來。雖然到了一九六〇年代，拼貼革命似乎已經勝利在望，其實它在批評論述才初顯生機，而批評論述本身最後也無法不受到呈現之實驗的影響。確實，正如伊麗莎白・布拉斯(Elizabeth Bruss)在《優秀的理論》 (*Beautiful Theories*； 該書論及蘇珊・桑塔〔Susan Sontag〕、威廉・噶斯〔William Gass〕、哈洛・卜倫〔Harold Bloom〕和羅蘭・巴特等人的批評) 所述，理論不只是當代文學中最引人入勝的一種形式；現代主義運動在藝術方面已經走進死胡同，理論是最適宜帶出柳暗花明的模式。

[註11] See S. Doubrovsky, *Pourquoi la Nouvelle Critique?* (Mercure de France: Paris, 1966).

[註12] Derrida, "Living on: Borderlines," in *Deconstruction and Criticism* (Seabury: New York, 1979), pp.94-5.

[註13] 這正是德希達《論文字科學》的要旨。 該書有史碧娃克(Gayatari Spivak) 的英譯本 *Of Grammatology* (Johns Hopkins: Baltimore,1976) 。

中譯註：關於德希達的文字科學，中文讀者可參考《閱讀理論》 (見本書所錄歐因茲〈異類論述〉註㉒) 第三章，157-228頁。

[註14] 德希達《播散》 (Derrida, *Dissemination*) ，Barbara Johnson

英譯（University of Chicago: Chicago, 1981），41-2頁。

[註15] Philip Lewis, "The Post-Structuralist Condition," *diacritics* 12 (1982): 16.

[註16] Derrida, *Positions*, trans. Alan Bass (Univeristy of Chicago: Chicago, 1981), p. 26.

[註17] Derrida, "Signature Event Context," in *Glyph* 1 (1977):185.

[註18] 德希達在別個地方寫道：「此處的問題是，這一次終於發現自己不是被人拿來展示，而是獲得發揮的空間，不是被推上舞台，而是親自下海，不是取為論證之用，而是取為組合（mounted）之用，在不相容的結構中以廚藝料理的技巧加以組合」（《播散》291）。夾注單字的的動詞是 *monter*（組合），"montage"（蒙太奇）即是源自該動詞。在後來的一個文本，德希達針對*monter*的多重意義玩文字遊戲，引出裱畫的意象，以之類比於一個批評文本「裱褙（mounts）」其樣文（examples）。見德希達《繪畫的真相》（*La Vérité en Peinture* [Flammarion: Paris, 1978]），5-18頁。

[註19] See Derrida, "Title (to be specified)," *Sub-Stance* 31 (1981).

[註20] 《繪畫的真相》書中解構康德（Kant），以及《喪鐘》（Galilée: Paris, 1974）書中解構索緒爾（Saussure），用的正是這樣的策略。

[註21] Derrida, "The Law of Genre," *Glyph* 7 (1980): 206.

[註22] 〈播散〉之寫作即是運用 *Numbers* 所採行的同一蒙太奇技巧——確實，*Numbers* 之所以被選為教本正是基於這個理由

——因此這裡「標識」出來的（德希達喜歡說「標識」而
不喜歡說「呈現」、「解說」、「展示」等）在批評版本中
是研究對象的構形（structuration）： 「我們將因此銘記
——同時進行——在這些 Numbers 的角度與角落，在它們裡
面也在它們外面，在等著**你**的石頭上，某些觸及『此處』
『這個』文本的問題，它和 Numbers 的關係的狀態，它為了
模仿『那個』文本的呈示（presentations）與呈現，為了讓人
覺得是在提供某種觀感或說明，而有意添加的東西。理由
是，如果 Numbers 提供關於**它自身**的說明，那麼『這個』文
本——以及所有影響到它的一切——就已經或仍然是『那
個』文本。正如同 Numbers 在斟酌然後佯裝自我呈現，銘刻
在某一齣戲的親歷感，同樣的情形也見於稍帶挖苦仍可稱為
「這個」文本者在模仿 Numbers 的呈現、注疏、詮釋、觀感、
說明、清單。這種書寫以**廣義類像**（a generalized simula-
crum）的姿態巡迴『此處』，在兩個虛構作品的文本間（in
the intertext of two fictions），在所謂的原始文本（primary
text）及其所謂的評論之間」（《播散》294）。

[註23] Derrida, *Writing and Difference*, trans. Alan Bass
(University of Chicago: Chicago, 1978), p.296.

[註24] 僅僅是容許符號成為符號的重複——被認為等同於它所要
表示的——也產生差異，正如索緒爾所強調的（符號並非指
示物本身）。在忽隱忽現之際發生的時間性振動（temporal
oscillation）即是德希達所稱的**衍異**，挑明的是對立於從柏拉

圖到索緒爾的理體中心符號學所設定的符徵與符旨之間僵
化的第一－第二位階。

［註25］ Derrida, *Speech and Phenomena*, trans. David Allison (Northwestern University: Evanston, 1973), p. 128.

［註26］ 德希達《明信片》 (Derrida, *La Carte Postale* [Flammarion: Paris, 1980]) ，317頁。

［註27］ Wittgenstein, *Philosophical Investigations*, trans. G. Anscombe (Blackwell: Oxford, 1968), p. 105.

［註28］ Craig Owens, "The Allegorical Impulse: Toward a Theory of Postmodernism," *October* 12 (1980): 84.

［註29］ Owens, "The Allegorical Impulse (Part 2)," *October* 13 (1980): 79-80.

［註30］ See Stephen Melville, "Notes on the Reemergence of Allegory," October 19 (1981); and Jonathan Culler, *On Deconstruction* (Cornell University: Ithaca, 1983).

［註31］ Maureen Quilligan, *The Language of Allegory* (Cornell University: Ithaca, 1979), pp. 30-3.

［註32］ Owens, "(Part 2)": 64, 66. 參見 Douglas Crimp, "The Photographic Activity of Post-modernism," *October* 15 (1980)，論雪莉‧萊文和班雅明。

中譯按：歐因茲在本書所錄〈異類論述：女性主義與後現代主義〉文中，也討論到雪莉‧萊文的攝影。

［註33］ Richard Kostelanetz, ed., *John Cage* (Praeger: New York,

1970), p.115

[註34] Barthes, *Roland Barthes*, trans. Richard Howard (Hill & Wang: New York, 1977), p. 90.

[註35] Stanley Mitchell, "Introduction," in Walter Benjamin, *Understanding Brecht*, trans. Anna Bostock (New Left Books: London, 1977), p. xiii.

[註36] Rainer Hoffmann, *Montage im Hohlraum zu Ernst Blochs "Spuren"* (Grundmann: Bonn, 1977), p. 92.

[註37] Benjamin, *"One-Way Street" and Other Writings*, trans. E. Jephcott, K. Shorter (New Left Books: London, 1979), p. 62.

[註38] Martin Jay, *The Dialectical Imagination* (Little Brown: Boston, 1973), pp. 176, 200. Jay 提到 Norman O. Brown 的 *Love's Body* 可能實現了班雅明的計劃。

[註39] Benjamin, *The Origin of German Tragic Drama*, trans. J. Osborne (New Left Books: London, 1977), p. 184.

[註40] Susan Buck-Morss, *The Origin of Negative Dialectics* (MacMillan: London, 1977), p. 56.

[註41] In Benjamin, "Short History of Photography," trans. Phil Patton, in *Artforum* 15 (1977): 50.

[註42] Derrida, *Spurs, Nietzsche's Style*, trans. Barbara Harlow (University of Chicago: Chicago, 1979), p. 41

[註43] 在梵谷的例子中，德希達挪用海德格和梅爾・夏皮洛（Meyer

Schapiro）對於梵谷多幅畫中鞋子主人的身分──象徵拼貼書寫所涉及的一切財產私有權與版權簽署的問題──所進行的爭辯的材料。一如借自尼釆的傘，梵谷的鞋子被抽離出批評論證，又被賦與新動機，成為符素的一個模型──這個舉動本身就足以駁斥相關的批評家，他們意圖把鞋符徵（shoe-signifier）固定於一個明確的符旨，要斷定畫家筆下的鞋子到底是農婦所有（海德格）還是梵谷本人所有（夏皮洛）。鞋子被畫成鞋帶部分（鬆）綁，此一事實誠然是推動符素結合過程的線索。「就像一條鞋帶，每一個『東西』，該東西存在的每一個模式，穿過去又從別處穿出來。我們經常會利用鞋帶的這個姿態：從東西的洞眼穿進又穿出，從外往裡穿，從裡往外穿，**越過**外表又**鑽進**內部的洞眼──相反的情況又出現在這個鞋面反摺外翻像左邊那隻鞋子的頂部時，兩邊的鞋帶維持『同樣』，在穿過洞眼的規則性動作中顯露又消失（前／去〔fort/da〕），確保事物的相似性，底部給綁到頂部，裡面給繫在外面，根據的是綁帶法則（the law of stricture）。」接著德希達挖苦那些堅持以符號的觀點看待語言的批評家，他們到處看到成雙成對（符徵－符旨），正是海德格和夏皮洛自認為觀看的是一雙鞋子的老路數。詳細視察這些畫之後，德希達會心一笑，辯稱根本無從斷定那是一雙鞋子；其實它們看來是兩隻左鞋──留下來，不管怎麼說，就是像尼釆的傘，留給文本使用者，或作家。見德希達"Restitutions of Truth to Size"，John P. Leavey, Jr.英

譯，刊於 Research in Phenomenology 8 (1978): 32（節譯自《繪畫裡的真相》書中所附〈把真相還給實情〉（"Restitutions, de la vérité en peinture"）一文。

中譯按：關於該文之「解讀」，參見李爽學譯《閱讀理論》313-26頁。又，下文的「靜物」原文still life，本指靜物畫，依「字面」精譯 (literal translation) 卻可作「死寂的人生／生物生命／生活」。

[註44] J. Hillis Miller, "The Critic as Host," Critical Inquiry 3(1977): 439.

[註45] Michel Serres, The Parasite, trans. Lawrence Schehr (Johns Hopkins: Baltimore, 1982)英譯序，p. x.

[註46] John Cage（與 Daniel Chales 的對談），For the Birds (Boyars: Boston, 1981), p. 151.

[註47] John Cage, Silence (M.I.T.: Cambridge, Massachusetts, 1961, 1970), p. 194

[註48] Cage, M: Writings '67-'72 (Wesleyan University: Middletown, 1974), p. i.

[註49] 凱吉《空字》（Cage, Empty Words [Wesleyan University: Middletown, 1981]），3頁。

[註50] Roland Barthes, S/Z, trans. Richard Miller (Hill & Wang: New York, 1974), pp. 184-5.

[註51] 關於真菌學的介紹，見 G. C. Ainsworth, Introduction to the History of Mycology (Cambridge University: Cambridge,

1976)。

[註52] John Cage, *A Year From Monday* (Wesleyan University: Middletown, 1969), p. 150.

[註53] 中譯註：《易經》有兩個英文譯法，音譯作*I Ching*，意譯作 *The Book of Changes*（「變化之書」）──「變化」就是 「易」。《易經》又稱「周易」，「周」與Jo諧音，而Jo又 是John Cage（約翰・凱吉）這個名這字起頭的音，按中式說 法就是那個人的「姓」。把"John Cage"這個名字拆解再重 組，即可拼出"Jo Change"，回譯成中文正是「周易」。以上 所述即是根據語詞拼湊的原則。「語詞拼湊」 (contamination) 顯然是挪用心理學的名詞，既然是挪用 (appropriation)──後現代論述常用而且頗具特色的一個 字眼──當然也就不限於「言語雜亂」的心理學含意。後現 代論述的跨學科術語挪用已經到了百無禁忌的地步，試圖還 原其本義有時會但不必然有助於了解論述的內容。儘管如 此，為求翻譯存「真」，筆者仍盡可能沿用各學科術語的專 有譯名，此為本中譯的一個通例。

後現代主義與消費社會

Postmodernism and Consumer Society

弗雷德瑞克‧詹明信 (Fredric Jameson)

［後現代文化概觀］

後現代主義的概念在當今並沒有被普遍接受，甚至談不上被了解。一般人的抗拒部分來自對後現代主義所含括的作品不熟悉，這些作品散見於所有的藝術類別。約翰・耶敘伯瑞（John Ashbery）的詩就是個例子，但也包括簡單多了的口語詩（talk poetry），那是出於六十年代對複雜的、反諷的、學院派的現代主義詩的反動。也看得到對於現代建築的反動，特別是反對國際風格的大型歷史性建築、流行建築以及羅伯特・文圖里（Robert Venturi）在他的宣言著作《向拉斯維加斯學習》（*Learning from Las Vegas*）所頌揚的裝飾棚頂。還可以看到安迪・沃霍爾（Andy Warhol）和普普藝術，但也包括更晚近的攝影寫實主義（Photorealism）。在音樂方面，約翰・凱吉（John Cage）時來運轉，還有後來見於菲力普・葛拉斯（Philip Glass）和泰瑞・萊禮（Terry Riley）等作曲家揉合古典與「流行」風格的合成音樂，但也包括Clash、Talking Heads和Gang of Four等樂團的龐克和新潮搖滾樂。電影則包括源出高達（Godard）的一切——當代前衛電影和映像——但也包括整個商業或虛構電影的新風格。這類新風格的電影也有相對應的當代小說，一方面是威廉・巴洛茲（William Burroughs）、托瑪斯・品欽（Thomas

Pynchon)和伊希米爾‧瑞德(Ishmael Reed)的作品,在另一
方面是法國的新小說,也都名列可稱之為後現代主義的種種
形態。

　　從這一張名單似乎可以清楚看出兩件事。第一件是,前
面提到的後現代主義大多數是針對高度發展的現代主義所確
立的形式展開特定的反動,反對已經征服大學、博物館、美
術館三聯網路,還要再加上種種基金會的這一種或那一種穩
佔優勢地位的高級現代主義。那些以往被視為顛覆性,到處
衝鋒陷陣的風格──抽象表現主義(Abstract Expression-
ism);龐德(Pound)、艾略特(Eliot)或瓦勒斯‧史蒂文斯
(Wallace Stevens)等人優秀的現代主義詩;國際風格
(勒‧科布西耶〔Le Corbusier〕、法蘭克‧羅依德‧萊特
〔Frank Lloyd Wright〕、密斯〔Mies〕);史特拉文斯基
(Stravinsky);喬哀思(Joyce)、普魯斯特(Proust)和托
瑪斯‧曼(Mann)──曾經讓我們的祖父感到不敢領教或驚
世駭俗,如今在六十年代出道的一代卻覺得是當權派兼死對
頭──死了,僵硬了,成了典律,必需加以拆除才有新路可
走的擋道紀念碑。這也就是說,有過多少擋在路上的高級現
代主義,就會有多少不同的後現代主義,因為後者起碼在出
發點上就是**針對**那些範本而進行特定、局部的反動。照這麼
看來,要把後現代主義說成首尾一貫顯非易事,因為這一股
新脈衝的一致性──如果真有一致性的話──並非發自它本

身，而是得自它所要取代的現代主義。

　　這張諸後現代主義名單的的第二個特徵是，天際線或分界線不見了，尤其醒目的是消除了老式區別高級文化與所謂的大眾或通俗文化的分野。這或許是所有的發展當中最悲慘的──悲慘當然是就學院觀點而言，那個觀點有個源遠流長的傳統，反對周遭唯利是圖、沒有品味、充斥電視劇與《讀者文摘》文化的環境，倒是在保存高級或菁英文化方面，以及在向初入門道的人承傳困難重重又複雜無比的閱讀、聆聽與觀賞的技巧方面，擁有既得利益。可是這些新來的後現代主義，偏偏多的是著迷於那整個廣告與汽車旅館、拉斯維加斯脫衣舞、深夜節目與好萊塢 B 級電影、所謂的變體文學的景象，後者包括恐怖小說與羅曼史、通俗傳記、偵探故事與科幻小說或奇幻小說 (fantasy novel) 等封面花俏的種種平裝本類別。他們「引用」這類「文本」的手法，和喬哀思或馬勒 (Mahler) 之輩大異其趣；他們用併吞的，竟至於高級藝術與商業形態之間的分界越來越難區分。

　　抹除對文類 (genre) 與論述加以分門別類的舊方法，這在有時被稱之為當代理論的領域又是另一番景象。一個世代以前仍有個專業哲學的技術性論述，和其他學術分科相當不同的論述涇渭分明；前者如沙特 (Sartre) 或現象學派龐大的體系，又如維根斯坦 (Wittgenstein) 或分析或普通語言哲學的作品，後者如政治學、社會學或文學批評。時至今日，

情形越來越明顯，我們有一種僅僅被稱作「理論」的書寫，
一體通吃把那種種論述全包括在內，卻什麼也不是。這種新
的論述類別，一般認為和法國以及所謂的法國理論有關，越
來越普遍，而且標示那一種哲學的終結。比方說，米歇·傅
柯（Michel Foucault）的作品，要稱為哲學、歷史、社會理論
或政治學？無從決定，就像現在大家說的；我的看法是，這
一類「理論論述」也該列入後現代主義的一個徵兆。

　　我得說明一下這樣一個概念的妙用。它不僅僅是描述某
種特定風格的另一個字眼而已。它也是，至少在我的用法是，
一個劃分時期的概念，其功能在於兜攏文化中新的形態特色
的出現以及社會生活的新類型和新的經濟秩序的出現，通常
被委婉稱作現代化、後工業或消費社會、媒體或景象社會，
或跨國資本主義。資本主義的這個新契機，可以上溯到一九
四〇年代末與五〇年代初在美國出現的戰後大景氣，或者在
法國，一九五八年第五共和的成立。一九六〇年代在許多方
面都是關鍵性的過渡期，新興的國際秩序（新殖民主義、綠
色革命、電腦化與電子資訊）就是在這個時期初露曙光，卻
也由於自身內在的矛盾與外在的抗拒發生動搖。我要在這裡
畫出幾條路徑，探索這個新的後現代主義如何表達晚期資本
主義那個新冒出頭的社會秩序的內在真相。不過我會把範圍
限制在兩個重要的特徵，我稱之為襲仿（pastiche）和精神分
裂（schizophrenia）：這兩個特徵分別讓我們得以察覺後現

代主義的空間與時間經驗的特殊性。

［襲仿：後現代主義特徵之一］

襲仿是後現代主義當今意義最重大的一個特色或實踐。這個術語，一般人常把它混淆或歸併於被稱作降格模擬（par-ody）的語文現象，我必需先作解釋。襲仿和降格模擬都含有模仿或更出色的是，擬態（mimicry），或「仿」或「擬」總是針對其他風格，特別是其他風格的隨興手法與獨門格調。顯然現代文學大體說來為降格模擬提供了一片沃土，因為偉大的現代作家之所以為偉大，全賴於新創或產生只此一家別無分號的風格：想想福克納（Faulkner）的長句子或勞倫斯（D. H. Lawrence）典型的自然意象；想想瓦勒斯·史蒂文斯運用抽象觀念的絕活；再想想哲學家們的格調，例如海德格（Heidegger），或沙特；想一想馬勒或普羅科菲耶夫（Pro-kofiev）的音樂風格。所有這些風格，不論彼此如何不同，有一點是共通的：每一個都不會被錯認；只要認得一個，就不大可能會把他跟別人混淆。

說到降格模擬，意思是把握它們的個別特色和標新手法，然後充分利用這些風格的獨特性，藉以產生嘲弄原作的模仿之作。我不是說諷刺衝動在所有的降格模擬形式都是有意識的。不管在任何情況，一個優秀的或了不起的降格模擬

作家必須對原作具有某種不落言詮的共鳴。儘管如此，降格模擬的整體效果畢竟是──不論出於共鳴或帶有惡意──使這些文體風格的私有特性，及其有違人們常態說寫方式的極端與怪異成為笑料。所以，降格模擬無不隱含這樣的感受：語言有其常規，相對於該常規，現代主義大作家的風格大可加以嘲弄。

　　但是，如果不再相信有正規語言、尋常話語、語言學規範（譬如歐威爾〔Orwell〕在他廣為人知的隨筆所推崇的那種清晰可解而溝通無阻的魔力）的存在，會怎麼樣？不妨這麼想：或許現代文學的分裂與私有化──現代文學爆炸成一堆各有所私的文體與格調──就是在預告整個社會生活更深一層而且愈形普遍的趨勢。假如現代藝術與現代主義事實上是社會沿著這些路線發展的先聲，而絕非什麼匠心獨具的美學珍品；假如自從頂尖的現代風格出現以來的數十年間，社會本身已經開始走上這一條分裂之途，每一個團體都說起一種古怪的專屬語言，每一個行業都在發展同行專用的符碼或自用語（idiolect），到最後每一個人都成為語言學海一孤島，彼此都是分離的？果真如此的話，那麼存在可賴以嘲弄私有語言和特異風格的任何語言常規的可能性將會消逝無蹤，而我們除了五花八門的風格爭奇鬥勝，可能什麼也不剩。

　　就是在這樣的時機，襲仿出頭而降格模擬銷聲匿跡。襲仿，一如降格模擬，是模仿某種只此一家別無分號的風格、

磨損了的風格面具、從口頭冒出來的僵死的語言。但是，襲仿是這一類擬態的中立實踐，無關乎褒貶，沒有降格模擬那種隱而不宣的動機，沒有諷刺的衝動，沒有笑聲，不覺得有什麼東西是**正規的**而相較之下被模仿的對象則是可笑的。襲仿是無動於衷的降格模擬（blank parody），喪失了幽默感的降格模擬：襲仿之於降格模擬，猶如那個古怪的東西——現代人表現出來的無動於衷的反諷——之於韋恩・布斯（Wayne Booth）所稱的譬如見於十八世紀的那種穩重又富喜感的反諷。

但是，我們現在有必要在這個迷團新添一筆，這有助於解釋為什麼古典的現代主義是過時的東西，以及為什麼後現代主義應該取而代之。這個新成分普遍被稱作「主體之死（death of the subject）」，用大家比較容易接受的語言來說就是，個人主義本身走到了窮途末路。種種不世出的現代主義，就像我們剛說過的，乃是建立在個人、私有風格的創新之上，風格之歸屬有如指紋一般不會被錯認，有如個人的身體一樣舉世無匹。但是，這意味著現代主義美學在某方面而言是眾志一體，由下述的概念作用統籌其事：一個獨一無二的自我與私人專屬的認同，一個獨一無二的人格與個性，可望釀生自己的獨一無二的世界觀，而且冶煉自己的獨一無二、不會錯認的風格。

然而，時至今日，多少各不相屬的觀點、社會理論、精

神分析學家，甚至語言學家，更別提我們當中在文化領域以
及文化與形態變遷從事研究工作的那些人，全都在探討這個
看法：那種個人主義與個人認同是過時的東西；老舊的個人
或個人主義主體「死了」；個體為獨一無二的概念以及個人
主義的理論基礎甚至可能被形容為一種意識形態。這一切，
其實有兩種立場，其中一個要比另外一個來得更激進。第一
種是贊同的立場：沒錯，在從前，在競爭式資本主義的古典
時期，在核心家庭的顛峰期以及資產階級成為掌握霸權的社
會階級之初，曾經有過個人主義或所謂的個人主體這樣的東
西。但是，在今天，在公司資本主義的時期，在所謂的組織
人（organization man）的時期，在企業官僚與國家官僚的時
期，在人口爆炸的時期——在今天，舊式資產階級的個人主
體再也沒有容身之地。

　　另外的第二種立場，比較激進的一種，可稱之為後結構
主義立場。這個立場進一步補充說：資產階級的個人主體不
只是過時的東西，而且根本就是一則神話；它從一開始就**不
會**真正存在過；從來不曾有過那種類型的自主性主體。說得
恰當些，這種結構概念（construct）只不過是一種哲學與文
化的神祕化，試圖要說服民眾相信他們「具備」個人主體，
因而擁有這個獨一無二的個人認同。

　　就我們的目的而言，決定這兩種立場當中哪一個是正確
的（或者，說得恰當些，哪一個比較有趣又有益）並不特別

重要。重要的是，我們必須站穩自己的立場，避免陷入進退維谷的美學困境：因為，如果獨一無二的自我的經驗與意識形態，使得古典的現代主義得以展現其風格的一種經驗與意識形態，徹底結束了，那麼我們對於眼前這個時期的藝術家與作家到底所為何事，就再也摸不著頭緒了。明顯不過的是，舊式的楷模——畢卡索、普魯斯特、艾略特——已經失效了（或者說，確實有其弊端），因為不再有人具備那種獨一無二的私有世界與風格可以表達。這或許不只是一個「心理學的」問題：我們還得考慮古典的現代主義本身長達七、八十年難以估計的份量。關於當前的作家與藝術家不再有能力創造新的風格與世界，還有另一層意義——種種風格與世界都有人翻新過；只剩下為數有限的組合還行得通；最獨特的已經有人想過了。所以說，整個現代主義美學傳統——如今死了——的份量也是，正如馬克思在另一個文義格局中說的「重擔，像一場夢魘壓住生者的大腦」。

因此，再說一次，襲仿出頭了：在一個不可能再創新風格的世界，還能做的就只是模仿已經死了的風格，求助於想像的博物館裡頭的風格，透過其面具並利用其聲音來說話。不過，這意味著當代或後現代主義藝術勢必走上與藝術本身有關的一條前所未見的路子；進一步說，這甚至意味著當代或後現代主義藝術所傳達的訊息之一，將會是藝術與美學世界的破產，不再有新的東西，一切都給禁錮在過去。

因為這種說法聽起來似乎非常抽象，我要舉幾個例子，
其中一個例子隨處可見，我們習而不察，因而很少把它和這
裡所討論的高級藝術的發展連繫起來。這個特殊的襲仿實
踐，不屬於高級文化，而是落在大眾文化的一邊，一般人習
慣說是「懷舊電影（nostalgia film）」（就是法國人說的 *la
mode rétro*——回顧的格調）。我們得要從最廣義的角度來
看這個類別；如果從狹義的角度看，這個類別，毫無疑問，
只包括跟過去有關的電影，跟過去特定世代的重大時機有
關。照這麼說，盧卡斯的《美國風情畫》（Lucas's *American
Graffiti*）是這個新「類型」（如果有這麼個類型的話）的開
山作之一，它在一九七三年意圖捕捉一九五〇年代美國，即
艾森豪（Eisenhower）時代的美國的一切氣氛與格調特色。
波蘭斯基（Polanski）的鉅片《唐人街》（*Chinatown*）描寫
一九三〇年代，類似貝托魯奇的《同流者》（Bertolucci's
The Conformist）描寫同一時期的義大利與歐洲背景，諸如此
類的例子不勝枚舉。為什麼說它們是襲仿？它們難道不屬於
一般習慣稱作歷史電影——只要套上大家耳熟能詳的歷史小
說這個形式就輕輕鬆鬆可以理論化的作品——這個比較傳統
的類型嗎？

　　我們有必要為這一類影片另行分類，而且我有理由。不
過，先讓我添上幾個特例。假如我說《星際大戰》（*Star
Wars*）也是一部懷舊電影，那是什麼意思？我想我們都能同

意，《星際大戰》不是歷史電影，不是描述我們自己的銀河
系的過去。容我換個相當不同的說法：對於從三十到五十年
代長大的世代來說，最重要的文化經驗之一是，星期六下午
博克・羅傑斯（Buck Rogers）之類的影集──外籍壞蛋，真
正的美國英雄，女主角落難，死光（death ray）或死亡車廂，
最後千鈞一髮，奇蹟式的死裡逃生得要等到下週六的下午才
看得到。《星際大戰》以襲仿的形式從這種經驗的舊盤子端
出新菜色：也就是說，對於那種影集的降格模擬不再有任何
意義，因為它們早就「絕種」了。《星際大戰》絕不是毫無
意義地諷刺那一類如今已死了的形式，而是滿足一種深層的
（或許我甚至可以說是受到壓抑的？）渴望，渴望再度經驗
它們：那是個情結客體（a complex object），有些小學生和
青少年可以身歷其境似的，直接體會那一番歷險，成年民眾
則有能力滿足更深一層而且理由比較充分的懷舊慾望，想要
回到那個古老的時期，重溫那種奇妙、古老、具有美感的人
工製品。因此，這部片子是**拐了彎**的歷史片或懷舊片：和《美
國風情畫》不一樣的是，它不是重新創造已經歷過的生活總
體的景象；相反地，它重新創造舊時期典型的藝術品的感觸
與形態（影集），有意喚醒和那些藝術品有關聯的舊情懷。
相較之下，《法櫃奇兵》（*Raiders of the Lost Ark*）的立場
介於這兩者之間：該片在某個層面上是**關於**三十與四十年代
的影片，在實際上卻又透過自成一格的歷險故事（那種故事

不再是我們經驗得到的），拐彎抹角傳達那一個時期。

現在我要談另一種有趣的特例，可以使我們進一步瞭解懷舊電影這個特定的類型以及襲仿這個普遍的手法。這一類包括最近上演的《要命的吸引》（*Body Heat*），該片正如影評家一再指出的，不著痕跡把《郵差總按兩次鈴》（*The Postman Always Rings Twice*）或《雙重保險》（*Double Indemnity*）改頭換面。（抄襲舊劇情，不管是擺明的影射還是暗地裡剽竊，當然也是襲仿的一個特色。）就技術層面看來，《要命的吸引》並不是懷舊電影，因為它的故事發生在當代的背景，在佛羅里達鄰近邁阿密的一個小村莊。換個角度來看，這種技術性的當代背景的確是曖昧無比：片頭名錄──向來是我們的第一條線索──的字體是三十年代的裝飾派藝術風格（Art-Deco style），要想不激發懷舊的反應也難（第一個反應無疑是想起《唐人街》，隨後還會想到歷史關聯比較深刻的影片）。接下來，男主角本人的造型也同樣曖昧：威廉賀特（William Hurt）剛出道，完全沒有前一代男性巨星如史蒂夫麥昆（Steve McQueen）那種與眾不同的風格，甚至連傑克尼可森（Jack Nicholson）也不能拿來比論；或許應該這麼說，他在這部片子裡的角色綜合了他們的特徵，再加上通常讓人聯想到克拉克蓋博（Clark Gable）的那種更老一代的類型。就這樣，淡淡的古風又令人油然興起思古幽情。觀眾開始懷疑，這個故事雖然指涉當代，明明可以擺在

任何一個背景，為什麼非要設定在佛羅里達的一個小鎮。再過一陣子，他們開始明白這個小鎮背景是個策略運用，具有舉足輕重的作用：使得這部影片得以擺脫可能引人聯想到當代世界，聯想到消費社會——電氣設備與工藝品、高樓建築、晚期資本主義的物象世界——的許許多多記號與指涉。因此，就技術層面而言，這部片子裡頭出現的物件（比方說汽車）是一九八〇年代的產品，可是一經一緯織出來的布幔卻模糊了足以產生臨即感的當代指涉，使得它有可能被認為是懷舊的作品——就像一個敘事把背景設定在無從辨識卻令人緬懷的過去，就說是一個超越歷史、永遠不會改變的三十年代好了。發覺如今甚至連那些以當代為背景的電影也免不了懷舊電影風格的入侵與殖民，這在我看來似乎是非比尋常的徵候：仿如是由於什麼理由，我們如今沒有能力把焦點調整到我們自己的現在，仿如我們已經喪失了以美學的觀點呈現我們自己目前的經驗的能力。但是，如果真是這樣的話，那可真的是消費資本主義本身一個慘象——最最起碼，那是一個沒有能力處理時間與歷史的社會所面臨的警報與病徵。

　　所以，我們回到原先的問題，就是為什麼懷舊電影或襲仿被認為和舊式歷史小說或歷史電影不一樣（我應該把這一切在文學方面的主要例子也納入現在的討論，我心裡頭想的是達托婁〔E. L. Doctorow〕的小說*Ragtime*，洋溢十九、二十世紀交替時期的氣氛，和*Loon Lake*，大部分和我們的三十年

代有關。但是這些作品，依我的了解，只在表面上可稱之為歷史小說。達托婁是個很認真的藝術家，也是如今還在創作的少數真正的左派或激進派小說家當中的一個。他的敘事與其說是代表我們的歷史過去，倒不如說是代表我們對於過去的觀念或文化的刻板印象，這樣的說法對他並無絲毫的不敬。）文化生產已經被逼回到心靈裡面，在單子主體(monadic subject)的內部：它不再能夠從自己的眼睛直接注視現實世界去尋求指涉物，而是必須，仿如陷在柏拉圖的洞穴裡面，在洞壁上追蹤這個世界的心象(mental images)。如果這裡還有任何寫實主義的成分，那是從驚嚇中迸出來的「寫實主義」，驚嚇是因為想抓取那一片囚壁，因而瞭解到，不管基於什麼特別的理由，我們似乎注定非得要透過我們自己對於歷史的過去所形成的通俗意象與刻板印象才有辦法尋找那個過去，而那個過去本身永遠停留在可望不可及的地方。

［精神分裂：後現代主義特徵之二］

現在我要談到我說的後現代主義的第二個基本特色，就是它和時間的特殊關係——有人稱之為「文本質地(textuality)」或「書寫(écriture)」，不過我發覺用當前盛行的精神分裂的理論來討論相當管用。我使用這樣一個字眼，

不知道招來多少誤解，因此迫不及待要先說明：它是用來描述的，不是用來診斷的。我絕不相信舉足輕重的那一批後現代主義藝術家──約翰・凱吉、約翰・耶敘伯瑞、菲利・索耶（Philippe Sollers）、羅伯特・威爾森（Robert Wilson）、安迪・沃霍爾、伊希米爾・瑞德、邁寇・司諾（Michael Snow），甚至貝克特（Samuel Beckett）本人──當中有誰是精神分裂症患者，不論如何定義。重點也不在於為我們的社會及其藝術進行某種文化與人格診斷：有人會說，比起大眾心理學的便利之處，我們的社會體系還有危害更大的事情還沒說出來。我甚至不敢確定我即將描述的經神分裂症觀點──大體上就是法國精神分析學家拉岡（Jacques Lacan）在他的作品中發展出來的觀點──在臨床上是否正確；不過，就我的目的來說，那不重要。

拉岡的思想在這個領域的原創性乃是，他認為精神分裂症本質上是語言脫序（a language disorder），而且他把精神分裂的經驗和語言技能的全盤見解連繫起來，而此一見解正是弗洛依德概念中成熟心靈之構造所根本欠缺的。他給了我們伊底帕斯情結（Oedipus complex）的語言學版本：他描述伊底帕斯式的抗爭不是從爭取母親的芳心這個生物學個體的觀點，而是從他所稱的「父名〔Name-of-the-Father〕」的觀點，也就是現在被認為是語言學功能的父權。根據他的見解，我們有必要牢記這個觀念：精神病（psychosis），特別是經

神分裂症,起源於嬰兒沒能完全進入語言活動(speech)和語言系統(language)的領域。

　　說到語言,拉岡的語言模型就是當今正統的結構主義模型,其基礎在於語言符號具有兩個(也許是三個)構成要素。在這個模型中,一個符號、一個單字、一個文本,就是一個符徵(signifier)和一個符旨(signified)兩者之間的關係——符徵即一個有形的物體(material object)、一個單字的語音、一個文本的原稿,符旨則是那個有形的單字或有形的文本的**意義**。第三個構成要素可稱之為「指示物(referent)」,是符號所指涉的「現實」世界中的「實」物——相對於貓的概念或「貓」這個語音的實體、真正的貓。但是,結構主義大體上傾向於覺得關係照應(reference)是一種神話,覺得我們再也不能用那種外觀或客觀的方式說什麼「實體、現實、真正」(the "real")。這一來,我們就只剩下符號本身和它的兩個構成要素。再者,結構主義的另一個突破是,試著要擺脫語言即命名(naming)的舊概念(如上帝給了亞當語言好讓他為伊甸園中的動植物命名),那種概念包含了符徵與符旨之間一一對應的關係。採取結構的觀點,當下就可以感覺到句子的意義並不是那麼一回事:我們並不是仰賴一一對應的原則把構成一個句子的個別符徵或單字「回譯成」它們的符旨。相反的,我們先讀過整個句子,然後根據那整個句子的單字或符徵的內在關係推斷一個比較全面的意

義──即所謂的「意義效果」 (meaninag-effect)。符旨
──可能連符旨和整體意義的錯覺 (illusion) 與幻象
(mirage) 也一樣──是有形符徵的內在關係所產生的一個
效果。

　　就是基於這樣的認識，精神分裂症可以說是種種符徵之
間的關係的解體。在拉岡看來，時間性、人類的時間、過去、
現在、記憶、積年累月一以貫之的個人認同等經驗──對於
時間本身的這種存在或經驗的感受──也是語言的一個效
果。正是因為語言具有過去與未來，因為句子在時間中移動，
我們才能擁有對我們而言似乎是具體的或生活的時間經驗。
但是，精神分裂者不是用那種方式了解語言表述，因此也就
無法擁有我們這種時間連續感的經驗，而是注定生活在一個
永遠固定的現在，過去的各個不同的時刻之間少有關連，而
且無從意會未來的視野。換句話說，經神分裂的經驗就是經
驗到孤立、沒有關連、不連續的有形符徵，這些符徵無法結
合成條理一貫的序列。這麼說來，經神分裂者並不是按照我
們的意義了解個人的認同，因為我們的認同感取決於我們所
理解的在時間過程中固定不變的「主體我」 (the "I") 與
「客體我」 (the "me")。

　　在另一方面，精神分裂者對於世間任何一個既定的現
在，明顯地擁有比我們更強烈得多的經驗，因為我們自己的
現在總是屬於某一範圍更大的投射界 (set of projects) 的一

部分。換句話說，我們並非僅僅是把外在世界當作一個尚未
分化的（undifferentiated）景象全面接受：我們總是在處理
外在世界，總是在其中關徑穿梭，總是專注於外在世界的這
個或那個物或人。反觀經神分裂者，就不具有個人認同這個
意義而言，他「不是一個人（no one）」；不只是這樣，他們
同時也無所事事，因為有個投射意味著有能力把自己託付給
某一時間連續感。因此，經神分裂者耽溺於當下（in the pres-
ent）未經分化的世界景象，這絕對不是愉快的經驗：

> 我清清楚楚記得出事的那一天。那時我們住在鄉下，我
> 自己一個人出去散步，就像我偶而會做的。突然間，就
> 在我經過學校時，我聽到一首德文歌；學童正在上音
> 樂課。我停下來聽，就在那個時刻，我有一個奇怪的感
> 覺，一種難以分析卻類似後來我非常熟悉的感覺
> ——一種非現實（unreality）的騷動感。我似乎再也認不
> 得這所學校，它變成像營區那麼大；唱歌的學童都是
> 囚徒，被迫唱歌。那所學校和那些學童唱的歌彷彿和世
> 界的其餘部分給分開了。同時，我眼前映入一片看不到
> 盡頭的麥田。黃橙橙的一大片，在太陽照射下閃閃發
> 亮，和被囚禁在牆面光滑的石砌學校牢房裡的學童密
> 不可分，這使得我渾身充滿焦慮，忍不住開始啜泣。我
> 跑回家，跑進院子，玩起「把事物變成看起來像以往的

模樣」的遊戲，也就是回到現實的遊戲。這就是第一次
出現的在後來非現實的感覺 (sensations) 中一直揮之
不去的那些成分：無涯無際的一大片，耀眼的光芒。有
形物體的光澤和平滑。(Marguerite Séchehaye, *Autobiogra-*
phy of a Schizophrenic Girl.)

　　提醒各位注意的是，時間連續感一旦崩潰，當下的經驗
就變成勢大無比，具象與「實體」 (vivid and "material") 的
程度非筆墨所能形容：世界以高密度的形態出現在精神分裂
者的眼前，帶有一種神祕而且高壓的情感電荷 (charge of
affect) ，隨幻覺能量 (hallucinatory energy) 而發熱。但是，
乍看似乎是我們求之不得的經驗──拓展我們的知覺，是我
們的常態世界中瑣屑、熟悉的環境的一種里比多或致幻強化
作用 (libidinal or hallucinogenic intensification) ──在當事
人的感覺卻是失落，是「非現實」。

　　我所要強調的正是符徵在孤立的狀態下變得比往常更具
體──或者，在比較理想的情況下，變得更**真確**──在感官
上變得比往常更具象，不管這個新經驗是迷人還是嚇人。我
們可以指出語言系統領域的同一種情形：語言的精神分裂式
崩潰對於仍保存原貌的個別單字的作用，乃是重新引導主體
或說話者更專注於那些單字比較真確的意義。此外，在常態
的語言活動，我們嘗試穿透單字的實體性質 (materiality，它

們的怪音和字體，我所發之聲的音質與特有的腔調，等等）
直指其意義。既然意義已經喪失，單字的具體性質成了隨形
之影，情形有如兒童一再重複一個單字，直到該單字喪失意
義而成為不可理解的唸咒。為了開始和我們先前的描述結合
起來，一個失去了符旨的符徵就這樣給轉化成一個形象
（image）。

　環繞著精神分裂症兜了這麼一個大圈子，我們可以加上
一個在先前的描述中所難以處理的特色——就是時間本身。
因此我們現在討論後現代主義必須從視覺藝術轉移到時間藝
術——轉向音樂、詩以及幾種特定的敘事文本如貝克特的之
類。任何人只要聽過約翰‧凱吉的音樂，大概都會有類似剛
才被激引出來的那種經驗：挫折感，恨不得狗急跳牆——聽
到單獨一組和弦或一個音之後接著一長段的寂靜，長得足使
人記不得先前聽到些什麼，寂靜才剛被突然爆出的一陣沒聽
過的奇怪的聲音給打破，聲音又消失了。要說明這樣的經驗，
當今的藝術產品有許多形式可以舉出實例。我選了比較年輕
的一位詩人的文本，部分原因在於他的「流派」——以「語
言詩派」（Language Poets）知名——在許多方面是以時間
斷裂（temporal discontinuity）的經驗——這個經驗在這裡
是以精神分裂的語言來描寫的——作為他們的語言實驗以及
他們喜歡稱之為「新句（New Sentence）」的重心。這首詩
就叫做〈中國〉（"China"），作者是鮑伯‧波爾門（Bob Perel-

man)，各位可以在他新近由加州柏克萊的這家出版社（This Press）出版的詩集*Primer*中找到：

We live on the third world from the sun. Number three. Nobody tells us what to do.

The people who taught us to count were being very kind.

It's always time to leave.

If it rains, you either have your umbrella or you don't.

The wind blows your hat off.

The sun rises also.

I'd rather the stars didn't describe us to each other; I'd rather we do it for ourselves.

Run in front of your shadow.

A sister who points to the sky at least once a decade is a good sister.

The landscape is motorized.

The train takes you where it goes.

Bridges among water.

Folks straggling along vast stretches of concrete, heading into the plane.

Don't forget what your hat and shoes will look like when you are nowhere to be found.

Even the words floating in air make blue shadows.

If it tastes good we eat it.

The leavess are falling. Point things out.

Pick up the right things.

Hey guess what? What? *I've learned how to talk.* Great.

The person whose head was incomplete burst into tears.

As it fell, what could the doll do? Nothing.

Go to sleep.

You look great in shorts. And the flag looks great too.

Everyone enjoyed the explosions.

Time to wake up.

But better get used to dreams.

我們住在太陽那邊的第三個世界。三號。沒有人
告訴我們要做什麼。

教我們計數的那些人非常親切。

總是該離開的時候。

如果下雨，你要不是有傘就是沒有。

風吹掉你的帽子。

太陽照樣升起。

我寧可星星沒有彼此描述我們；我寧

可我們自己來做。

跑在你的影子前面。

至少十年指一次天空的妹妹是個

好妹妹。

風景給摩托化了。
火車帶你到它開去的地方。
橋在水中。
民眾沿著一大片水泥建築遊蕩，走
進平原。
別忘了你的帽子和鞋子會是什麼模樣在你
讓人給找不到的時候。
連漂浮在空中的字都投下藍色的陰影。
如果味道好我們就吃。
樹葉飄落。指出東西來。
揀起合適的東西。
嘿猜猜看？什麼？我學會了怎麼說話。了不起。
頭殘缺的那個人突然哭起來。
它掉落時，洋娃娃能怎麼樣？沒輒了。
去睡覺。
你穿短褲看來挺帥的。旗子看來也帥。
每個人都享受過爆炸。
該醒嘍。
不過最好是習慣作夢。

　　也許有人反對，說這首詩就臨床觀點而言不是道地的精
神分裂書寫；要說這些句子是符旨已經給蒸發掉了的自由湧

現的具體符徵，似乎不怎麼對勁。詩中看來是有整體的意義。
說真的，它是用不為人知的什麼怪招寫出來的政治詩，從這
一點來看，它似乎捕捉到了在世界歷史上沒有可以相提並論
的，新中國規模龐大而尚未完成的社會實驗的某種激動：意
料不到的浮現，在兩個超級勢力之間，「三號」的；人類以
某種新方法掌控他們自己的集體命運所產生的全新的客體世
界的那種新鮮感；尤其是一種集體性的醒目事件，這種集體
性已經成為一個新的「歷史主體」而且，在長期隸屬於封建
制度與帝國體制之後，終於第一次為自己說出自己想說的話
（「嘿猜猜看？……我學會了怎麼說話。」）。可是，這樣
的意義卻浮在文本之上或之後。閱讀這個文本，依我看，按
照任何舊式的新批評（New-Critical）類別而想找出複雜的
內在關係與紋理組織是行不通的，而內在關係和紋理組織卻
是古典現代主義如瓦勒斯・史蒂文斯之作那種舊式的「具體
共相」的特徵。

　　波爾門的作品，「語言詩」一般的情形也一樣，是有受
惠於葛楚德・司泰恩（Gertrude Stein）的地方，而且在某些方
面還可以往前追溯到福樓拜（Flaubert）。所以，在這個節骨
眼插入一段老早以前沙特對於福樓拜的句子的看法，也是順
理成章。沙特寫活了那一種文句的動感：

　　他的句子緊緊纏繞客體，抓得牢牢的，使它動彈不得，

壓力大到折斷它的背脊，把它裹住，變成寶石，句子和
客體一樣堅硬。它目盲兼耳聾，沒有血，沒有一絲生命
的氣息；深沉的寂靜把它和隨後緊接著的一個句子分
開來；它陷入虛空，永永遠遠，把它的獵物拖進那個無
邊無際的陷阱。任何現實，一經描寫，就從目錄上給除
名了。(Jean-Paul Sartre, *What Is Literature?*)

這樣的形容並非善意，而且波爾門的鮮活感，就歷史的觀點
而論，和福樓拜非置之死地不可的手法大異其趣。（對於馬
拉美〔Mallarmé〕，巴特〔Barthes〕曾經用類似的筆調說出
他的看法，把句子、單字形容為謀殺外在世界的一個門徑。）
然而，它卻傳達出某種神秘感：文句落入寂靜的虛空，無邊
無際竟至於讓人一時懷疑是否可能有任何新句子出來取而代
之。

　　不過，現在必須揭開這首詩的秘密。它有點像攝影寫實
主義。攝影寫實主義乍看有如在經歷過抽象表現主義以抽象
反制表象之後，又走上呈現表象的舊路，直到人們開始了解
這些畫並不是精確的寫實，因為它們所呈現的不是外面的世
界，而只不過是外面世界的一張相片，或者換一個說法，只
不過是外面世界的形象。以眼前的例子來說，這首詩所呈現
的客體畢竟不是實際上的中國：實情是，波爾門在唐人街一
家文具店無意中看到一本攝影集，裡頭的說明和文字對他而

言顯然是毫無意義的鉛字（或者該說是實體符徵？）。詩中的句子就是為那些圖片所寫的**他的**說明。詩句的指示物是其他的形象，是另一個文本，而整首詩的「統一性（unity）」根本不在文本**之內**，而是在文本之外，在一本不在場的書中集結成冊的統一性。

[歷史遺忘症：消費社會的文化特徵]

現在我得快馬加鞭，總結這樣的文化生產與國內當今的社會生活兩者的關係。我還要指出對於我在這裡所勾勒的後現代主義概念的主要反對理由：一言以蔽之，所有我們列舉出來的種種特色根本就不是什麼新東西，而是廣見於現代主義本身，廣見於我所稱的高級現代主義（high-modernism）。歸根究底說來，托瑪斯·曼不就是對襲仿感到興味盎然，《尤里西斯》（*Ulysses*）裡頭有幾個章節不就是最明顯的把襲仿落實於創作？我們在說明後現代主義的時間性時，不就提到福樓拜、馬拉美和葛楚德·司泰恩？那麼，這一切到底有何新奇可言？我們真的需要一個**後**現代主義的概念嗎？

對於這個問題，有一種答案將會全面引發斷代分期以及歷史學家（文學或其他）如何斷定從今以後各不相屬的兩個時期之間根本的分裂的議題。此一議題經緯萬端，我退而求其次，只能說兩個時期之間根本的分裂通常並不涉及內容方

面的完全改觀，而是某些既有的要素經過一番重整：在前一
個時期或系統居於附屬的某些特色現在變成主要的，而曾經
居於主導地位的某些特色反而變成次要的。就這個意義而
論，我們在這裡所描述的每一件事都可以在以前的時期找
到，在現代主義本身尤其醒目；我的重點是，一直到當今為
止，那些東西始終是現代主義藝術次要或附屬的特色，處於
邊緣而不是中心的地位，如今，它們成為文化生產的主要特
色時，我們有了一些新的東西。

　　但是，把話題轉到文化生產與一般社會生活的關係，我
可以更具體地申明前述的議題。舊式或古典現代主義是一種
對立藝術（oppositional art）；它出現在鍍金年代（the
gilded age）的商業社會，在中產階級大眾的心目中是大逆不
道而惹人反感──醜陋，不搭調，放蕩，在性方面驚世駭俗。
它就是要挖笑料（這是指沒有警察來查扣書籍或關閉展覽會
的時候）：冒犯品味與常識，或者，就像弗洛依德和馬庫色
（Marcuse）會使用的措辭，挑釁二十世紀初葉中產階級社會
當道的現實與實行原則（reality- and performance-princi-
ples）。大體上說來，現代主義和維多利亞時代的繁文縟節，
和維多利亞時代的道德禁忌，或和禮教社會的常軌，格格不
入。這也就是說，不論那些傑出的高級現代主義明顯表露的
政治內涵為何，現代主義在最隱而不顯的某些方面一向是危
險而具有爆炸性的，對於根基穩固的秩序具有顛覆性。

　於是，如果我們驟然回到現在的今天，我們不難估量已經發生的社會變遷有多驚人。喬哀思和畢卡索不只是不再詭異也不再受到排斥，而是成了古典作品，而且如今在我們看來是相當寫實。同時，當代藝術不管是在形式上或內容上，很少有會使當代社會認為不可忍受或大逆不道的。這種藝術最令人反感的形式——龐克搖滾樂，比方說，或所謂的性暴露題材——社會已經見怪不怪，而且商場賣點奇佳，其遭遇和舊式的高級現代主義大不相同。這意味著當代藝術即使具有和舊式現代主義全部相同的形式方面的特色，在我們的文化內部的地位也已經徹底改變。只就一事而論，商品生產，特別是在衣服、家具、建築以及其他工藝品，如今和衍生自藝術實驗的造形變化水乳交融；就拿我們的廣告來說，後現代主義所有的藝術充斥其間，要是少了它根本就無從想像會是什麼樣子。再舉個例子，高級現代主義的古典作品如今成了所謂經典（canon）的一部分，被列入各級學校和大學的教材——這麼一「教」，它們舊有的顛覆力量也就給繳械了。確實，從前面舉出的事實就可以找到一條途徑，可據以標定兩個時期之間的分裂以及後現代主義出現的年代：就是在那個時刻（有人會說是一九六○年代初葉），高級現代主義的地位及其主流的美學在學術界佔穩了一席之地，而且從那以後被詩人、畫家與音樂家的新世代認為是學術性的。

　還可以從另一個角度，從晚近的社會生活，來看我說的

時期分裂。就像我提到過的,非馬克思主義者和馬克思主義
者有志一同,都覺得在二次大戰之後的某個年代,一個新的
社會類型開始出現了(名目因人而異,如後工業社會、跨國
資本主義、消費社會、媒體社會等)。新的消費形態;有計
畫的汰舊換新;節奏越來越快的時尚潮流與造形變化;廣
告、電視與媒體全面滲透社會,既深且廣前所未見;郊區的
發展和普遍的標準化取代了以往存在於都市與鄉村、京城與
地方之間的緊張關係;高速公路網的大幅度成長以及汽車文
化的來臨──以上舉出的特色只是犖犖大者,倒也可以標示
當代社會與舊式的戰前社會之間根本的分裂,而高級現代主
義在戰前仍然是一股地下勢力。

　　我相信,後現代主義的出現和晚期、消費或跨國資本主
義的這個新時機關係密切。我也相信,後現代主義形態上的
特色在許多方面表達出那個特定的社會體系更深一層的邏
輯。然而,這樣的看法,我只能從一個大題目去推敲:說穿
了就是歷史感(a sense of history)的消失,表現在我們的整
個當代社會體系已經,點點滴滴由隱而顯,開始喪失保有自
己的過去的能力,已經開始生活在一個持久的現在與一個持
久的變化中(in a perpetual present and in a perpetual
change),把所有先前的社會構造總是有辦法加以保留的那
種種傳統給拋到九霄雲外。只要想一想新聞媒體的疲勞轟
炸:看尼克森(Nixon)和,情形更嚴重的,甘迺迪(Ken-

nedy）現在是怎麼成為從遙遠的過去浮現的模糊的身影。有
人忍不住要說，新聞媒體的功能只不過是盡可能快速地把那
些最近的歷史經驗貶謫到過去。照這麼看來，媒體的資訊功
能將會推波助瀾，促成我們的健忘，扮演我們的歷史遺忘症
（historical amnesia）的催化劑兼催化作用雙重角色。

可是，在那樣的情況下，我所探討的後現代主義的兩個
特色──現實轉化成形象，時間分化成一系列持久的現在
──雙雙吻合這個過程。在這裡，我自己的結論勢必要以疑
問的形態來表達，這個疑問跟新出現的藝術的價值判斷有
關。目前有某種程度的一致看法，認為舊式的現代主義反抗
社會的功能被形容為批評性的、否定性的、論戰性的、顛覆
性的、對立性的以及諸如此類的形容詞。這樣的字眼能不能
用於斷言後現代主義及其契機？我們已經看到，後現代主義
有辦法複製或再製──強化──消費資本主義的邏輯；意義
更深刻的問題是，後現代主義是否也有辦法抗拒那一套邏
輯。這個問題我們只能說有待觀察。

＊本文原為演講稿，部份內容在一九八二年秋發表於惠特尼博物
館講座（Whitney Museum Lecture）；此處轉載基本上沒有修改。
＊本文分節小標題為中譯者所加。

傳播的超脫

The Ecstasy of Communication

尚・布希亞(Jean Baudrillard)

不再有任何客體的系統。我出版的第一本書〔《客體系統》〕包含有對於客體即明顯的事實、實質、現實、使用價值的批判。①在那本書裡頭，客體被當作符號，卻是仍然深具意義的符號。在我所作的批判中，兩個主要的邏輯彼此互相干擾：一個是主要以分析為基礎的心像邏輯（phantasmatic logic）──它的認同（identifi-cations）、投射以及， 在客體與環境的層次上，超然（transcendence）、權力與性慾作用的整個想像領域，具有吻合房屋／汽車主軸（內在〔immanence〕／超然）的特權；還有一個不同的，在社會學的基礎上進行區分的社會邏輯（social logic），而那種社會學本身乃是源於人類學（消費即符號、分化〔differentiation〕、地位與名望（prestige）的生產）。在這些邏輯的背後，多少是描述與分析雙管齊下，隱然可見象徵性交換（symbolic exchange）的夢想， 夢想客體與消費的地位超越交換與使用， 超越價值與等值。 換句話說， 就是消費、禮品、支出（dépense）、散財宴（potlatch）以及被遺棄部分的一種犧牲邏輯（sacrificial logic）。②

［現實界的衛星化］

這一切在某個程度上都仍然存在，可是在其他方面全都
消失了。在以往，對於這整個關係密切的宇宙所作的描述
──投射性的、想像性與象徵性的──仍然符合客體的地位
即主體的鏡象（mirror），這又符合鏡象與「場景（scene）」
的想像深度：有個家庭（domestic）場景，那是一種內部的場
景，一個私人的時空（甚且關聯到公共空間）。主體／客體
以及公共／私人之間的對立在那個時候仍然有意義。那是日
常生活大發現與大探索的時代，這另外的一個場景在歷史場
景的陰影中浮現，前者接受越來越多的象徵性投資，恰如後
者的政略性撤資。

可是，場景與鏡象如今不復存在；取而代之的是，有個
螢幕與網路。鏡象與場景的反射性超然不見了，出現的是不
會反射的曲面（surface），一個操作就在那兒展開的內在曲
面──用於溝通的平滑操作曲面。

有些東西已經改變了，浮士德式（Faustian）、普羅米修
斯式（Promethean）（也許是伊底帕斯式〔Oedipal〕）生產
與消費時期讓位給「蛋白質式（proteinic）」網路時代，讓
位給聯結（connections）、接觸（contact）、接壤（contigu-
ity）、反饋以及和溝通體系形影不離的一般化界面的自戀式

(narcissistic) 與幻形式 (protean) 時代。由於電視影像
——對這個新時代來說，電視是最根本又最完美的客體
——我們的身體以及周遭整個宇宙成了一個控制螢幕 (con-
trol screen)。

　　不妨想一想這件事，人們不再把自己投射到他們的客
體；他們的情感和他們的心理影像，他們對於擁有、喪失、
悲傷、嫉妒的幻想 (fantasies)，全都不再有出路：在某種意
義上來說，心理向度 (psychological dimension) 已經化為烏
有，而且即使總有辦法把它詳細註明，也是讓人覺得表現出
來的並非就是確有其事。沒多久以前，羅蘭·巴特說到汽車
時就已經指出這一點：「驅動 (driving)」的邏輯已經逐漸
取代非常主觀的擁有與投射的邏輯。③不再有和客體本身聯
繫在一起的對於權力、速度與專用的幻想，取而代之的是和
用途聯繫在一起的潛能策略 (a tactic of potentialities)：主
宰、控制與命令，是汽車集向量 (vector) 與交通工具於一體
所提供的種種可能性的自由動作 (play) 的完善化，而不再
是把汽車當作提供心理庇護所的客體。主體本身突然變形，
成為裝了輪子的電腦，而不是擁有權力的酒醉巨匠造物主。
交通工具現在變成一種艙具，儀器板是它的腦，周遭的地景
(landscape) 不斷展開有如電視化的螢幕（而非像以往那樣
是個寄宿發射體〔a live-in projectile〕）。

　　（不過，我們可以設想比這更進一步的階段：在目前，

汽車仍然是展現性能的交通工具；到了下一個階段，它變成一個資訊網路。會對你說話的日本名車，會「自動自發」把它的一般狀況，甚至連你的一般狀況也一起通知你，如果你的功能不理想，它可能就拒絕發揮功能，汽車在某一生活方式的一般性安排中扮演起謹慎的顧問兼伙伴的角色，是和你聯結在一起的什麼東西──或什麼人：在這一點上，什麼東西和什麼人不再有任何差別。根本的課題變成是和汽車本身進行溝通，那是對於主體伴同客體現身的一項持久的考驗，是一個沒有阻礙的界面。

不難看出，這一來速度和位移（displacement）不再是重要的問題，無意識投射也一樣，個人的或社會的競爭類型也一樣，名望也一樣。此外，沒多久以前，汽車已經在這個意義上開始被去神聖化（de-sacralized）：速度完蛋了──我開得越快就消費越少。然而，那是每一個層面都各得其所的一種生態理想。不再有支出、消費、展現性能，有的只是規則、調整得恰到好處的功能、同一系統中一切要素之間的協同一致、一個組合體的控制與全面的管理。每一個系統，無疑包括家庭宇宙，形成某種生態壁龕，其中不可或缺的是保留相關的裝飾，其中所有的條件必須不斷地彼此溝通並且維持聯繫，隨時獲知個別以及整個系統的狀況，其中單一條件的閉塞、抵制或隱密就可能導致災變。）④

人人有一雙「電眼（telematics）」：每一個人都看到自

己面前有一部假想的機器操縱裝置，遺世孤立而擁有完美的遙控主權，距離他的源始宇宙（universe of origin）有無限遠。那也就是說，他的處境和太空艙裡面的太空人一模一樣，處於無重力狀態，必定要永遠環繞軌道飛行，而且必定要具備足夠的速度以免撞毀在他的源始宇宙。

此一生活衛星（a living satellite）的實現，在日周期空間（a quotidian space）的**活體之內**，正呼應現實界的衛星化，或我所稱的「擬象的超真實主義（hyperrealism of simulation）」⑤：把家庭宇宙提升到具有空間的功率（a spatial power），提升到空間的隱喻，在最後一艘登月小艇中兩房一廚一衛被推進軌道的衛星化。在太空中被實在化的（hypostasized）現世生境（terrestrial habitat）的日周期本質意味著形上學的終結。超真實的時代就是從現在開始。我的意思是這樣的：以往在心理上和精神上所投射的，一向在地上如隱喻一般所過活直到老死的，從今以後都被投射到現實，壓根兒沒有任何隱喻，被投射到也是屬於擬象的一個絕對空間。

這只是個例子，整體而言卻預示一個途徑，通往我們的私人天體（private sphere）本身的軌道，即軌道兼環境的模型。它不再是演出主體——和它的客體一如和它的形象相囓合的主體——的戲劇性內心世界的一個場景。在這裡，我們的眼前就是一個微型衛星的操縱裝置，在軌道中，生活不再是像個演員或劇作家那樣，而是像複式網路的終端機。 電視

仍然是最直接的原型樣本（prefiguration）。不過在今天它被認為是接收者兼分發者的居住空間，是接受與操作並行不悖的空間，像這樣的控制螢幕兼終端機可以發揮電眼的功能——也就是說，有能力從一段距離之外調控每一件事，包括家裡的工作以及消費、娛樂、社會關係和休閒。家用的休閒模擬器和職場模擬器——就像飛行員所用的飛行模擬器——已經呼之欲出。

到了這樣的地步，我們距離家居生活空間已是十萬八千里，倒是接近科幻小說。但是，必須了解，所有這些改變——客體與環境在現代這個紀元的決定性突變——都來自一個不可逆轉的趨勢，朝三個方向前進：在功能化的單一虛擬過程中，種種要素與功能以及它們的同質化在形式上與功能上越來越抽象；身體的動作和效力移入電動與電子命令；以無限小的記憶與配備的螢幕為其真實場景（雖然那已不再是個場景）的作業朝微型化發展，在時間上與空間上都一樣。

然而，此一電子「腦化（encephalization）」以及電路與能量微型化，此一環境的電晶體化，把向來充斥於我們的生活場景的一切全都貶為一無是處，幾乎不堪入目，從此棄而不用，到了這樣的地步，問題跟著來了。大家都知道，電視無條件的現形使得生境的其餘部分變成一種古老的封套，一種留存於世而令人不知所措的人類關係的遺跡。一旦這個場景不再是它的演員和他們的幻想進進出出的地方，一旦行

為在某些螢幕和作業終端機被水晶化，剩下的就是大而無當的身體，被遺棄之後再也沒有翻身的餘地。現實界本身就是個大而無當的身體。

這是時間、身體與歡樂的微型化、電傳命令（telecommand）與微處理的時代。在人的尺度上，不再有這些較高級層次的任何理想原則。保留下來的只是濃縮的效果，不只是微型化，而且即時可得。從人的尺度到一個核心母體（nuclear matrices）的系統，這樣的改變觸目皆是：這個身體，我們的身體，通常看來就是多餘的，它的擴充度、它的器官的多樣性與複雜性、它的組織（tissues）與功能，基本上是沒有用處的，因為在今天，事事物物全給濃縮在腦和遺傳密碼之中，一網打盡生命的操作定義。一旦萬事萬物都給微縮在城鎮，這些城鎮本身又化約成為數有限的微型化據點，那麼鄉下，那一大片廣袤的地理鄉間，似乎就是個荒廢的身體，其空曠與範圍看來就是霸道（而且只要一偏離通衢大道，要橫越那一片地區實在是枯燥無趣）。還有時間：傳播的瞬時性（instantaneity）已經把我們的交換行為微型化而成為一個接一個的瞬間，這麼一來，我們留下大量的自由時間，不斷擴展的時間從此成為不再有用途的一個向度，關於這樣的時間，能說些什麼呢？

［資訊的淫穢］

　　就這樣，身體、地景、時間全都像場景一樣逐步消失。公共空間也一樣：社交劇場與政治劇場雙雙化約成一個擁有許多頭顱的大型軟身體（soft　body），程度越來越深化。隨公共空間（街道、紀念建築、市場、場景）之消失，廣告以新的面貌——不再是呈現多少帶有巴洛克、烏托邦或超脫屬性的客體與消費的劇情大綱，而是展現企業、商標、社交人士以及溝通的社交功效無所不在的能見度的效應——廣告以新的向度到處攻城掠地。　廣告以極盡淫穢（obscenity）之能事的方式現實化（realizes），或者說是實體化（materia-lizes），如果有人喜歡這麼說；它以展覽的方式獨佔公共生活。不再受限於自身的傳統語言，廣告把博堡（Beaubourg；即龐畢度藝術文化中心）和阿列廣場（Forum des Halles）之類的超級客體以及未來的計畫（如維列特公園〔Parc　de la Villette〕）——它們就是廣告的紀念物（或反紀念物）——的建築和實現加以組織，不是因為它們會和消費契合無間，而是因為它們即時灌輸期待中的操作文化、商品、大眾活動與社會潮流的展示場。那是我們在今天僅有的建築：運動中的原子、粒子、分子投射於其上的大螢幕。沒有公共場景或真正的公共空間，卻有巨大的運行空間、換氣空間與短

暫聯結空間 (spaces of circultation, ventilation and ephemeral connections)。

　　私人空間也一樣。公共空間的喪失和私人空間的喪失發生在同一個時代，只是不易察覺。一個不再有景觀 (spectacle) 可言，另一個則不再有秘密可言。兩者陣勢分明互相對立，外部與內部明顯的差異正說明了眾客體的家庭**場景**，連同其活動規則與限制，以及一個同時也是主體空間的象徵性空間的主權。此一對立在可說是在**淫穢**的情況下被化解：我們人生中最親密的作為變成媒體的虛擬攝食場 (virtual feeding ground) （美國的勞德〔Loud〕家庭，法國電視上農夫或男性長輩生活數不清的鏡頭）。相反的情形是，整個宇宙在你的家庭螢幕上耀舞揚威（從整個世界向你進逼的一切沒有用處的資訊，就像宇宙的一部顯微色情片，一無是處，極盡偏頗之能事，有如色情電影中做愛的特寫鏡頭）：所有這一切撐爆了以往由公、私領域微細的分界加以保全的場景，一個在限制的空間中，根據只有演員才知道的秘密儀式所演出的場景。

　　可以肯定，此一私人宇宙把你從人群──或這個世界，其中的私人宇宙有如一個保護區，有個想像的保護者，有一套防衛系統──隔離開來，就此而論，私人宇宙是疏離的 (alienating)。但是它也嚐到疏離的象徵性利益，那就是有「異己」(the Other) 存在，而那個異己性 (otherness) 可能

愚弄你，後果卻無從預料。因此，消費社會也是生活在疏離
的符號的陰影之下，就像個景觀社會。⑥不過，正是這樣：
只要有疏離，就有景觀、劇情（action）、場景。那不是淫穢
——景觀從來不會是淫穢的。淫穢確實始自不再有景觀可
言、不再有場景可言的時候，就是一切都變得透明而且即時
可見的時候，每一件事都暴露於粗糙而且不受外力左右的資
訊與傳播之光的時候。

我們不再是疏離劇（the drama of alienation）的一部
分；我們生活在傳播的超脫狀態之下。而這種超脫是淫穢
的。淫穢的是全面謀殺鏡像、觀看、形象的那一切。淫穢之
事扼殺每一個心理影像。但是，在色情節目中，變成淫穢的
不只是性慾；當今有一整部資訊與傳播的色情節目，也就是
說有一整部電路與網路的色情節目，由所有的功能與客體所
形成的色情，這表現在它們的可讀性、它們的流動性、它們
的便利性、它們的規則，表現在它們強行示意的過程、在它
們連說帶演的狀況、在它們的四通八達、在它們的無孔不入、
在它們的自由表現……。

所以，不再是傳統上那種隱秘的、壓抑的、被禁的或看
不清楚的淫穢；恰恰相反，這種淫穢是看得見的，是光天化
日之下可以看得見的，是比看得見更一清二楚的。那是不再
有任何秘密可言的，是完全溶解在資訊與傳播中的淫穢。

馬克思闡明商品的淫穢，並大肆抨擊，我說的淫穢則是

自由流通的下流原則，超越客體的所有使用價值：兩者等價，而且有關聯。商品的淫穢源自這樣的事實：它是抽象的、形式上的、輕巧的，對比於客體的沉重、不透明、具有實體。商品是可以閱讀的：相對於客體──客體不曾完全放棄它的秘密──商品總是顯現其可以看得見的本質，那就是它的價格。價格是所有可能存在的客體的複本（transcription）在形式上的地位；客體就是透過價格進行溝通。 因此，商品形式是現代世界的第一大媒介。但是，客體透過價格所傳遞的訊息業已極端簡化，而且向來一成不變：這個訊息就是客體的交換價值。準此，訊息在本質上就已經不再存在：它是只有在流通之中才有意義的媒介。這就是我所稱的（潛在的）超脫（ecstasy）。⑦

　　只要持續這樣的馬克思主義分析，或以兩次方或三次方的功率去進行，自能掌握傳播宇宙的透明與淫穢，而傳播已經把那種種商品宇宙的相對分析給拋到九霄雲外。所有的功能全廢棄在單獨一個向度中，即傳播的向度。那就是傳播的超脫。在資訊的向度中，所有的秘密、空間與場景全廢棄了。那就是淫穢。

　　以往火辣的性淫穢後有繼者，由當今冷冰冰的傳播、通訊與誘發（motivational）淫穢發揚光大。前者明顯暗示雜交（promiscuity）的一個類形，不過那是器質性的（organic），有如身體的內臟，也好比是客體堆積貯存在一個私人宇宙

中，又好像是沒有說出口，在奮力噤聲中蝟集的那一切。有
別於此一器質性、內臟、肉體（carnal）的雜交，主宰傳播網
路的是表面飽和（superficial saturation）的雜交，是需索無
度的雜交，是間質性（interstitial）與保護性空間大滅絕的雜
交。我拿起電話聽筒，一切全在裡頭；整個邊際網路撲向我，
每一個強要傳播的東西都以讓人吃不消的誠懇騷擾我。自由
的無線電：它又是說話，又是唱歌，還會表達自己。很好，
它是內容的交感（sympathetic）淫穢。個別媒介容或有少許
差別，這是共同的結果：發覺一個空間，調頻波段的空間，
飽和了，無線電台彼此重疊，頻道相混（甚至於有時候根本
不再有傳播可言）。由於空間而有自由的東西成了絕響。言
論也許是自由的，我卻比以前不自由：我再也無法知道我要
的是什麼，空間如此飽和，壓力如此大，壓力來自所有要使
自己被別人聽到的那些人。

　　我陷入無線電的負超脫（negative ecstasy）。

　　和這種淫穢的傳播譫妄有關的，是一種可稱之為迷惑
（fascination）與眩暈併發的狀態。⑧也許是快樂的異常形
態，卻是隨興所至而且摸不清方向。依照侯傑・卡瓦⑨對遊
戲（games）所作的分類（和其他任何一種分類一樣妥當）
──表現的遊戲（*mimicry*，「擬態」）、競爭的遊戲
（*agon*，「對抗」）、機會的遊戲（*alea*，「隨機」）、眩暈
的遊戲（*ilynx*，「無明」）──我們的當代「文化」的整個

趨勢會把我們從強弩之末的表現與競爭（就像我們在客體的層面已經觀察過的）引向方興未艾的冒險與眩暈。後者不再涉及場景、鏡像、挑戰與二元性（duality）的遊戲，而是超脫的、孤獨的與自戀的。愉快（pleasure）不再是屬於場景與美學的表現形式，而是屬於純粹的迷惑、隨機與精神作用（psychotropic）兼而有之的迷惑。這不必然是負面的價值判斷：這裡確實有知覺和愉快形態的突變，前所未見而且意味深長。我們在今天仍然無法準確估量其後果。硬要拿我們的舊準則和「場景」感受能力（"scenic" sensibility）的反射作用來削足適履，我們無疑是誤解可能發生在這個感官領域的某些新奇、超脫與淫穢之事。

有一件事可以確定：場景之事使我們興奮，淫穢之事使我們迷惑。由於迷惑與超脫，熱情消失了。投資、慾望、熱情、誘惑，或再一次引用卡瓦的用語，表現與競爭——這是火辣的宇宙。超脫、淫穢、迷惑、傳播或，卡瓦所稱的，冒險、機會與眩暈——這是冰冷的宇宙（甚至眩暈也是冰冷的，特別是藥物致幻所引起的）。

［透明的世界］

無論如何，我們非得忍受這種新狀態不可，這種所有內部不由自主的外傾，這種所有外部不由自主的注射（injection)，這是傳播的絕對命令所明確表示的。⑩或許也可以利用病理學的舊隱喻。如果說歇斯底里症是主體演戲失控的病理現象，是身體的劇場與歌劇轉換（conversion）所表現的病狀；而且如果說偏執狂就是身體組織（organization），即僵化而且多疑的世界的形構（structuration），的病理現象；那麼由於傳播與資訊，由於所有這一切網路的內在雜交（immanent promiscuity），由於它們持續不斷的聯結，我們如今是處於精神分裂症的一種新形態之中。正確地說，不再有歇斯底里，不再有投射性偏執狂，有的只是精神分裂症患者所特有的恐怖狀態：事事物物太過於親近（proximity），事事物物不乾不淨的雜交，事事物物通行無阻，到處接觸、到處投資、到處滲透，再也沒有防護隱私的光環可以保護他，甚至連他自己的身體也是門戶洞開。

精神分裂症患者失去了每一個場景，不由自主對事事物物開放，生活在無以名狀的混亂中。他本身就是淫穢的，是世界的淫穢所掠食的淫穢物。他的特徵不是游離於現實界之外，不在於距離現實界的光年之遙，不在於心理隔閡與徹底分離所激發的哀婉（pathos），就像一般人說的；而是，幾近於恰恰相反，事物絕對的親近，總體的瞬時性，無防衛的感覺，沒有退路。這是內心與親密的終結：世界過度暴露與透明，無阻無隔穿透他。他不再能夠產生他自身存有的界限（the limits of his own being），不再能夠扮演或演出他自

己，不再能夠產生自己的鏡像。他只是一片純質的螢幕，是
所有的影響網路的轉接中心。

John Johnston英譯

＊本文分節小標題為中譯者所加。

註釋

〔註１〕 *Le Système des objets* (Paris: Gallimard,1968) .〔英譯註〕

〔註２〕 布希亞影射的是馬赫塞・莫斯 (Marcel Mauss) 的禮品交換
理論 (theory of gift exchange) 和巴塔耶 (George Bataille)
對於「支出」的概念。「被遺棄部分 (accursed portion) 」
在後者的理論中泛指殘留在社會的理性化交換經濟之外的
一切。見巴塔耶《被遺棄部分》(*La Part Maudite* 〔Paris:
Editions de Minuit, 1949〕) 。布希亞本人關於象徵性交換的
概念，亦即存在於現代西方社會之外因此「如死亡般糾纏不
去」的互動形態，是在他的《象徵性交換與死亡》
(L'échange symbolique et la mort 〔Paris: Gallimard,
1976〕) 書中發展出來的。〔英譯註〕

〔註３〕 見羅蘭・巴特〈新雪鐵龍〉("The New Citroën") ，錄於
《神話學》(*Mythologies*) ，Annette Lavers 英譯 (New
York: Hill and Wang, 1972) ，88-90頁。〔英譯註〕
中譯註：下一個句子提到的「巨匠造物主」，原文

demiurge，源出希臘文 *dēmiourgos*，本義為「巧匠」，後來衍
為「創造者」，柏拉圖的對話錄 *Timaeus* 則用於稱呼肉眼可
見的世界的造物主。

[註4] 兩點說明。第一點，這不單單是因為從一個豐裕有餘的社會
過渡到，就像有人要這麼說的，貧困危急的社會（經濟學上
的理由從來不曾有太大的價值）。正如同消費效應（the
effect of consumption）和東西的使用價值無關，也和東西是
否豐裕無關，而是和從使用價值過渡到符號價值有關，所以
這裡有一些與豐裕的終結無關的新東西。

　　第二點，所有這一切並不意味著否認家庭宇宙（domes-
tic universe）——家（home），家的客體，等等——大體上仍
然過著傳統的生活——包括社會、心理、差別待遇等方面。
其意義不如說是不再有火刑（the stakes），另一種安排或生
活方式實際上已經萬事俱備，即使這只是透過通常僅僅是個
政略竅門的一種科技工藝論述表示出來。不過，對於未來關
係重大的是，了解到六十與七十年代對於客體及其系統所能
作的分析基本上是從廣告語言和專家的擬概念（pseudo-
conceptual）論述開始的。「消費」、「慾望策略（strategy of
desire）」等等，起初只是個後設論述（metadiscourse），是對
於其實際效應從來不曾為人所真正知悉的投射性神話（pro-
jetive myth）所作的分析。人們在實際上如何和他們的客體
共同生活——追根究底，人對於這一點的了解不會超過對於
原始社會的真相的了解。那就是為什麼想要，就像一個優秀

的社會學家有能力進行的那樣，證實（使用統計學的方法，
使用客觀的方法）這些假說通常困難重重而且徒勞無功。就
如同我們都知道的，廣告語言最先是給廣告人自己的使用。
更別提針對電腦科學與溝通所提出的當代論述並不只是給
那些領域的專業人士使用的。（至於知識分子與社會學家他
們自己的論述……）

［註 5 ］對於此一觀念的申論，見布希亞〈類像的旋進〉（"La
précession des simulacres"）一文，錄於《類像與擬象》
（*Simulacres et Simulation* [Paris: Galilée, 1981）。英譯出現
在《擬象》（*Simulations* [New York: Foreign Agent Series,
Semiotext(e) Publications, 1983] ）。〔英譯註〕

中譯按：關於此處的論點以及本文的一般概念，中文讀
者可參考李衣雲、林文凱、郭玉群合譯《後現代性》（*Post-
modernity* by Barry Smart, 1993）（台北：巨流，1997），
66-71、171-75的介紹，以及朱元鴻校訂並與其他人合譯的
《後現代理論：批判的質疑》（*Postmodern Theory: Critical
Interrogations* by Steven Best and Douglas Kellner, 1991）
（台北：巨流，1994），150-60頁的質疑。不過，以上二書
對於一些關鍵術語的譯名與筆者有出入，特別是 representa-
tion和simulacra（筆者依次作「心理影像」與「類像」，參
見本書所錄歐因茲〈異類論述：女性主義者與後現代主
義〉一文註32），請讀者鑑察。

［註 6 ］指涉吉・德博的《景觀社會》（Guy Debord's *La société du*

spectacle 〔Paris: Buchet-Chastel, 1968〕。〔英譯註〕

[註7] 中譯註：此處將ecstasy譯作「超脫」，係取其為基督教奧秘神學的用語。奧秘神學家修行的主要目標就是超脫：人在心靈中見到上帝，或感到自己與上帝靈交，乃至融為一體。這種聖靈感召的神秘經驗，當然不是奧秘神學家的專利；根據但丁《神曲·天堂篇》〔Dante, *Divine Comedy: Paradiso*〕收煞的一章，超脫完全存乎人心一念，而且只存在人與上帝的直接溝通之中。超脫的經驗不但使得當事人通體透明，而且整個世界在他而言也成了透明體。然而，布希亞的用法，一如本文中以及其他許多後現代論述中借自種種學術領域的專業用語，乃是取其隱喻與託喻之為用。

[註8] 中譯註：「譫妄」〔delirium〕是精神障礙的一種，以定向障礙為特徵，是思維混亂的特殊類型，表現為對周圍環境的錯誤理解。「眩暈」〔vertigo〕則是感到周圍事物或自身在旋轉的一種幻覺，常表現為頭暈、精神迷惑或混亂，嚴重時會伴有噁心及嘔吐。

[註9] Roger Caillois, *Les jeux et les hommes* (Paris: Gallimard, 1958)。〔英譯註〕

[註10] 中譯註：外傾〔extroversion〕是容格〔Karl Jung〕的心理學理論所建立的一種人格類型，與內傾〔introversion〕相反，其特徵為注意力及興趣外向，容易對外來的刺激（尤其是對別人）起反應，且易於衝動。極端外傾可能發展成具攻擊性，過分依賴集體的認可，無法獨立活動與思考。絕對命令〔cat-

egorical imperative）則是康德的倫理學用語，指無條件的或
絕對的道德律，適用於所有的行為人。

又，在後續的病理學隱喻中，關鍵術語說明如下。歇斯
底里症以感覺和運動障礙的形式表現時（前者如感覺過
敏，後者如失音），稱為轉換反應（conversion reaction），又
稱作轉換性歇斯底里（conversion hysteria），即潛在的焦慮
「轉換」成軀體症狀。「偏執狂」（paranoia）亦稱妄想狂，
是病情比較嚴重的類偏執反應（paranoid reaction，以系統性
妄想為特徵的精神障礙）。至於精神分裂症，參見本書所錄
詹明信〈後現代主義與消費社會〉一文。

世俗批評與批判意識

Opponents, Audiences, Constituencies
and Communtiy

愛德華‧薩依德(Edward W. Said)

〔批評界的現況〕

什麼人在寫作？寫作是為了什麼人？在什麼情況下？這些問題的答案，在我看來，為我們提供促成詮釋政略的要素。但是，對於這些問題，如果不希望以不誠實又抽象的態度發問並回答，勢必要試著說明為什麼它們和當今的時代有些關聯。需要在本文開頭交代的是，當代最令人印象深刻的一面——至少對「人文學者」（the "humanist"）而言，這是令我愛恨交加的一個描述詞——在於，一望可知這是「雷根時代」（the Age of Ronald Reagan）。就是在這個時代的脈絡與背景，詮釋政略與文化政略堂堂亮相。

我可不想招來誤解，讓人以為我在本文所描述因雷根而發生的文化形勢，或該形勢所體現的雷根主義，或與該形勢相關的一切，可以歸咎於或牽扯到隆納‧雷根的人格。我要梳理的是，在我們稱為「批評」的這個分科領域有個特殊的形勢，不只是涉及在雷根時代產生作用的思想與實踐的風潮，而且是那個風潮不可分割的一部分。尤有進者，我認為，業已經歷一系列發展的「批評」以及傳統的學院人文學科，其受惠者與全盛期就是雷根主義。以上就是我要梳理的主要論點。

幾個外圍點得要先廓清。我完全明白，勾勒當前文化契

機的任何心力很可能頂多只是吉訶德式的理想，不幸的話則
可能悖離職業道德。不過，容我指出，那是當前文化契機的
一面，其中批評活動的社會與歷史背景整體上是良性的（自
由、與政治無關、鄭重其事），其特徵無法一言而決（茲事
體大，無法以概括而又立場分明的措辭加以描述），而且竟
然超乎歷史的範圍。因此，在我看來，值得嘗試一為的──全
然出於批評的頑性──正是**那種概括論斷，那種政治寫像，
那種**當今主流文化譴責為從一開始就不妥當而且注定失敗的
概觀。

　　我深信，文化發揮相當可關的效力，使得既存的**結盟關
係**（*affiliations*）無法明目張膽，甚至「沒有指望」，而這種
關係存在於觀念界與學術界的一方，以及赤裸裸的政治、企
業與國家權力以及武力的另一方之間。比方說，專業知識與
職業道德的信念限制了我們的視野，竟至於不同領域之間互
不干涉的明確（相對於含蓄或消極）信條已經落地生了根。
這個信條提醒我們，一般民眾最好是無知到底，影響人類存
在的最重大政策問題最好留給「專家」，就是只談他們的專
長的那些專業人士，以及──借用李普曼《輿論》與《幽靈
民眾》（Walter Lippmann, *Public Opinion* and *The Phantom
Public*）書中率先激起社會廣泛認可的字眼──「局內人
（insiders）」，就是擁有特權知道事情如何實際進行以及，更
重要的是，接近權力的那些人（通常是男人）。①

　　一般說來，人文主義文化的表現是默默順從這個反民主
觀點，更令人感慨的是，不論是在他們的表述或是在他們助
成的政治，所謂的政策議題很難說有助於提升人類共同體。
在一個獨立與政治意識越來越高漲的世界，比方說，接受國
家只能分為擁蘇或擁美這樣的想法，似乎是牽強而且無益。
然而，這樣的分類──還有隨同這個分類而出現的冷戰動機
與症候的整個視域（諾姆‧瓊斯基《新冷戰》〔Noam Chom-
sky, *Towards a New Cold War*〕書中所論）──主宰著對外
政策的思考。就這方面而言，人文主義的文化鮮能提供有效
的解藥，就如同關於國際開發議題獨立調查團（Independent
Commission on International Development Issues）一九八○
年報告《南北均衡生存規劃書》（*North-South: A Pro-
gramme for Survival*）赤裸裸揭發的問題，很少人文學者有多
少話要說。我們的政治論述被大量阻塞思考的抽象名詞給掐
得透不過氣，從恐怖主義、共產主義、回教基本教義派與不
穩定，到中庸、自由、穩定與戰略聯盟，所有這一切都是含
糊不清，一如它們的訴求既動人又粗糙。思考人類社會的相
關事宜幾乎是不可能的，不論是從全球的觀點著眼（就像理
查‧福克〔Richard Falk〕在《國家政策的全球觀》〔*A
Global Approach to National Policy*, 1975〕書中侃侃而談
的），或是從日常生活的層面著手。正如菲利普‧葛林（Philip
Green）在《追求不平等》（*The Pursuit of Inequality*）書

中揭示的,像是平等與福利這類觀念,自然而然就被逐出知識景觀之外。代之而起的是雷根主義所倡導的自力更生與自求上進,一幅弱肉強食的達爾文式景象,國內、國際都一樣,偏說是由所謂的「生產力」或「自由企業」主導的世界景象。

還得加上一件事實:自由主義和左派處於知識脫序的狀態,相當偏狹的觀點因而冒出頭。這些觀點所提出的挑戰並不是如何耕耘一個人的花園,縱使觀點不合,而是如何了解發生在這些觀點之內的文化工作。因此,本文嘗試拋磚引玉,也就顧不得許多無從避免的掛一漏萬、言過其實、概括論斷與月旦春秋。最後,我將很快提出進行文化工作的另類途徑,雖然只有集思廣益群策群力才能完成一個像樣的思慮周詳的綱領。

我使用「後援會(constituency)」、「讀者群(audience)」、「對手(opponents)」與「共同體(community)」,無非是提醒一件事:沒有人單單是為了自己而執筆為文。總是有個「異己」(the Other);而這個「異己」不由分說就逕自把詮釋轉化成社會活動,根本不會考慮無從預見的種種後果、讀者群、後援會等等。我還要補充的是,詮釋是知識分子的工作,而知識分子是個如今亟需在道德上重新定位而且在社會上重新定義的階級。亟需深入研討的一個議題,對人文學者的重要性不下於對社會學家,乃是**資訊作**

為知識的一個構成要件的地位：它的社會政略地位，它對當代無遠弗屆的影響，它的生產與流通（這是赫伯特・旭勒〔Herbert Schiller〕新近在《五百富豪時代的資訊》〔*Who Knows: Information in the Age of the Fortune* 500〕書中探討的主題）。我們都以為我們知道，比方說，擁有資訊以及寫作和詮釋包含資訊的文本代表什麼意義。可是，我們生活在把知識與資訊抬舉到史無前例的重要地位的時代，正如福瑞次・馬克陸普的《知識在美國的生產與分配》（Fritz Machlup's *Production and Distribution of Knowledge in the United States*）書中生動揭露的。那麼，國際商業機器公司（IBM）和美國電話電報公司（AT&T）──世界最大的兩家公司──宣稱他們所做的是促使「知識」「為人民」工作的時候，知識和資訊到底是怎麼一回事？人文知識與資訊到底扮演什麼樣的角色，如果它們在商品生產與行銷的過程中不是不知情的（這裡頭有一籮筐的反諷）伙伴，竟至於人文學者所作所為到頭來證實為這個怪異的非人文（unhumanistic）過程的一個準宗教包裝（quasi-religious concealment）？有一種如假包換的世俗的詮釋政略蓄意迴避這個問題，後果堪虞。

〔知識分殊化與知識世俗化：
新批評的雄圖偉業淪為畫地自限〕

在美國現代語言協會（MLA）新近召開的一場會議，我順道參觀一家知名大學出版社的書展，對和藹可親的當值業務代表說，他們所發行先進文學批評方面相當專門的書籍，似乎是無限量。「誰讀這些書？」我問他，言下之意當然是，那些書大多數不論有多出色、多重要，畢竟是艱深讀物，不可能有一大批的讀者——至少是不可能多到足以在經濟危機時期支撐定期的出版。我得到的答案言之成理，自信聽到的是實情。寫專門、先進（也就是「新新〔New New〕」）批評的人士是彼此的忠實讀者。因此這類書籍，每一本都可信，但不見得都能，達到三千本左右的銷售量，「其他條件都平等的話」。最後的條件說讓我一頭霧水，倒也不礙事。重點是，一小批優秀的讀者，由於這家出版社，已經給培養出來，還可以例行採礦；確實，在大得多的規模上，食譜和健身手冊的出版商也應用相關的原則，大量製造看來似乎是可有可無的書籍，縱使不斷膨脹的獵食族與健身狂不能拿來和意誠心篤彼此閱讀的三千位批評家相提並論。

關於這真實的或想像的三千人，我發覺特別有趣的是，不論他們追根究底師承的是英美新批評（即理查茲〔I.A.Richards〕、燕卜蓀〔William Empson〕、　蘭塞姆〔John

Crowe Ransom〕、布魯克斯〔Cleanth Brooks〕、泰特
〔Allen Tate〕，還有其他同道所表述的，從一九二〇年代開
始之後，延續了數十年），或是所謂的新新批評（羅蘭‧巴
特〔Roland Barthes〕、德希達〔Jacques Derrida〕等人，在
一九六〇年代），他們擁護，而不是破壞，知識工作理當越
來越細分的看法。試想這其中的矛盾。新批評宣稱把語文當
作意義自足的客體看待，不至於被傳記、街談巷議，甚至改
寫（paraphrase），給牽著鼻子走。這一來，阿諾德（Matthew
Arnold；十九世紀英國批評家）的批評綱領被後浪迎頭趕
上，不是直接從文本跳到整個文化，而是使用密集的語文分
析去理解文化的價值，而此一文化價值只有透過字斟句酌所
了解的細織密縫的文學結構才掌握得到。

美國新批評所受到的指摘，說它的風氣像個俱樂部，是
文人雅士的清談，是主教派（Episcopalian），我想是正確的，
只要再補充一句：在實踐上，新批評雖然洋溢菁英主義的特
色，卻奇怪地帶有民粹主義的意向。布魯克斯和華倫（Robert
Penn Warren）的教學法，當然包括教誨，所賴以支撐的觀念
是，任何一個受業有道的人都可以讓人覺得，甚至自己表現
得，像個紳士。純就教學理念而論，這絕不是微不足道的雄
心。對他們的涵養再怎麼中傷挖苦也掩蓋不了下述的事實：
為了達成脫胎換骨的目標，新批評家矢志剷除**一切**他們所認
定的行家垃圾——他們認為那是文學教授塞進去的——而那

些垃圾就矗立在詩的讀者和詩本身之間。新批評終極的社會
與道德旨趣的價值是有可質疑之處,撇開這個問題不談,我
們必須承認這個學派處心積慮,或許還同時標新立異,嘗試
從為數眾多,可能是無限多的文學師生後援會創造一個反應
敏捷的讀者大共同體。

法國的新批評(*nouvelle critique*),以巴特為首席護教士
(apologist),在早期的階段也有同樣的意圖。又一次,專業
的文學學者橫生枝節,使得回應文學之道舉步維艱。又一次,
解藥就是以看來酷似語言學、精神分析和馬克思主義觀點的
行話為基礎的專門閱讀技巧,這一切為作家和文人讀者提供
新的自由。一旦對結構主義的活動敞開門戶(如果不至於帶
來痛苦的話),「書寫」(*écriture*)的哲學保證提供更寬廣
的視野與更沒有限制的共同體。不論結構學派的散文是怎麼
一回事,結構主義諸名家並沒有要排斥讀者的意思;其實恰
恰相反,正如巴特經常對黑蒙‧皮卡(Raymond Picard)左劈
右砍所顯示的,批評性閱讀最主要的目標乃是創造古典作品
的新讀者,要不然這些讀者很可能因為自己缺乏專業的文學
素養而給嚇跑。

這麼說來,大約有四十個年頭之久,在美國與法國都一
樣,「新」批評學派致力於撬開文學與書寫之門,要把它們
從畫地自限的學術機構解放出來。不論這個學派如何倚賴細
心博學的技術性竅門,閱讀將會在非常可觀的程度上變成公

開除魅（public depossession）的行動。文本將被揭秘或解碼，然後傳給任何一個有興趣的人。象徵性語言資源如今全面開放給被認為由於欠缺不相干的「專業」知識，不然就是疏懶成性，而深受其苦的讀者。

因此，法國與美國的新批評，我相信，乃是大眾文化權威的競逐者，而不是不食人間煙火的另類選擇。由於它們的境遇，我們難免忘記這兩個學派當初為自己設定的重責大任。它們不早不晚不約而同出現在沙特（Jean-Paul Sartre）提出涉世文學與效命作家等觀念的關鍵時機。文學環繞這個世界，讀者在這個世界之中；問題不在於**是否**發生，而是在於**如何**發生，回答這個問題的上上策無非是仔細分析人類所能掌握的種種可能存在的語言的象徵性表現。法、美兩國這些批評家共同的看法是，語文素養可以無師自通，只要學會要領，曉得如何思考拆除沒必要的鷹架之後的語言；換句話說，不見得非要成為教授才能受益於鄧恩（Donne）的隱喻或索緒爾（Saussure）區別**語言**（*langue*）和**話語**（*parole*）的解放作用。所以說，新批評自視甚高且自成派系的一面，由於其激進的反體制成見而顯得平易近人，他們的成見就表現在不惜矯枉過正的樂觀態度，法國和美國都觀察得到。擁抱人類，共同抵抗學府：這是許多人欣然接受的旨趣。

於是，說有多反常就有多反常，我們看到這樣的現象：這兩類新批評的精神遺產是派系意識，此一意識就體現在實

質上已經放棄爭取大量，即使不是大眾，讀者的一種批評性書寫的任何意圖。我相信，不論在美國或在法國，新批評朝形式主義靠攏的趨勢因學術界而變本加厲。理由在於下述的事實：訓練有素的語言觀照能力只有在去蕪存菁的課堂氛圍才培養得出來。語言學與文學分析是現代學府的特色，商場是找不到的。純化同行的語言——不論是就現代主義所含攝的方案來看，或是就在大眾文化的團團包圍中嚴陣以待的兩類新批評所奮力捍衛的希望來看——總是離真正存在的諸大團體越行越遠，越走越接近產生新的夥黨，由共同擁護一個改革甚或革命信條的初生之犢所組成的夥黨，他們到最後念茲在茲的，似乎不是形成為數眾多的讀者共同體，而是把新信條變成強烈分離主義的正統。

　　大學憑其至高無上的聲譽，撐起學術自由的保護傘，防衛這些願望仍嫌不足，還加以庇護。然而，提倡**精讀**（*close reading*）或「書寫」很可能自然而然招來敵意，不見容於無法掌握語文分析的訣竅的局外人；尤有進者，取信於人到頭來證實為不比品性純正來得重要，這是屢見不鮮的事。到時候，隨技巧之趨於精細，同行的對立觀點油然孳生，而且對於擴大後援會趨於意興闌珊，反倒是在準修道教團之內汲汲營營於理論上的正確與方法上的活力。批評家在同行圈子裡彼此閱讀，不多過問其他事宜。

　　一個新批評淪落到全面放棄普遍識字階層，這和李維斯

（F.R. Leavis）學派的命運有相似之處，值得我們正視。正如法蘭西斯・穆賀恩（Francis Mulhern）在《精審的時機》（*The Moment of Scrutiny*）提醒我們的，李維斯本人並不是形式主義者，其學術生涯是在左派氣氛迷漫政界的環境中展開的。李維斯辯稱，偉大的文學基本上是反對某個階級社會，也不會隨著某個圈內集團的節拍起舞。按他的觀點，英文研究理當成為以民主為本的新展望的中流柢柱。然而，大體上由於李維斯學派的研究重心只是限於而且只是針對大學，稟持對立的態度參與現代工業社會的良圖美意終於變了質，從那個社會倉皇撤退。英文研究的道路，在我看來，越走越狹窄，批評性閱讀則墮落成斷定應該或不應該把哪些作品列入大傳統。

［知識分科的侷限與困境］

我可不想讓人誤會，以為我在說現代大學有什麼先天性的惡因，造成我剛才描述的情況。顯然不受粗俗的黨派政治所影響與控制的大學，可稱道之處確實不勝枚舉。但是，有件事特別和大學有關──我在這裡指的是現代大學，並沒有刻意區隔歐洲、美國或第三世界與社會主義國家的大學──的確開始發揮幾乎是完全不受節制的影響力：知識理當存在的原則，知識的追求與散播理當形成百家爭鳴的局面。

不論是基於社會的、政治的、經濟的與意識形態的什麼理由，
這個原則之得以通行無阻，為時並不久。有人相信知識能夠
以綜合的共相形式存在，也有人相信知識的產生與培養無法
避免分殊化，雙方各擁人馬爭辯不已，要說這是現代世界文
化最有意思的共同現象之一，或許不算太誇張。盧卡奇
（Georg Lukács）對於物化的抨擊以及他對於「總體性」的
擁護，在我看來，有個不容忽視的前例可以相提並論，那就
是伊斯蘭世界自從十九世紀末以來就如火如荼在討論的，在
一個總體化的伊斯蘭前景與現代分殊化的科學這兩種主張之
間作一調解的必要。這種認識論的論戰因而成為知識生產
地，即大學，的中心課題：**什麼**知識有待發現，又該如何去
發現，這是大學命脈之所繫。

　　說到現代知識的歷史、境況和構成，新近最令人印象深
刻的成果是強調社會成規所扮演的角色。比方說，孔恩
（Thomas　Kuhm）的「研究的典範（paradigm　of
research）」把注意力從個體創造者轉移到個人創造力所承
受的集體約束。伽利略與愛因斯坦之輩不世出，不只是因為
天才鳳毛麟角，更是因為多數科學家追隨僉所共認的道路進
行研究，而此一共識助長一致性，而不是鼓勵大膽的進取。
日積月累，這個一致性造就出學科的地位，其研究對象則自
成一個學門或領域。與此並轡發展的是一整套的技術機制，
其作用之一，正如傅柯（Michel Foucault）在《知識的考

掘》（*The Archaeology of Knowledge*）嘗試指出的，在於維
護凝聚力、領域的完整、學門的社會認同，及其支持者與體
制地位。你不可能僅僅憑自己高興就成為社會學家或精神分
析學家；你不可能僅僅憑自己的洞察就發表在人類學具有知
識地位的陳述；你不可能僅僅憑自認以歷史學家的立場發言
（不論發言內容是經過多麼深入的鑽研）就進入歷史論述。
要想有所效力，你得通過資格認可的特定規則，你得學會那
些規則，你得使用特定的語言，你得精通專業用語，你還得
接受特定學門的權威──權威也是取決於這一類的許多限
制。

　　從這個角度來看，專門知識部分受制於個人掌握遊戲規
則，可以這麼說，的熟練度。可是，專門知識的構成到底是
主要由於主導科學家的知識分子作風的社會成規，或者是由
於普遍認定的研究對象本身的當急要務，這很難定奪。可以
肯定的是，成規、傳統與習慣創造出徹底改變學科面貌的觀
察途徑；就像同樣可以肯定，講求各自（雖然相關）的分析
技巧、訓練態度與共同信守的觀點的歷史、文學與哲學等學
科之間有類別上的差異。我在別個場合採取過的確氣勢洶洶
的立場，說東方主義者（Orientalists）、地區研究老手、新聞
記者與對外政策專家對於自我引用、不斷地重複與普遍接受
的觀念的危險，並非永遠敏感，這是政治與意識形態有以致
之，不見得涉及任何「外在」的現實。海頓・懷特（Hayden

White) 在他的著作中指出，歷史學家不只是在敘事成規 (narrative conventions) 的屋簷下不得不低頭，而且不易掙脫語文的回溯特性 (verbal retrospection) 強加在事件詮釋者身上所形成的實質上封閉的空間。可是，即使這些觀點，雖然可以理解在許多人聽來會嫌刺耳，也沒有一口咬定與一個「學門」相關的每一件事都可以化約成不是詮釋上的成規就是政治上的利害關係。

　　因此我們不妨假定，在一方面，人類社會的相關知識可以有客觀性，或在另一方面，所有的知識都是密傳而又主觀的，要憑經驗證實誰是誰非，很可能是費時又徒勞。論戰雙方已經耗去太多筆墨，不見得都是有用的，正如韋恩・布斯 (Wayne Booth) 在討論科學主義與現代主義的《現代的教條與贊同的修辭》 (*Modern Dogma and the Rhetoric of Assent*) 書中所指出的。 突破這個僵局的可行之道——稍後我會申論——是讀者反應 (reader-response) 學派的批評家所發展出來的技術本身。這個批評派別以沃夫剛・伊澤 (Wolfgang Iser)、諾曼・霍蘭 (Norman Holland)、司坦利・費旭 (Stanley Fish) 和麥寇・瑞法帖 (Michael Riffaterre) 為首。這些批評家辯稱，既然有文本而無讀者和有讀者而無文本一樣不完整，我們應該專注於探討涉及詮釋的雙方彼此互動的情形。可是，除了費旭之外，讀者反應批評家有個趨向：他們基本上把詮釋當作私人的、內心化的 (interiorized) 事

件，結果膨脹了單打獨鬥的解碼過程的角色，卻犧牲了同樣重要的社會脈絡。在他的最後一本書《這門課有教本嗎？》(*Is There a Text in This Class?*)，費旭加重強調他所稱的詮釋共同體 (interpretive communities) 的角色，包括團體和體制（其中最主要的是課堂和任課教師），他們的現身控制了我們所認定的知識，影響遠超乎任何不變的客觀標準或絕對真理的關係人。如果，就像他說的，「詮釋是城裡唯一的戲局」，那麼以說服而不是以科學證明為業的詮釋者就是僅有的競賽者。

我是站在費旭這一邊的。可惜的是，他沒有深入說明為什麼有些詮釋比其他的更有說服力，甚至連如何加強說服力也語焉不詳。我們又回到那三千個先進批評家彼此閱讀而不在乎其他人一事所暗示的困境。隨詮釋共同體自我認定的權威趨於強勢、正統地位趨於鞏固而且後援會趨於穩定，它的後援會、它的專業語言以及它的利害關係就趨於更緊密、更密閉、更自我封閉，難道這是詮釋共同體的形成所無法避免的結局？發現，譬如說，社會學家、哲學家和所謂的政策科學家只對而且只為 (only to and for) 彼此說話，使用的是除了警戒森嚴、不斷萎縮、外人莫入的封地之外沒人聽得懂的語言，有什麼派得上用場的人文解藥？

［世俗的知識分子誕生於公民社會］

　　基於種種理由，以包山包海的方式回答這些問題吸引不
了我，也無法取信於我。理由之一是，相信一套思想系統可
以說明一切的共相化習性太容易流於準宗教集成。在我看
來，這正是約翰・費基特 (John Fekete) 在《批評的黃昏》
(*The Critical Twilight*) 所提出引人深思的教訓，他在書中
辯明新批評如何直接引出馬秀・麥克魯漢 (Marshall McLu-
han) 的「技術官僚宗教末世論 (technocratic-religious es-
chatology)」。事實上，一旦我們走出分殊化的學門和包羅萬
象的神話幻想所提供的庇護所，詮釋及其需求無異於一場激
烈的戲局。洞識、大而化之的答案和系統的問題是，它們非
常容易把證據給均質化 (homogenize)。這樣的批評根本沒
有上場的機會，從一開始就淘汰出局了；人們終於學會操縱
系統的小部分，就像一台機器的許多部位。共相系統，就其
為解釋的一個共相類型而論，要不是對於自己無法直接吸收
的一切視若無睹，就是舊調一再重彈，向來都是如此，難為
大用。它就這樣變成一個共犯理論。確實，我總認為德希達
(Derrida) 所說的理體中心論 (logocentrism) 最大的諷刺
是，其批判、解構就和理體中心論本身一樣強悍、一樣單調，
而且一樣信手建構體系。因此，我們可以稱許突破分門別類

的心願，這並不表示有達成這個心願的單一方法。 荷內・吉
哈（René Girard）針對模仿的慾望和替罪羊（scapegoat）的
效果進行「跨學科」研究，主張可謂粗糙：這些研究要統合
所有的人類活動，所有的學科於一爐。我們怎麼可能貿然相
信這麼一爐就，像吉哈一貫暗示的，囊括一切要義？

　　這只是一種相對的懷疑主義，理由是喜歡狐狸而不喜歡
刺蝟並不表示對所有的狐狸一視同仁。我們不妨步步為營，
做一些重大的區分。除了孔恩、傅柯和費旭的觀念，我們可
以基於實際需要加上維科（Giovanni Battista Vico）和葛蘭
西（Antonio Gramci）的觀念。這是我們目前要考慮的。葛蘭
西說，論述、詮釋共同體以及研究的典範是知識分子產生的，
他們可以是宗教的，不然就是世俗的。葛蘭西含蓄對比世俗
的與宗教的知識分子，知道的人不多，倒是他區別有機
（organic）與傳統知識分子廣為人知。不過，知道的人少並不
表示較不重要。 在一九三一年八月十七日的一封信， 葛蘭
西提到他在卡利亞里（Cagliari）那段日子的一位上了年紀
的老師，翁貝托・柯茲莫（Umberto Cosmo）：

　　　在我看來，我和柯茲莫，還有其他許多當時（大約是本
　　　世紀頭十五年）的知識分子，具有一些共同的背景：
　　　我們在某個程度上都是義大利境內肇始於克羅齊
　　　（Benedetto Croce）的道德與知識改革運動的一部分，

他的第一個前提是，現代人能夠而且應該獨立生活，無
需仰賴宗教……實證主義的宗教、神話的宗教或任何
有人喜歡冠上的品牌……②這一點，即使在今天，我
仍然認為是義大利的現代知識分子對國際文化的主要
貢獻，而且在我看來是淪陷不得的公民征略地 (a civil
conquest)。③

克羅齊當然是維科最傑出的現代學生，而克羅齊提到維科的
用意之一，乃是要明白揭示他的思想中強烈的世俗根柢，同
時也要為安穩而優位的公民文化辯護（所以葛蘭西使用「公
民征略地」這樣的措詞）。「征略地」的說法也許怪得離
譜，卻寫活了葛蘭西的主張——也蘊含在維科的思想——即
現代歐洲國家之所以能維繫，不只是因為有個政治機制（軍
隊、警力、官僚體系），也是因為有個公民、世俗而且非教
會的社會使得國家得以維繫，提供國家遂行統治之所需，使
得國家得以充實其應人類之需而產生的經濟、文化、社會與
知識成果。

　　葛蘭西不希望維科－克羅齊式公民社會的成就的世俗運
作走上他所稱的「最內在的思維 (immanentist
thought)」。一如年代比他早的阿諾德，葛蘭西了解如果在
社會世界中沒有一樣事物是自然的，甚至自然 (nature) 也不
例外，那麼下述的說法必定錯不了：事物之所以存在，不只

是由於它們發生在先，復由人類媒介加以創造，也是由於它們因發生而取代已經存在的事物。這是社會變遷適用於與社會史有關的文化世界中後浪推前浪的一面。引用葛蘭西在《現代君王論》（*The Modern Prince*）的說法，「現實（因此包括文化的現實）是人類意志作用在事物界（the society of things）的產物」，既然「每一件事物都離不開政治，甚至哲學與種種哲學體系也不例外，」我們要了解在文化與思想的領域中，每一個成果的存在不只是為自己爭得一席之地，同時也是為了成功取代別的成果。④所有的觀念、哲學體系、觀點與文本，無不熱望其消費者的認可；就這一點而論，葛蘭西比大多數人來得敏銳，看出公民社會有獨具的一組特徵，使得文本──體現觀念、哲學體系等等──經由葛蘭西所稱的擴散（diffusion）而獲得權力，亦即在「常識」的世界散播並形成霸權。因此，觀念無不企求能為人所接受的狀態；那也就是說，可以憑藉使文本在社會現形的模式獲得或少數或多數的一群人所認可的方式詮釋一個文本的意義。

就是在這些問題的中心地帶，世俗的知識分子神不知鬼不覺地現身。對他們而言，社會與知識權威並非直接源自天意神啟，而是源自人類所造的一段可分析的歷史。在這節骨眼，維科把神聖界和他所稱的教外領域（the gentile realm）擺在對反的地位是必要之舉。神聖界是上帝創造的，那是唯有經由天啟（revelation）才能進入的領域：它高處神界，根

本接觸不到，是個非歷史（ahistorical）領域。維科對神界少有興趣可言，倒是教外世界令他深為著迷。此處譯作「教外」的英文是"gentile"，這個字源自*gens*（氏族），亦即因繁衍拓展而在時間的流程中產生歷史的家族團體。但是"gentile"也是一種世俗的擴張，因為構成人類歷史的親嗣與非親嗣關係的網脈——法律、政治、文學、權力、科學、情感——之所以獲得充實，有賴於*ingegno*，也就是人類的創造力與活力。這是通往維科的新科學的門徑，「通天門」（a divine *fons et origo*）是行不通的。〔中譯按，此處的「非親嗣關係〕」，原文"affiliations"，即本文開頭第四段的「結盟關係」。這個英文字和"filiations"（「親嗣關係」）的字根都是源自拉丁文的filius（後裔），此一字源意涵當有助於了解薩依德引述維科的微言大義。〕

　　但是這兒必然附帶出現一種非常特別的世俗的詮釋以及，甚至更有意思的，一種非常特別的詮釋情勢的概念。關於這一點，一個直截了當的指標是維科書中令人感到困惑的組織，走走停停，兩側來回兼走回頭路。嚴格說來，上帝已經給排除在維科的世俗歷史之外，因其如此，歷史，連同歷史之內的每一事物，為其詮釋者展現一望無垠的水平視野，舉目可見許多關係密切的結構。因此，「觀望（to look）」這個動詞一再被維科用於提示歷史詮釋者必需要做的事。看不到或觀望不到的——比方說過去——就是要劃歸神界的；維

科的矛盾太明顯了，無法讓人視若無睹，因為他所辯明的是，只有把自己擺在造物者（或神性）的位置，人才可能理解過去如何形成現在。這包含冥思、假定、想像、同情；可是在任何情況下都不可能有人類媒介以外的力量引發歷史。可以確定的是，歷史有其發展的法則，猶如歷史之內有維科所稱的神界「天意（Providence）」在秘密發揮作用。根本的問題在於，歷史與人類社會是由無數彼此交叉的心力建構而成，這些心力彼此齟齬不斷，總是在拖泥帶水中彼此包容。維科的書寫直接反映這種擁擠的景觀。

最後還有一點要說明。對葛蘭西和維科而言，詮釋必需考慮此一世俗的水平空間，只能經由適合出現在那個空間的途徑。我瞭解這是要暗示把人立即送回單一源頭的單方面尋求解釋是行不通的。正如同沒有獨霸一世的答案，同樣的道理，沒有簡單的分離式歷史形構或社會過程。因此，人類涉及的活動有多複雜，結果就有多複雜，詮釋的技巧與手法也一樣。沒有中心，沒有一成不變的萬年權威，沒有規範人類歷史的固定界線，縱使權威、號令與區別確實存在。世俗的知識分子所作所為就是要顯示神性本源之不存在，以及在另一方面，歷史實況複雜的面貌。由宗教退場轉為實況登場，這就是世俗的詮釋。

﹝學術分科的代價的一個實例：
詹明信《政治無意識》﹞

　　既已棄絕全面且虛假的系統性答案，要談當代實況最好是採取有限度且具體的方式，而我們所討論的當代實況乃是雷根時期的美國，或者，更明確地說，由雷根主義繼承並統治的美國。不妨以文學和政治為例。過去這十年，一個隱而不宣的共識逐漸成形，一般認為文學研究稱得上深入，甚至在整體上不受政治左右，這樣的說法並不算太誇張。你要討論濟慈（Keats）或莎士比亞或狄更斯（Dickens），當然可以碰觸政治題材，但是咸認傳統上與現代文學批評聯繫在一起的技巧（當今所稱的修辭、閱讀、文本質地〔textuality〕、轉喻〔tropology〕或解構）是應用在**文學**文本，而不是應用在，比方說，政府文書、社會學或民族學的報告，或報紙。這樣區隔學門、對象、學科與焦點，形成一個極其**僵硬**的結構，而這個結構，就我所知，幾乎不曾有文學學者討論過。似乎有個為人所不知不覺奉行的規範在確保「學門」單純的本質，「學門（fields）」這字眼則因而獲得建立在自然、客觀的事實之上的知識權威。區隔、單純、心照不宣謹守不撈過界的原則：這是個勢力可觀而不帶有政治色彩的門第，因為種種專業、機構、論述以及分殊化了的學門極力鼓吹的一貫之道都從中得利。這一來，必不可免的結果是學門各自為政的

正統不斷增殖。「抱歉，這個我不懂——我是文學批評家，不是社會學家。」

這一來付出的知識代價相當高，可以從晚近的批評家當中——就我將討論的例子而言，指的是馬克思主義者——政治色彩最強烈的著作看出來。詹明信（Fredric Jamson）新近出版《政治無意識》（*The Political Unconscious*），根據任何標準都不愧為知識評論的主要著作。書中所討論的，處處展現罕見的才氣與學識：關於這方面，我毫無挑剔的餘地。他辯稱：應該優先考慮文學文本的政治性詮釋，馬克思主義，就其為一種與其他方法對立的詮釋活動而論，則是「包容那些看似水火不容或無從相提並論的批評運作〔一如其他形形色色的詮釋活動〕的那個『無法超越的視野』，在自身的視野內為那些批評運作明確劃分有效戰鬥區，因而同時把它們消除又保存。」⑤就這樣，舉凡當代方法論中最管用與最矛盾的，詹明信一概接收，抱著它們進行一系列的現代小說創意解讀，終於打通三個「語意識域（semantic horizons）」，其中的第三「相（phase）」就是馬克思主義。因此，從文本分析（*explication de texte*），經社會階級的意識形態論述，到形式（form）本身的意識形態，人類歷史的終極視野成為理解小說的依據。

詹明信這本書呈現我在本文無法公允論斷的一個複雜無比又引人入勝的論證，這是再怎麼強調也不嫌過份的。這個

論證在詹明信的結論臻於高潮：他指出，所有文化產物的烏托邦成份都在人類社會扮演一個未經充分分析而具有解放作用的角色；此外，在一個過於簡略卻意味深遠的段落，詹明信觸及三個政治論題（包括國家、法律與民族主義）而他在這方面所勾勒的馬克思主義詮釋，正、反兼可為用的一種詮釋，可以大有用武之地。

然而，我們還是有些疑團不吐不快。這本書隱含一個尚未被承認的二分法，區分兩類「政治」：一、從黑格爾（Hegel）到路易斯・阿圖塞（Louis Athusser）與恩斯特・布洛赫（Ernst Bloch）的政治學理論所界定的政治；二、日常世界中講求競爭與權力的政治，這種政治起碼在美國已經被雷根，可以這麼說，探囊而取。至於為什麼應該作這樣的區別，詹明信說得很少。一旦發覺第二種政治只在一個地方討論到，困擾更要加深。那僅有的一次是在一個長註裡頭，他以概括的方式提到「種族團體、區域遷徙……大眾勞工」等等，然後明察秋毫為美國的聯盟政治（alliance politics）提出呼籲，以之對比法國總體化的一統政治（totalizing global politics），後者迫使幾乎每一個選區不是制止就是壓抑他們的地方發展（p.54）。他說的完全正確（如果他進一步申論美國只有兩黨輪替主政，將更有說服力）。可是，矛盾在於，批評一統觀點並承認該觀點與地方聯盟政治根本不連貫的同時，詹明信也鼓吹一個強力的詮釋學一統主義（hermeneutic

globalism)，盼能獲致以同步（the synchronic）包容地方
（the local）的效果。這簡直是在說：別擔心，雷根只是個暫
時的現象，歷史的妙手也會把他給判出局。可是，除了疑似
馬克思主義見解對於目的論的功效那樣的宗教信心，根本不
可能寄望，就我的了解，地方分立必然即將被同步現象給包
容、消除、保存又溶解。尤有進者，關於同步協調與第一類
政治的理論和第二類政治的勾心鬥角之間的關聯，詹明信全
沒論及，只留給讀者自己去猜想。一個領域和另外一個領域
之間是連貫或是不連貫？日常生活的政治與權力的競逐，如
果不是透過單純由上而下的灌輸或被動的滲透作用，如何進
入詮釋領域？

　　詹明信沒有解答這些問題正是因為，依我看來，他所假
定的後援會是由文化—文學批評家所組成的讀者群。此一後
援會在當代美國的前提與基礎乃是我在前面談過的學科區
隔。這使得隨興所至區隔兩類政治的問題益形嚴重，明顯造
成詹明信是在跟人類心血結晶的自主領域打交道的印象。這
還有更加矛盾的結果。在總結的一章，詹明信意有所指地暗
示，階級意識的構成要素——比如面對外在威脅的團體孤立
感——基本上是子虛烏有的，「畢竟所有這一類（以階級為
本的）集體性是已獲致烏托邦或無階級社會的終極具體的集
體生活的**喻象**（*figures*）。」就在這個命題的核心，我們發現
這樣的看法：「投效某個意識形態，主要不是道德抉擇的問

題，而是在兩個交戰團體的鬥爭中選邊站的問題」（290，
291）。這裡的問題是，雖然道德抉擇是個有待極力去柏拉圖
化（de-Platonized）與歷史化的範疇，卻不見得非要——不論
在邏輯上或其他方面——把它化約成「在兩個交戰團體的鬥
爭中選邊站」。在被迫遷離其土地的個別農夫家庭的細微層
次，誰會說渴望補償只是選邊站或從事道德抉擇以抗拒徵收
的問題？我無法肯定。不過，對於詹明信的立場具有十足的
指標作用的是，從一統性、同步性詮釋學概觀來看，道德抉
擇根本無足輕重，甚至連這個問題也不加探究，不論是從經
驗或從歷史的觀點（就像巴靈屯・穆爾〔Barrington Moore〕
在《不公平：服從與反抗的社會基礎》〔*Injustice: The
Social Basis of Obedience and Revolt*〕書中嘗試過的）。

　　在美國文化的馬克思主義中最優秀的一面，詹明信實至
名歸是個卓絕群倫的發言人。他就是以這樣的評價出現在知
名的英國馬克思主義者泰瑞・伊格屯（Terry Eagleton）新近
發表的一篇文章，〈美國批評的唯心論〉（"The Idealism of
American Criticism"）。 伊格屯比較詹明信和法蘭克・連崔
奇亞（Frank Lentricchia），討論當代美國理論的主要潮流，
說當代的美國理論「以新創的唯心論竅門為歷史的壓制開闢
坦途」。⑥儘管如此，伊格屯讚賞詹明信和連崔奇亞之餘，
也看出他們的著作、他們在政治上的「不清晰」、他們搖擺
不定的實用主義、折衷主義、他們的詮釋學批評和雷根的當

權兩者的關係，以及──特以詹明信為然──他們如影隨形的黑格爾主義，在在有其侷限。然而，這並不是說伊格屯寄望他們之一嚴守極左路線，也就是主張「以馬克思主義解讀古典文本的結果就是階級合作主義」。但是，他說「詹明信的馬克思主義讀者必然要面對的一個疑問是：以馬克思學派結構主義的觀點對巴爾扎克（Balzac）的次要小說進行分析，這如何有助於動搖資本主義的根基？」這可是說對了。這個問題的答案顯然是，這種解讀無能為力；那麼，伊格屯提議什麼替代途徑？在這個問號，我們看到了堅決主張知識與學科區分使人難以為繼的代價，馬克思主義無法倖免。

理由是，我們同樣可以承認，伊格屯討論詹明信是把他當作志同道合的馬克思主義者。這是知識分子共一條心，沒錯，卻是在一個「學門」之內，那是主要由只存在於高等學府之內的知識論述所界定的範圍，不在該範圍之內的外在世界則留給新右派和雷根。這麼一來，結果就是自然不過的必然：如果這樣的一種畫地自限是可接受的，其他的也是可接受的。伊格屯批評詹明信的馬克思學派結構主義沒有實際效用可言，在另一方面卻謙沖為懷，認為他和詹明信共處於文學研究的狹小世界，說那個世界的語言，只處理那個世界的疑難雜症，是理所當然的事。個中道理，伊格屯隱隱約約有所暗示；他斷言，「統治階級」決定文學有些什麼用途，為的是「意識形態的複製」，而「我們」身為革命分子，無從

挑選「會有戰事爆發的文學地帶」。伊格屯似乎沒有想過，他在詹明信和連崔奇亞身上看到最脆弱的地方，亦即他們的邊緣處境與殘餘唯心論，正是他在多少感到心有戚戚焉的同時，也使得他為他們曲高和寡的論述而悲嘆的地方。這種分殊化的風氣，如今是減弱了一些：伊格屯、詹明信和連崔奇亞都是為文學界馬克思主義者而寫作的文學界馬克思主義者，他們身居遁世幽隱之地，遠離現實政治的冷漠世界。「文學」與「馬克思主義」因而雙雙在他們非關政治的內容與方法論中高枕無憂：文學批評仍然「只是」文學批評，馬克思主義只是馬克思主義，而政治大體上是文學批評界渴望高談闊論卻使不上力的東西。

［專家文化使得詮釋淪為神職化］

兜這麼一大圈說明「學門」區隔的後果，直接把我們導向從世俗的觀點來看是緊緊呼應雷根時期的詮釋政略的第二個情勢。無庸置疑的是，即使在學科與學門如原子分裂的狀態中，方法論的探究還是可能而且確實行得通。但是，舉目所見知識論述的模式卻是頑強的反方法論之道而行，如果我們所說的方法論就是質疑學門與論述本身的結構的話。在論述的界限之內與之上，排外原則正在默默發威；這個原則已經內化，程度之深竟至於各個學門、學科及其論述無不固若

金湯。每一個範圍都有社會體制所具備的一切配件，其特許成員一望可知是屬於同行，「專家」與「客觀」之類的字眼對他們特能引起共鳴。然而，要在範圍之內博得權威的地位就是意味著要深入涉及一套典律（canon）的形成，而典律到頭來通常成為方法論與學科自我質疑的絆腳繩。J.希利斯‧米勒（J. Hillis Miller）說：「對於美國與英國文學業已確立的典律，以及特權文本概念的正當性，我有信心。」他這麼說，意思是作品時來運轉並非由於其邏輯上的真理，也說不出個所以然。⑦這句話擲地有聲，那是由於米勒身為知名的英文教授，盛譽實至名歸的一個人，已有學生出人頭地的一個老師所擁有的社會權威。他所說的，或多或少使人無從追問典律（以及文學圈對於典律的認可）是否對於同行之內的優位次序比對於人類歷史的世俗研究在方法論上更有必要。

　　如果我說的是特別針對文學與人文學者，那是因為，不論後果如何，我處理的是文本，而文本又是文學學者所賴以安身立命的。文學學者要讀也要寫，兩者都是關於才智、應變力與質疑的活動，而不是要使觀念在體制內定形，也不是要迫使讀者不加質疑就甘心人云亦云。在我看來尤其重要的是，在文本之間豎起柵欄，或是在文本之外建立紀念碑，根本直接牴觸閱讀與寫作的旨趣——除非文學學者相信他們自己服務於要他們負起此一責任的某種外在勢力。當今大學中大多數文學系的課程，幾乎全部是由立言紀念碑砌成的，裡

頭盡是些被供奉在僵化的朝代編制之內的聖典，由一群漸趨
沒落猶兀自心懷謙卑的僕役同行日復一日上香叩首。諷刺的
是，這麼做，美其名為從事歷史研究與維護傳統的人文主義，
其實這些經典就歷史觀點而言通常很難說是名實相符的。就
舉個不起眼的例子，羅伯特‧丹屯（Robert Darnton）指出：

> 當今認為代表十八世紀法國文學的作品，有許多是十
> 八世紀時沒有多少法國人讀過的……。認為文學史就
> 是一套經典，這是武斷的說法，我們身受其害。這樣的
> 觀念是十九和二十世紀的文學教授一手促成的──揆
> 諸實情，十八世紀的人所讀的可是大大不同。檢視諾夏
> 泰〔印刷學會〕（〔the Société Typographique de〕 Neuf-
> chatel）的帳冊與文件之後，我能夠整理出大革命之前
> 類似暢銷書的名單，其內容和當今課堂上所發的指定
> 閱讀書目毫不相干。⑧

拱衛經典紀念碑的赤膽忠心隱藏著同行休戚與共的向心
力，可比擬為宗教意識，其危險不言可喻。巴枯寧（Michael
Bakunin）在《神與國家》（*Dieu et l'état*）書中的一段話，
值得反芻：「在他們既存的組織、獨佔的科學以及隨之而來
的自外於社會生活，『學有專精之士』形成一個與眾不同的
階級，在許多方面可類比於神職人員。科學的抽象概念是他

們的上帝，生活在現實世界的血肉之軀是他們的牲品，他們
自己則是犧牲奉獻因而獲頒特許狀的獻祭官。」⑨時下一窩
蜂出版犧牲奉獻的大作家的傳記，正是這種神職化的一個現
象。把主體孤立於時代與社會之外，然後大肆推崇，使傳主
超越其時代與社會，這一來，說來是自然不過的事，隨著單
一個體受到名過其實的敬佩，傳記作家的文名也水漲船高。
類似的扭曲也見於對自傳文學的強調──這個次文類有個時
髦的名稱，叫做「自我形塑 (self-fashioning)」。

於是，所有這一切把世俗的歷史雜亂無章的領域原子
化、私有化又加上物化，創造出一個後援會與詮釋共同體的
特異構型：這是當代詮釋政略的第三種主要面貌。幾乎一成
不變的一條規約是，使得詮釋活動能夠有效進行的**要件**難得
獲准滲入詮釋圈子本身。這在人文學者應邀出席重大公共議
題的討論，以壯場面時特別明顯（且不說惱人）。此刻我不
想提洛克斐勒基金會贊助的報告書《美國生活的人文風貌》
(*The Humanities of American Life*) 所見到的重大失策（主
要在國家與對外政策問題上涉及政府法人的政策制定者與人
文學者之間的關係）。就本文而言，更令人啼笑皆非的是同
一基金會的另一項活動，一九八○年八月召開的「媒體的宗
教報導」研討會。在開幕典禮上，馬丁・馬蒂 (Martin
Marty) 對著齊聚一堂的教會人員、哲學家以及其他人文學
者致詞。他顯然覺得，如果拉來中央情報局局長斯坦斯菲爾

德‧特納（Stansfield Turner）將軍助他一臂之力，多少能使研討會生輝。於是，他「引述特納將軍的說詞，說美國的情報單位忽視宗教在伊朗的重要，『因為每一個人都知道它在現代世界地位低落而且權力微不足道。』」似乎沒有人注意到馬蒂所認定的中央情報局與學者之間水乳交融的關係。這種心態就是一口咬定人文學者就是人文學者，專家就是專家，不管誰贊助他們的工作、剝奪他們判斷的自由與研究的自主或不問是非吸收他們為國家服務都一樣，即使他們再三聲明他們客觀與非政治的立場也無濟於事。

我再引個個人的小故事，雖然不無言過其實之嫌。在拙作《採訪伊斯蘭》（*Covering Islam*）問世之前沒多久，一個私人基金會召開專題座談，受邀出席的有新聞記者、學者與外交官，全都是對於西方大體上如何報導並呈現伊斯蘭世界這個問題具有專業興趣的人士。一位得過普立茲獎的新聞記者，現在擔任東方一家大報的國外新聞主編，當時應邀發表引言。他簡略概述我的論點，整體說來並不是很精確。為了後續的討論，他用一個問題結束發言：「你說關於伊斯蘭的報導很糟糕〔其實我在書中的論點是，「伊斯蘭」並不是什麼要報導或不報導的東西，而是意識形態上的抽象概念〕，既然如此，是否可以請你告訴我們，應該怎麼報導伊斯蘭世界，才有助於釐清美國在那個地區的戰略利益？」我當場反對這個問題，理由在於新聞業應該是限於報導或分析新聞，

而不是為國家安全委員會提供服務。可是，所有出席人士的眼神全引不起注意，反倒顯得我自己天真得多此一舉。就是這樣，國家的安全利益無聲無息同化於新聞的詮釋；因此，專門知識理當不受權力體制關係的影響，偏偏就是這些關係——隱而不顯，卻被認為是天經地義——使得專門知識能夠落實並發揮舉足輕重的作用。

就這樣的脈絡看來，一個後援會可以說主要是一群顧客，他們需要（也許還購買）你的服務，因為你和你的同行是合格的專家。人文學者相對而言並沒有太大的市場，他們提供的貨品是「軟體」，他們的專才本身就是邊緣性質的，對於這樣的人文學者，他們的後援會固定不變，是由其他人文學者、學生、政府與企業主管以及媒體從業人員組成，這些成員利用人文學者為「人文學科」或文化或文學在社會中確保一片無害之地。然而，我很快就想到，這是自認為所作所為是極端中立、專門與非政治的人文學者自願接受的角色。當前人文學科的存續，在相當可觀的程度上，我想，仰賴人文學者長期堅守自清的原則；對他們來說，專門化的倫理已經等同於縮小工作內容的範圍，以及增厚環繞他們四周的同行意識、社會權威與排外學科的合成牆。所以，對手不是與後援會意見不合的人們，而是被排斥的人們，他們大部分不是專家。

到底是不是這一切構成一個詮釋**共同體**，就這個名詞的

世俗、非商業、不帶強制性的意義而論，確實頗有懷疑的餘
地。如果一個共同體主要是基於排斥外人以捍衛小王國（和
其他王國的捍衛者沆瀣一氣），以便維護不足為外人道的純
潔的主體不可侵犯的完整，那麼它就是個宗教共同體。我所
設想的世俗領域得要具備有拓展餘地的比較廣義的共同體，
以及以人類為對象的比較廣義的讀者群。那麼，我們怎樣才
能就改變的可能性說明眼前的情景？在一個注定只認得詮釋
的神祕化角色的時代，詮釋要怎樣才能被詮釋為具有世俗
的、政治的力量？

［人文關懷的邊緣化與知識分工所呈現的文化表象］

對文學學者而言，**呈現**（*representation*）的觀念具有源遠
流長的重要性，正可以用來整合我的意見。自亞里斯多德迄
奧爾巴哈（Auerbach），討論文學文本總是免不了提到模擬
（mimesis）。然而，文學作品中呈現的技巧一向關係到，而
且在某個程度上倚賴於，社會的形態，甚至連奧爾巴哈本人
在文體分析的專書也說明了這一點。⑩舉例而言，「宮廷和
城市（la cour et la ville）」這個語詞是在布瓦洛（Nicolas
Boileau）的一個文本中產生主要的**文學**意義，雖然該文本本
身賦給這個語詞在特定範圍之內相當精確的意義，它畢竟有
個前提，即事先假定有個讀者群，他們知道他指涉的是奧爾

巴哈所稱的「他的社會環境」，以及使得指涉有意義的社會環境本身。這不**僅僅**是指涉的問題，因為，從語文的觀點來看，指示物（referents）可以說是相同的，而且同樣是語文的。然而，即使採取非常細膩的分析，奧爾巴哈的見解也是和眾領域——文學、社會、個人——的**共存**有關，同時也和那些領域彼此互相利用、互相結盟、互相呈現的途徑有關。

　　除了非常少數的例外，當代文學理論總是假定文學上的呈現具有相對的獨立地位與自主性，超乎（而不只是有別於）所有其他形式的呈現。小說的逼真、詩的轉喻與戲劇的隱喻（盧卡奇〔Lukács〕、哈洛・卜倫〔Harold Bloom〕、法蘭西斯・弗格森〔Francis Ferguson〕）各自適合也是為了小說、詩、戲劇本身的呈現：這，我想，正確地總括了我指涉的三種影響重大（而且可以算得上是典型）的理論所隱含的假定。尤有進者，文學的條理化研究——範圍與目的都只限於文學自身——乃是基於一個假定，假定文學的（也就是藝術的）呈現是第一要務，接下來就是吸收及合併其他領域，其他次要的呈現。但是，由於這一切體制上的優位，勢必不可能對文學界與社會界彼此共存及其相互關係持續進行有系統的檢討，而社會界卻是呈現——從新聞業，到政治鬥爭，到經濟生產與權力的呈現——扮演極其重要的一個角色的場所。侷限於一個表象複合體（representational complex）的研究，文學批評家無形中接受了在工作範圍畫地為牢的界線，

而且說來矛盾卻假不了,對於那些畫定工作範圍的界線卻又
視若無睹。

　　這是極端的去政治化。要了解這個現象,我想,必需把
它當作是雷根主義當道的歷史時刻不可分割的一部分。我在
前面談到的知識分工,現在可以看作是在整個當代文化強佔
一個**論題上的**重要地位。理由是,如果文學研究「只是」涉
及文學的呈現,那麼無庸置疑,文學的呈現與文學的活動(書
寫、閱讀、產生「人文學科」以及藝術與學問)本質上是裝
飾性的,頂多具備次要的意識形態特徵。其結果就是,從事
文學以及廣義的「人文學科」研究就是從事非政治關懷,雖
然政治領域很明顯應該是緊挨在文學,因此也是**文人**(_liter-_
ate),關懷的外圍(而且超越其界限)。

　　此一事態在最近的一個具體表現,見於《新共和國》
(_The New Republic_)週刊一九八一年九月三十日出版的一
期。該期社論分析美國對南非的政策,得出支持該政策的結
論,而那個政策甚至連最「穩健」的黑人非洲國家也把它詮
釋(正確的詮釋,正如美國自己公開承認的)為支持南非的
定居殖民政權。該期週刊的最後一篇文章有對我而發的人身
攻擊,手法拙劣,說我是「蘇維埃極權主義的奴才」,這是
假知識分子之名遂行詐欺之實的說法,麥卡錫格調(McCar-
thyite)令人作嘔。在同一週刊同一期——頗有代表性的一期
——的正中央,是讓人肅然起敬的長篇書評,作者為克里斯

多福‧希爾（Christopher Hill），卓然有成的一個馬克思主義歷史學家。教人百思不得其解的，不是為南非的種族隔離政策辯解與優秀的馬克思主義見識兩者比肩並彎，這畢竟是純屬巧合，而是一個極端如何包含（絕無任何影射）以馬克思主義為中心的另一個極端在不知不覺中所流露的。

［人文學科的不干涉主義］

此處對於可稱之為國家文化即種種「學門」──其中多的是為利用呈現作為分配與生產的技術──之間的連鎖關係的討論，有兩個令人印象非常深刻的參照點。（顯然看得出來，我的討論並沒有包括創造性藝術和自然科學。）一個是裴瑞‧安德森所撰〈國家文化的構成要素〉（1969），⑪另一個是瑞吉斯‧德布雷（Regis Debray）研究法國知識階層的《教師，作家，名人》（*Teachers, Writers, Celebrities,* 1980）。安德森的論點是，傳統的英國社會思想欠缺知識中心，面對來自歐陸的「白色」（反革命的、保守的）移民毫無招架之力。這一來，必然產生社會學的閉鎖狀態、哲學的技術化、史學的無理念經驗論（idea-free empiricism）以及唯心論的美學。這一些再加上其他學科，共同形成「像個封閉系統的什麼名堂」，顛覆性論述如馬克思主義和精神分析一時不得其門而入；然而，它們現在都被收編了。法國的例子

則是，根據德布雷，隨著時移境遷展現一連串三個霸權征略地。最先是世俗大學的時代，一直延續到第一次世界大戰才結束。接踵而來的是出版社的時代，就在先後兩次世界大戰期間，當時 Galimard-NRF——包括里維耶爾（Jacqures Rivière）、紀德（André Gide）、普魯斯特（Marcel Proust）與梵樂希（Paul Valéry）等天才作家與隨筆作家在內的大會串——取代了已嫌生產過剩、過度擁擠的大學，成為社會與知識分子的新權威。最後，在一九六〇年代，知識分子的生活被吸入大眾媒體的結構：價值、優點、專注力與能見度從書籍扉頁間溜逝無蹤，改由在電視螢幕的曝光率為衡量的標準。在這節骨眼，一個新的社會階層，德布雷所稱的平庸階層，冒出頭來，學校與書籍工業全歸這個新階層統治。

德布雷的法國與安德森的英國，以及在另一方面與雷根的美國，確有某些相似之處。這些相似處固然有趣，本文卻無暇著墨。差異之處反倒更能發人深省。和法國不一樣的是，美國的高級文化被認為高於本乎社會共識的政治。和英國不一樣的是，美國的知識中心所充斥的不是歐洲的進口貨（雖然這些進口貨扮演了相當可觀的角色），而是不容置疑的講求客觀性與實在論（realism）的倫理規範，而其客觀性與實在論根本就是建立在一種強調區隔與差異的知識論之上。因此，每一個學門各有自己的研究素材，各據一方。每一個區隔的範圍都有各自的功能、體制、歷史與目標。個別論述「呈

現」〔或「代表」〕各自的學門，個別學門則又受到各自的後援會及其訴求的分殊化了的讀者群的擁護。真正的專業精神是以正確呈現社會為標幟，經由，試以社會學為例，社會的呈現以及企業與／或政府的利益兩者的交互作用加以證實，具有社會政策制定的功能，有機會受到政治當局的重用。文學研究則恰恰相反：文學所研究的實實在在**不是**社會，而是冀望時代讚揚與欣賞的傑作。這樣的交互作用使得「客觀性」、「實在論」與「中庸」等字眼，在社會學或文學批評有用武之地。這些觀念回頭又確保它們自己立於不敗之地，因為考慮周密的證據有選擇性，足以收編局內人的異議與網路而後將之中立化（異議的收編與中立化也就是大家耳熟能詳的多元論），而局內人就是專家，他們之所以能夠現身乃是由於他們的立場受到肯定，並不是由於他們過去的表現經得起嚴格的評判（優秀的團隊選手總是出人意表地現身）。

可是我必須勇往直前，縱使在這節骨眼要再加上無數的資格限制和不斷的精益求精（例如，政治學與社會學之類明顯唇齒相依的學門之間的組織化關係，相對於為了國家政策議題而利用不相干的另外一個學門；資助的網路以及局內人／局外人二分法；奇怪的文化獎勵制度，獎勵的是強調機會、道德性、合乎美國標準的純潔、去中心化的自我之類的權力結構「構成要素」的理論）。人文學科獨特的使命，總的說來，是在日常世界的事務呈現**不干涉狀態**（*noninterfer-*

ence）。正如同我們已經見到的，文學的角色自從新批評以來就一直有歷史性的萎縮現象；我也提到過，一方面有提供技術性語言與文學研究的根基狹隘的大學環境，另一方面有學科論述，甚至連馬克思主義論述也不例外，構築的自掃門前雪的共同體，兩者的結合為人文學科產生一個非常有限卻非常明確的功能：呈現人文關懷的邊緣地位，那也就是保存並且，如果可能的話，隱匿佔據中心位置的權力階層制度，界定社交領域，以及固定效益功能、範圍、邊緣性等等的界限。此一角色的必然結果，不論就整個人文學科來看，或是專就文學批評來看，就是：人文學科在體制內的現身為事先就定義為無法加以定義的自由浮動的抽象概念（學識、品味、手腕、人文主義）確保一片戰略部署的空間；一旦這樣的角色無法輕易馴化，「理論」可以派上用場，化身為兼具遮掩（occulation）與合法化雙重作用的論述；自動調節（self-regulation）的觀念蔚成風氣，這意味著體制內的人文學科允許而且可以說是鼓勵傳統上被視為附屬於倫理與哲學評述的市場力量的自由發揮。

［人文學界的自由放任主義］

因此，大而化之地說，不干涉狀態，就人文學界而論，意思就是自由放任主義：「他們」能夠經營國家，我們要闡

明華滋華斯（Wordsworth）和施萊格爾（Schlegel）。用不著
過度引申就可以注意到，學術界的不干涉狀態和沒有彈性的
學科分殊化有個近親，即習稱的「高度動員的企業菁英」所
發動的反擊，為的是回應緊接在前面的，認為資源的統籌分
配符合國家的需要的那個時期。然而，企業體的菁英分子透
過基金會、智庫、學院部門與政府發揮影響力，結果就是，
根據大衛・狄克森（David Dickson）和大衛・諾博（David
Noble）的說法，「宣告一個新的理性時代，同時也使現實重
新神秘化」。這包含一組「互相關聯」的知識論與意識形態
的指導綱領，是從我在前面說過的不干涉狀態衍生出來的。
這些指導綱領，每一項都吻合知識與學院的「學門」從內部
與越過分界線看待他們自己的方法：

一、自動調節的市場的再發現，自由企業的奇蹟，以及
　　古典自由派對於政府調控經濟的抨擊，全都是假
　　借自由的名義。

二、進步的觀念的再創新，現在打著「革新」與「二度
　　工業化」的旗號，以及為了追求生產力而對生活
　　期望與社會福利設限。

三、抨擊民主政治，假借的名義是「效率」、「可管理
　　性」、「可控制性」、「理性」與「競爭力」。

四、科學的再神秘化，經由制式化決策的改進、專技權

威的復興以及視科學為社會政策合法化的更新利
用,最後一項乃是經由深化產業與大學及其他政
策分析與推薦的「獨立」機構的聯繫。⑫

　　換個說法,第一個綱領的意思是,文學批評只管它自己
的事,而且可以「自由」做它想做的事,無需擔負任何共同
體責任。因此,在這把尺度的一端,舉例而言,就是最近奏
效的對於 NEH 的抨擊,說它贊助太多社會導向的計畫; 在
另一端,私人的批評語言大量增殖,這是由「名牌教授」主
導的荒謬無比的趨向,而那些教授照樣熱烈推崇人文主義、
多元論與人文學術的價值。改寫第二個綱領則是,應屆畢業
生的就業機會大幅縮水乃是市場力量「無可避免的」結果,
這又證實了學術的邊緣地位,其前提為學術不受社會重視無
傷大雅。這一來,應勢而生的需求乃是為革新而革新以及不
分皂白只求出書 (例如先進的批評刊物陡增;各學系對於理
論與結構主義的專家和課程的需求增加) ,殊不知這樣的作
法實質上對於系統內年輕人的生涯規劃與社會視野只有百弊
而無一利。第三與第四條綱領則意味著,嚴格的專業主義死
灰復燃,只求促銷而不問客戶,刻意淡忘高等學府、政府與
企業體之間的共犯關係,對於社會、經濟與對外政策的大問
題則溫文儒雅保持緘默。
　　很好:如果我所說的合理可信,那麼詮釋的政略亟需名

實相符的批評意識作出辯證性的回應。不干涉狀態與專門化現象都該放棄，必須代之以**干涉**（interference），跨越界限與障礙，在概觀似乎窒礙難行之處矢志嘗試概觀之舉。干涉的第一步就是放膽跨出文學圈，跨越被認為是主觀兼無力的文學的圈子，走進跟它並立的領域，那些領域如今被新聞業和資訊產品給掩沒了，它們雖然也是以呈現為用，卻被認為是客觀而且強有力。說到這裡，約翰‧柏格（John Burger）為我們提供了一個出類拔萃的指引。在他最近發表的文章可以看到心繫現代呈現的一個主要批評家的基本觀點。柏格說，攝影和社會學與實證主義在同一個時期問世（我想補上古典寫實主義小說），如果從這個角度著眼，我們看到

> 它們懷抱共同的希望：觀察所得的可計量的事實，經由專家記錄，可以組成人類所需的業經驗證的真相。精確會取代形上學；規劃會取代衝突。由此引出的坦途所揭開的世界景象就是，每一件事與每一個人都可以化約成一個算式中的一個因數，算式則是利益。⑬

當前的世界，多的是以這種方式呈現出來的：正如莫布萊德委員會報告書（McBride C mmission Report）指出的，一小撮強勢的寡頭集團掌控這個世界大約百分之九十的資訊與傳播流量。這個專家與媒體主管充斥其間的領域乃是，如

賀博特・席勒（Herbert Schiller）及其他人所說的，屬於數量
更少得多的幾個政府，客觀性、均衡、實在論與自由等修辭
術掩蓋實際上的表現。在多數的情況下，「新聞節目」——好
一個冠冕堂皇的名詞，用於稱呼為世界上的大多數人決定政
治現實的那個世界的意識形態形象（ideological images）
——這一類的消費項目，目中無人夸夸而談，絲毫不受世俗
界與批評界的有識之士的干涉，而這些有識之士，由於種種
不言而喻的理由，沒有廁身於權力系統。

［人文呈現的干涉主義］

　　要提出一個周詳的干涉計畫，此時、此地都不妥當。我
只能在本文的結論提議，我們需要好好考慮突破我們身為知
識分子被監禁在其中的學科「限制居留區」，⑭重新開啟已
遭封鎖的，把這個世界的客觀呈現（以及因之而來的權力）
讓渡給專家及其客戶所組成寥寥可數的，圈內人的社會程
序，認真思考讀者並不是三千名專業批評家圍成的密閉圈
子，而是人類生活在社會中所組成的共同體，並且以世俗而
非神秘的方式看待社會現實，無須理會關於實在論和客觀性
的那一切抗議之聲。

　　在我看來，有兩項具體的工作——仍然是柏格勾勒出來
的——特別管用。一個是利用視覺官能（這恰巧也是視覺媒

體的俎上肉,如電視、新聞攝影與商業電影,這些媒體根本
上都是以臨即、「客觀」與超越歷史〔ahistorical〕為號召)
恢復現場歷史記憶與主觀性的非序貫能量 (nonsequential
energy),以之為呈現過程中根本的意義構成要素。柏格稱其
為攝影的替代用途:運用合成照片訴說權力機構所產生的官
方序貫或意識形態報導以外的報導。(莎拉‧葛瑞姆－布朗
的《巴勒斯坦人及其社會》〔Sarah Graham-Brown's *The
Palestinians and Their Society*〕和蘇珊‧梅瑟勒斯的《尼加
拉瓜》〔Susan Meisalas's *Nicaragua*〕是出類拔萃的例子。)
第二項工作是,把文化開放給始終停留在「局內人」所製造
的常模「之外」(而且在短兵相接的環境中始終受到壓制或
框限)的「異己」的經驗。馬列‧阿魯拉的《殖民地的哈來
姆》(Malek Alloula's *Le Harem colonial*)就是個傑出的例
子。⑮這位作者是阿爾及利亞年輕一輩的社會學家,該書研究
的是二十世紀初阿爾及利亞的哈來姆女人的明信片和相片。
殖民者以攝影鏡頭捕捉被殖民者,這是權力的表徵,阿魯拉
從那些照片看到自己國家破碎的歷史,然後在自己的文本中
重新銘寫那一個歷史,為的是了解自己切身的經驗,並且使
那個經驗能為現代歐洲讀者所理解。

　　最後要說的是,在上述的兩種情況,我們看到歷史得以
復原,而恢復舊觀的那一段歷史在這之前不是呈現失真就是
變成隱形。「異己」的刻板造形向來和政治現狀緊密關連,

不論是哪一種現狀，情形有如活生生的公共（或個人）經驗
一向在官方的敘事、機構與意識形態中通常是被整形過的。
但是，既已嘗試——甚至可以說是成就斐然——這種復原的
工作，還有關鍵的下一步：把這些政治敏感度比較高的詮釋
形態和持續進行中的政治與社會上的實際作為連繫起來。如
果不作這樣的連繫，那麼即使是立意最良善與構想最機敏的
詮釋活動也注定要淪為乏善可陳的喃喃自語。畢竟，從詮釋
發展為詮釋政略在相當大的程度上根本就是從坐而言轉為起
而行，而此一轉變，在目前為人所接受的批評與藝術兩者有
所區分的情形之下，有其風險，看與做的方法在在需要改弦
更張重新調適。然而，不管怎麼說，專門化的習慣固然讓我
們覺得安逸，我們萬萬不可相信那種安逸的誘惑力大到使我
們動彈不得。

＊本文原發表於*Critical Inquiry* 9(September, 1982)，承蒙作者與
　芝加哥大學出版社同意轉載。
＊本文分節小標題為中譯者所加。

　中譯按：原文標題為"Opponents, Audiences, Constituencies and
Community"，直譯〈對手、讀者群、後援會與共同體〉，其旨趣在本
文第一節末段有解釋；"constituency"這個字，除了常見的「選舉區，
或其選民」的意思之外，另有「支持、贊助或擁護人士」之意，如作

者本人在〈專家文化使得詮釋淪為神職化〉一節的第二段所指出
的。

註釋

［註 1 ］ See Ronald Steel, *Walter Lippmann and the American
Century* (Boston: Little, Brown & Co., 1980), pp.180-85 and
212-16.

［註 2 ］ 葛蘭西致舒施特（Tatiana Schucht），見費歐瑞《革命志士
葛蘭西》（*Giuseppe Fiori, Antonio Gramsci: Life of a Revolu-
tionary*），Tom Nairn英譯（London: Dutton, 1970），74頁。

［註 3 ］ 葛蘭西致舒施特，*Lettere dal Carcere* (Turin: G. Einauci,
1975)，466頁；本文作者英譯。

［註 4 ］ 葛蘭西《獄中札記選粹》（*Selections from the Prison Note-
books*），Quintin Hoare 與 Geoffrey Nowell Smith 英譯（New
York: International Publishers, 1971），171頁。

［註 5 ］ 詹明信《政治無意識》（Fredric Jameson, *The Political Un-
conscious* [Ithaca: Cornell University Press, 1981]），10
頁；以下引用該書，一律採正文夾注。說來也許不是出於偶
然，詹明信在書中為馬克思主義所宣稱的，也正是Deirdre
David在*Fictions of Resolutions in Three Victorian Novels*

(New York: Columbia University Press, 1980)具論的十九世
紀英國小說的主要特色。

[註6] 泰瑞・伊格屯〈美國批評的唯心論〉 （Terry Eagleton,
"The Idealism of American Criticism) ，*New Life
Review* 127 (May-June 1981): 59。

[註7] J. 希利斯・米勒〈當前修辭研究的功用〉 (J. Hillis Miller,
"The Function of Rhetorical Study at the Present
Time") ， *ADE Bulletin* (September 1979): 12。

[註8] 羅伯特・丹屯〈法國大革命前印刷廠的工作與文化〉
（Robert Darnton, "A Journeyman's Life under the
Old Regime: Work and Culture in an Eighteenth-
Century Printing Shop," *Princeton Alumni Weekly*, 7
(September 1981): 12。

[註9] 巴枯寧《巴枯寧文選》 (Michael Bakunin, *Selected Writings*) ，Arthur Lehning英譯、主編 (London: Cape, 1973) ，
160頁。

[註10] 中譯註：指的是Erich Auerbach所著*Mimesis: The Representation of Reality in Wetern Literature* (1946) ， Willard R.
Trask英譯 (Princeton: Princeton UP,1968) ，張平男的中譯
本《模擬：西洋文學中現實的呈現》由幼獅文化出版
(1980) 。奧爾巴哈在書中提到，「宮廷和城市」 （見下
文) 一詞「大致象徵我們所謂的有教養的人或公眾。……也
最常用以指文學作品的讀者」 （引自張譯，467頁） 。

[註11] 見裴瑞‧安德森〈國家文化的構成要素〉 (Perry Anderson, "Components of the National Culture"），錄於 *Student Power*，Alexander Cockburn與Robin Blackburn合編 (London: Harmondsworth, Penguin; NLR, 1969)。

[註12] 大衛‧狄克森與大衛‧諾博〈藉理性之力：科學與政策的政略〉 ("By Force of Reason: The Politics of Science and Policy"），錄於 *The Hidden Election*，Thomas Ferguson與Joel Rogers合編 (New York: Pantheon, 1981)，267頁。

[註13] John Burger, "Another Way of Telling," *Journal of Social Reconstruction* 1 (January-March 1980): 64.

[註14] 中譯按，「限制居留區」，原文 ghettos，本義為「猶太人區」，指城市中隔離為強迫猶太人居住的法定地區，從十三世紀末出現於北非之後，一直到本世紀中葉廣見於歐洲。不過ghetto之稱現在已用於泛指城市中專門為少數民族居住的地方。

又，本文提到的realism，哲學上稱作「實在論」，文學與藝術上稱作寫實主義，社會科學則為現實主義（譬如說馬基維里的《君王論》是政治「現實主義」的濫觴）。寫實主義與現實主義乃是實在論不同的呈現形態，因此在本文大部分譯作「實在論」。

[註15] 中譯註：「哈來姆」是伊斯蘭國家家庭中的婦女住房，亦指女眷本身。哈來姆所隱含的文化制度，最廣為人知的一個表徵就是婦女蒙面的習俗。

專有詞彙英漢對照

A

Abstract Expressionism
　抽象表現主義

acrostics　離合詩

actionism　行動主義

adversary culture　反方文化

aesthetics　美學

alienation　疏離

allegoresis　寓言作用

allegorical　託喻

allegory　寓言

anagram　拼字位移

analytic cubism　分析立體主義

anamorphosis　錯覺表現法(視覺藝術)

ancien régime　舊秩序

apperance　表相

appropriation　挪用

archetypal image　原型意象

arriere-gardism　後衛主義

Art-Deco style　裝飾派藝術風格

artificial memory　人工記憶

Art nouveau　新藝術

Arts-and-Crafts movement
　美術工藝運動

auteurism　電影作者論

authenticity　真實性

autochthonous culture　本生文化

autonomy　自主性

avant-gardism　前衛主義

B

baroque　巴洛克

behaviorism　行為主義

bisexual writing　雙性書寫

binarism　二元論

C

canon　典律；經典

category　範疇

citation　摘引

citational graft　摘引移植

civil culture　公民文化

close reading　精讀

collage　拼貼

collage-allegory　拼貼寓言

communication theory　傳播理論

complex　複合體；情結(心理學)

concept　概念

conflation　異文融合

consumer society　消費社會

contamination　言詞拼湊

context　文義格局；環境脈絡（建築）
continuum　連續體
control screen　控制螢幕
constructivism　構成主義
convention　成規
convergence　趨同作用
copyright　著作權
counter-discourse　逆論述
counter-narrative　逆敘事
counter-practive　反向實踐
Critical Regionalism　批判性地區主義
criticism　批評
critique　批判
cubism　立體主義
cultural code　文化符碼

D

decal　移畫
dadaism　達達主義
deconstruction　解構
de-monstration　「解證」
dialectic　辯證法
difference　差異
différance　衍異
discourse　論述
dissemination　播散
documentary photography　紀實攝影
duality　二元性

E

eclecticism　折衷主義

écriture　書寫
ecstasy　超脫
electronic vocal transvestism
　　　電子語音反串
emblem　寓意圖
empiricism　經驗主義
encephalization　腦化
Enlightment　啟蒙運動
entasis　卷殺（亦稱「圓柱收分曲線」）
epic theatre　史詩劇場
episteme　知識模式
epistemology　認識論
essai concret　具象隨筆
essay　隨筆
example　樣文（後批評）
expressionism　表現主義

F

fable　動物寓言
fantasy novel　奇幻小說
feminism　女性主義
feminist criticism　女性主義批評
feminity　陰性氣質
fenestration　窗洞布置
fetish　物神
fetishism
　　　戀物癖（精神分析）；物戀
figure　喻象
fin de siècle　世紀末
form　形式
formalism　形式主義

Frankfurt School　法蘭克福學派

G

game　戲局

generic conflation　文類融合

genre　文類（文學）；類型（電影）

gentile realm　教外領域

gilded age　鍍金年代

glossolalia　荒誕語言

Gothic Revival movement

　　哥德風復興運動

grammatology　文字科學

graphic scores　圖式樂譜

grandnarrative

　　大敘事（即 *grand récit*）

grand récit　大敘事

gynocriticism　女性中心批評

H

habitat　生境

hallucination

　　幻覺（心理學）（參見illusion）

hegemony　霸權

hermeneutics　詮釋學

heterogeneity　異質

historical amnesia　歷史遺忘症

historicism　歷史主義

homology　同構

homonym　同音異義

humanism　人文主義

hyperreality　超真實

hyperrealism　超真實主義

hypomnesia　記憶減退

I

icon　圖像

idealism　唯心論

identity　認同

ideology　意識形態

illusion　錯覺（心理學）；

　　幻覺（劇場；參見hallucination）

illusionism　錯覺論

image　形象（後現代論述）；意象（

　　文學）；影像（電影、攝影）

implosion　內爆

immanence　內在

incommensurability　差別相

infrastructural structure　基層結構

insider　局內人

instantaneity　瞬時性

internal pocket　內凹

International Style　國際風格

interpretation　詮釋

interstitial　間質性

introspective　內觀式（建築）

invagination　內陷

irony　反諷

iterability　重述性

J

juxtaposition　並置

L

Lacanian psychoanalysis
　拉岡式精神分析
laissez-faire　自由放任主義
language　語言系統
Language Poets　語言詩派
langue　語言
legitimacy　正當；合法性；正統
linear perspective　線性透視法
living satellite　生活衛星
logocentrism　理體中心論
loop hole　環洞

M

male homoeroticism　男同性情慾觀
marginal network　邊際網路
Marxism　馬克思主義
Marxist-structuralism
　馬克思學派結構主義
masculinity　陽性氣質；陽剛性
master narrative
　主敘述(即*grandrécit*)
mechanical reproduction
　機械性複製
megalopolis　超大都會
mesostic form　中離合形式
metaphor　隱喻
metaphysics　形上學
mime　模仿
mimesis　模擬

mimetologism　模擬論
mimetology　模擬學
mimicry　擬態
mirror　鏡像
mode　模式
model　模型
modernism　現代主義
modernity　現代性
montage　蒙太奇
morphology　形態學
multi-media performance
　多媒體表演

N

narrative　敘事
naturalism　自然主義
Neocolonialism　新殖民主義
neoconservatism　新保守主義
Neoplasticism　新造形主義
neutralization　中性化
New Criticism　(英美)新批評
normativity　規範
nostalgia film　懷舊電影
nouvelle critique　(法國)新批評
nuclear family　核心家庭
nuclear matrices　核心母體

O

object　客體；對象；物體
Oedipus complex　伊底帕斯情結
olfactory sexuality　嗅覺性慾

R

reader-response, school of
　　讀者反應(批評)學派
real, the　現實界
realism　實在論；寫實主義；現實
　　主義
reality principle　現實原則
reference　關係照應
referent　指示物
reformism　改革主義
regionalism　地區主義
reification　物化
relativism　相對主義
representation　呈現；表象(哲學)；
　　心理影像
re-presentation　再現
representational apparatus
　　呈現機制
resistance　抵制
romance　羅曼史

S

sacrificial logic　犧牲邏輯
saprophyte　腐生物
scene　場景
scenographic　配景術
schizophrenia　經神分裂
science fiction　科幻小說
scopophilia　窺陰癖
semantics　語意學

semiotics　符號學
set theory　集合論
sexual difference　性別差異
sign　符號
signature　版權簽署
signifier　符徵
signified　符旨
simulacrum　類像(複數為simulacra)
simulation　擬象
site　場所
social logic　社會邏輯
socialist realism　社會主義寫實主義
solipsism　唯我論
sophist　辯士
spectacle　景觀
speculative dialectics　思維辯證法
speech　語言活動
stereotomy　分體術
structuralist psychoanalysis
　　結構主義心理分析
structuralism　結構主義
style　風格
subject　主體
subjectivism　主觀論
subjectivity　主體性
sublimation　昇華
superficial saturation　表面飽合
superimposition　雙重印相
supplement　增補
symbolic exchange　象徵性交換
symbiosis　共生

T

tectonic　建築術

telematics　電眼

teleology　目的論

text　文本

textuality　文本質地

theoretical discourse　理論論述

tonality　調性

trace　軌跡(動詞作「描摹」)

trompe l'oeil　視幻覺法

trope　轉喻

U

universalization　共相化

univocal reading　通義判讀

utilitarianism　功利主義

utopianism　烏托邦主義

V

vanguardism　前衛主義

verisimilitude　逼真

vernacular　本土建築風格

virtual feeding ground　虛擬攝食場

voice　心聲

voyeurism　觀淫癖

W

whiplash-Arabesques　鞭繩阿拉伯裝
　　　飾圖案

work　作品

內文簡介：

你知道現在是什麼時代嗎？你知道後現代社會有什麼特徵嗎？你想知道什麼是後現代文化嗎？你想知道後現代美學到底是啥名堂嗎？處在世紀末焦慮與新世紀憧憬的夾縫中，我們在台灣看到復古成風、本土意識高漲與五花八門的未定論或不可知論，這是民粹衝動，還是有更深一層的文化意涵？

我們該如何在世界文化版圖為台灣當前的政治／社會解放效應定位？當今甚囂塵上的名詞，如解構、主／客體、女性主義等，到底是時裝風潮一般的流行現象，還是脫胎換骨的前夕—葉知秋？對於這些問題，如果感到無動於衷，本書可以發微啟明；**如果無所適從，本書足以醍醐灌頂。**

本書多方面含括後現代人文論述的不同領域與面向，範圍廣被文化體制、意識形態、資訊傳播、社會評論、文學與藝術批評等，理論與實踐兩不偏廢，在光怪陸離的後工業社會破冰挺進，論述的方法遍及結構主義、後結構主義、女性主義批評、知識論、拉岡心理分析、馬克思主義等。

一卷在手，就近可以瞭解西方社會的現狀與走向，切身則有助於觀照台灣社會的面貌與前景。在賀爾・福斯特的編者序言引領之下，從哈伯瑪斯檢討現代主義與前衛運動開始，直到薩依德對於知識分子的殷殷寄望。**展閱本書無異於從事一趟驚心動魄而步步退眺的美學歷險。目標是：破解政治文化經緯網的千古魔咒。**

主編：
賀爾・福斯特(Hal Foster)

批評家，《美國藝術》(*Art in America*)編輯。

譯者：
呂健忠

以翻譯西洋經典為志。已出版重要譯作包括《西洋文學概論》、
《近代西洋文學》、《英國文學史略》、心理治療故事《愛情劊
子手》、柏拉圖作品選集《蘇格拉底之死》、希臘喜劇《利西翠
妲──男人與女人的戰爭》、希臘悲劇《安蒂岡尼──墓窖裡的
女人》、《伊底帕斯在科羅納斯──神話英雄的誕生》、《亞格
曼儂──希臘羅馬篇》、莎士比亞悲劇《馬克白》、奧維德《變
形記》、馬基維利《論李維羅馬史》與《君主論》等。

校對：
刁筱華

文字、文化工作者，除曾發表多篇論述外，亦有多部譯著出版。

序號	書名	售價	訂購	序號	書名	售價	訂購
政治與社會				**啟蒙學叢書**			
A0001	民族國家的終結	300		B0015	馬基維里	195	
D0070	信任：社會德性與經濟繁榮	390		B0019	喬哀思	195	
D0039-1	大棋盤：全球戰略大思考	280		B0021	康德	195	
A0008	資本主義的未來	350		B0023-1	文化研究	250	
A0009-1	新太平洋時代	300		B0024-1	後女性主義	250	
A0010	中國新霸權	230		B0025-1	尼采	250	
CC0047-1	群眾運動聖經	280		B0026	柏拉圖	195	
CC0048	族群	320		**生活哲思**			
CC0049	王丹訪談	250		CA0002	孤獨	350	
D0003-1	改變中的全球秩序	320		CA0012-1	隱士（第二版）	360	
D0027	知識份子	220		CA0005-1	四種愛：親愛·友愛·情愛·大愛	200	
D0013	台灣社會典範的轉移	280		CA0006	情緒療癒	280	
D0015	親愛的總統先生	250		CA0007-1	靈魂筆記	400	
CC0004	家庭論	450		CA0008-1	孤獨的誘惑	280	
CC0019	衝突與和解	160		CA0023-1	克里希那穆提：最初與最後的自由	310	
啟蒙學叢書				CA0011-1	內在英雄	350	
B0001-1	榮格	250		CA0015-1	長生西藏	230	
B0002	凱因斯	195		CA0017	運動	300	
B0003-1	女性主義	250		CC0013-1	生活的學問	250	
B0004-1	弗洛依德	250		CB0003	坎伯生活美學	360	
B0006	法西斯主義	195		CC0001-1	簡樸	250	
B0007-1	後現代主義	250		CC0003-1	靜觀潮落	450	
B0009-1	馬克思	250		CI0001-2	美好生活：貼近自然·樂活100	350	
B0010	卡夫卡	195		CC0024-1	小即是美	350	
B0011	遺傳學	195		CC0025-1	少即是多	390	
B0013	畢卡索	195		CC0039	王蒙自述-我的人生哲學	280	
B0014	黑格爾	195					

序號	書名	售價	訂購	序號	書名	售價	訂購
心理				**宗教·神話**			
CA0001	導讀榮格	230		CD0010	心靈的殿堂	350	
CG0001-1	人及其象徵:榮格思想精華	390		CD0011	法輪常轉	360	
CG0002-1	榮格心靈地圖	320		CD0014	宗教與神話論集	420	
CG0003-1	大夢兩千天	360		CD0017	近代日本人的宗教意識	250	
CG0004	夢的智慧	320		CD0018-1	耶穌在西藏:耶穌行蹤成謎的歲月	320	
CG0005-1	榮格·占星學	320		D0011	全球倫理與宗教對話	250	
CA0013-2	自由與命運:羅洛·梅經典	360		E0008	天啓與救贖	360	
CA0014-1	愛與意志:羅洛·梅經典	420		E0011	宗教道德與幸福弔詭	230	
CA0016-2	創造的勇氣:羅洛·梅經典	230		CD0034-1	達賴喇嘛說喜樂與開悟	300	
CA0019-1	哭喊神話:羅洛·梅經典	380		CD0023-2	達賴喇嘛說般若智慧之道	320	
CA0020-1	權利與無知:羅洛·梅經典	350		CD0024-1	達賴喇嘛在哈佛:論四聖諦、輪迴和敵人	320	
CA0021-1	焦慮的意義:羅洛·梅經典	420		CD0025-1	達賴喇嘛說幸福之道	300	
CA0022	邱吉爾的黑狗	380		CD0026-1	一行禪師 馴服內在之虎	200	
宗教·神話				CD0027-2	曼陀羅:時輪金剛沙壇城	380	
CB0001-1	神話的力量	390		CD0005-1	達賴喇嘛說慈悲帶來轉變	280	
CB0002-2	神話的智慧	390		CD0002	生命之不可思議	230	
CB0004	千面英雄	420		CD0013-1	藏傳佛教世界:西藏佛教的哲學與實踐	250	
CB0005-1	英雄的旅程	420		CA0018	意識的歧路	260	
CD0007-2	神的歷史	460		**哲學**			
CD0016-1	人的宗教:人類偉大的智慧傳統	400		CK0006	真理的意義	290	
CD0019	宗教經驗之種種	420		CJ0003	科學與現代世界	250	
CD0028	人的宗教向度	480		E0002	辯證的行旅	280	
CD0022-1	上帝一直在搬家	380		E0009	空性與現代性	320	
CD0001-1	跨越希望的門檻(精)	350		E0010	科學哲學與創造力	260	
CD0008	教宗的智慧	200		CK0001-1	我思故我笑(第二版)	199	
CD0004-1	德蕾莎修女:一條簡單的道路	210		CK0002	愛上哲學	350	
CD0009-2	活的佛陀,活的基督	280		CK0004	在智慧的暗處	250	

序號	書名	售價	訂購	序號	書名	售價	訂購
哲學				**文學·美學**			
CK0005-1	閒暇:一種靈魂的狀態	280		CE0002	創造的狂狷	350	
CC0020-1	靈知天使夢境	250		CE0003	苦澀的美感	350	
CC0021-1	永恆的哲學	300		CE0004	大師的心靈	480	
CC0022	孤兒.女神.負面書寫	400		CJ0001	回眸學衡派	300	
CC0023	烏托邦之後	350		CJ0002	經典常談	120	
CC0026-1	愛情的正常性混亂:一場浪漫的社會謀反	380		E0006	戲曲源流新論	300	
CC0041	心靈轉向	260		E0007	差異與實踐	260	
CC0030	反革命與反叛	260		**文化與人類**			
文學·美學				CC0010-1	當代文化大論辯	450	
CC0043	影子大地	290		CC0040-1	近代日本的百年情結:日本人論	450	
CC0035	藍:一段哲學的思緒	250		CC0016	東方主義	450	
CA0003-2	魯米詩篇:在春天走進果園	390		CC0027	鄉關何處	350	
CC0029-1	非理性的人:存在主義研究經典	380		CC0028	文化與帝國主義	460	
CC0015-1	深河(第二版)	320		CC0044	文化與抵抗	300	
CC0031-1	沉默(電影版)	350		CC0032-1	遮蔽的伊斯蘭	380	
CC0103	武士	390		CC0045-1	海盜與皇帝	350	
CC0002	大時代	350		D0023-1	遠離煙硝	330	
CC0051	卡夫卡的沉思	250		CC0036	威瑪文化	340	
CC0050	中國文學新境界	350		CC0046	歷史學家三堂小說課	250	
CC0033	在文學徬徨的年代	230		D0026	荻島靜夫日記	320	
CC0017	靠岸航行	180		CC054-1	逃避主義:從恐懼到創造	380	
CC0018	島嶼巡航	130		CD0020-1	巫士詩人神話	320	
CC0012-2	反美學	360		CC0052	印第安人的誦歌	320	
CC0011-2	西方正典(全二冊)	720		CH0001	田野圖像	350	
CC0053	俄羅斯美術隨筆	430		D0009-2	在思想經典的國度中旅行	299	
CC0037-2	給未來的藝術家(2017增訂新版)	380		D0012-1	速寫西方人文經典	299	
CE0001	孤獨的滋味	320		CC0008	文化的視野	210	

序號	書名	售價	訂購	序號	書名	售價	訂購
文化與人類				**歷史‧傳記**			
CC0009-3	生命的學問12講	320		CF0020	林長民、林徽因	350	
CC0055-1	向法西斯靠攏	460		CF0024	百年家族-李鴻章	360	
D0025-1	綠色經濟：綠色全球宣言	380		CF0025	李鴻章傳	220	
D0028-1	保守主義經典閱讀	400		CF0026	錢幣大王--馬定祥傳奇	390	
CC0096	道家思想經典文論	380		CF0003-1	毛澤東的性格與命運	300	
E0004	文化的生活與生活的文化	300		CF0013-1	毛澤東與文化大革命	350	
E0005	框架內外	380		CF0005	記者：黃肇珩	360	
				CF0008	自由主義思想大師：以撒‧柏林傳	400	
歷史‧傳記				CF0021	弗洛依德（1）	360	
CC0038	天才狂人與死亡之謎	390		CF0022	弗洛依德（2）	390	
CC0034-2	上癮五百年	350		CF0023	弗洛依德（3）	490	
CC0042	史尼茨勒的世紀	390		**人文行旅**			
CK0003	墮落時代	280		T0001	藏地牛皮書	499	
CF0001	百年家族-張愛玲	350		T0002	百年遊記（Ⅰ）	290	
CF0002	百年家族-曾國藩	300		T0003	百年遊記（Ⅱ）	290	
CF0004	百年家族-胡適傳	400		T0004	上海洋樓滄桑	350	
CF0007	百年家族-盛宣懷	320		T0005	我的父親母親（父）	290	
CF0009	百年家族-顧維鈞	330		T0006	我的父親母親（母）	290	
CF0010	百年家族-梅蘭芳	350		T0007	新疆盛宴	420	
CF0011	百年家族-袁世凱	350		T0008	海德堡的歲月	300	
CF0012	百年家族-張學良	350		T0009	沒有記憶的城市	320	
CF0014	百年家族-梁啟超	320		T0010	柏林人文漫步	300	
CF0015	百年家族-李叔同	330		**經典解讀**			
CF0016	梁啟超和他的兒女們	320		D0001-1	論語解讀（平）	420	
CF0017	百年家族-徐志摩	350		D0016-1	老子解讀（平）	300	
CF0018	百年家族-康有為	320		D0017-1	孟子解讀（平）	380	
CF0019	百年家族-錢穆	350		D0014-1	莊子解讀（平）	499	

序號	書名	售價	訂購
D0018-1	易經解讀(平)	499	
D0057	大學・中庸解讀	280	
D0006	莊子(黃明堅解讀)	390	
D0085	世界文明原典選讀 I：中國文明經典	420	
D0086	世界文明原典選讀 II：希臘文明經典	420	
D0087	世界文明原典選讀 III：印度文明經典	380	
D0089	世界文明原典選讀 IV：猶太教文明經典	450	
D0090	世界文明原典選讀 V：佛教文明經典	520	
D0091	世界文明原典選讀 VI：天主教文明經典	450	
D0073	四大聖哲：蘇格拉底、佛陀、孔子、耶穌	350	
D0096	傅佩榮宗教哲學十四講	460	
D0097	傅佩榮先秦儒家哲學十六講	520	
D0101	傅佩榮周易哲學十五講	580	
D0102	傅佩榮論語、孟子、易經二十四講	350	
D0104	人性向善論發微	450	
大學堂系列			
D0010	品格的力量(完整版)	320	
D0047	品格的力量(精華版)	190	
D0002-1	哈佛名師的35堂課	380	
F0001	大學精神	280	
F0002	老北大的故事	295	
F0003	紫色清華	295	
F0004-1	哈佛名師教你如何讀大學	300	
F0005	哥大與現代中國	320	
F0006-1	百年大學演講精選	320	
F0007-1	大師與門徒：哈佛諾頓講座	250	

訂購人：＿＿＿＿＿＿＿＿

寄送地址：

□□□

聯絡電話：(請詳填可聯繫方式)
(O) ＿＿＿＿＿＿＿＿
(H) ＿＿＿＿＿＿＿＿
手機 ＿＿＿＿＿＿＿＿

發票方式：

□ 抬頭：＿＿＿＿＿＿＿＿

□（二聯）□（三聯）＿＿＿＿
統一編號

訂購金額：＿＿＿＿＿＿元

郵資費：

□免 / □＿＿元（未滿1500元者另加）

應付總金額：＿＿＿＿＿元

訂購備註：
（訂購單請連同劃撥收據一起傳真）

大學堂

訂購請洽：立緒文化事業有限公司
電話：02-22192173 傳真：02-22194998
地址：231新北市新店區中央新村六街62號

文化與抵抗
● 2004年聯合報讀書人
　最佳書獎

威瑪文化
● 2003年聯合報讀書人
　最佳書獎

在文學徬徨的年代
● 2002年中央日報十大好
　書獎

上癮五百年
● 2002年中央日報十大好
　書獎

遮蔽的伊斯蘭
● 2002年聯合報讀書人
　最佳書獎
● News98張大春泡新聞
　2002年好書推薦

弗洛依德傳
（弗洛依德傳共三冊）
● 2002年聯合報讀書人
　最佳書獎

以撒・柏林傳
● 2001年中央日報十大
　好書獎

宗教經驗之種種
● 2001年博客來網路書店
　年度十大選書

文化與帝國主義
● 2001年聯合報讀書人
　最佳書獎

鄉關何處
● 2000年聯合報讀書人
　最佳書獎
● 2000年中央日報十大
　好書獎

東方主義
● 1999年聯合報讀書人
　最佳書獎

航向愛爾蘭
● 1999年聯合報讀書人
　最佳書獎
● 1999年中央日報十大
　好書獎

深河(第二版)
● 1999年中國時報開卷
　十大好書獎

田野圖像
● 1999年聯合報讀書人
　最佳書獎
● 1999年中央日報十大
　好書獎

西方正典(全二冊)
● 1998年聯合報讀書人
　最佳書獎

神話的力量
● 1995年聯合報讀書人
　最佳書獎

國家圖書館出版品預行編目(CIP)資料

反美學：後現代文化論集 / 賀爾‧福斯特(Hal
Foster)主編；呂健忠譯 -- 三版
　-- 新北市:立緒文化事業公司,民110.10
　面；　公分. -- (新世紀叢書)
譯自 : The anti-aesthetic : essays on postmodern culture

ISBN 978-986-360-180-7(平裝)

1. 現代哲學　2. 西洋美學　3. 文化史

143.89　　　　　　　　　　　　110016284

反美學：後現代文化論集（2021年版）

The Anti-Aesthetic: Essays on Postmodern Culture

出版──立緒文化事業有限公司（於中華民國 84 年元月由郝碧蓮、鍾惠民創辦）
主編──賀爾‧福斯特（Hal Foster）
譯者──呂健忠

發行人──郝碧蓮
顧問──鍾惠民

地址──新北市新店區中央六街 62 號 1 樓
電話──(02) 2219-2173
傳真──(02) 2219-4998
E-mail Address ── service@ncp.com.tw
劃撥帳號── 1839142-0 號 立緒文化事業有限公司帳戶
行政院新聞局局版臺業字第 6426 號

總經銷──大和書報圖書股份有限公司
電話──(02) 8990-2588
傳真──(02) 2290-1658
地址──新北市新莊區五工五路 2 號
排版──文盛電腦排版有限公司
印刷──祥新印刷股份有限公司

法律顧問──敦旭法律事務所吳展旭律師
版權所有‧翻印必究
分類號碼── 143.89
ISBN ── 978-986-360-180-7
出版日期──中華民國 87 年 7 月～ 95 年 1 月初版 一～四刷（1 ～ 5,700）
　　　　　　中華民國 102 年 3 月二版 一刷（1 ～ 1,200）
　　　　　　中華民國 110 年 10 月三版 一刷（1 ～ 800）

The Anti-Aesthetic: Essays on Postmodern Culture
Edited by Hal Foster
Copyright © 1983 by Bay Press
Chinese Language Copyright © 1998 by New Century Publishing Company, Ltd.
All rights reserved.

定價◎ 360元（平裝）

薩依德精選 Edward W. Said

當代最傑出的文化評論家
西方學術界卓然特立的知識份子典型
以東方學論述開啟二十世紀末葉後殖民思潮

文化與抵抗

「設有種族能凌辱他人、剝奪其力，
在勝利的集會台上，
則有種族能有一席之地。」

聯合報讀書人最佳書獎
誠品好讀書評推薦
ISBN: 986-7416-04-X
定價：300元

遮蔽的伊斯蘭

西方媒體眼中的穆斯林世界

任何人若想要知道西方與去殖民化
世界之關係，絕不能不讀本書。
——《紐約時報書評》

聯合報讀書人最佳書獎、讀書人版、
開卷版、誠品好讀書評推薦
ISBN: 978-986-360-160-9
定價：380元

鄉關何處

薩依德的流離告白

美國紐約客雜誌年度最佳書獎
2000年紐約書獎
安伯斯菲爾德一年書獎

聯合報讀書人最佳書獎、中時開
卷版、誠品好讀、自由時報副刊
書評推薦
ISBN: 957-0411-04-X
定價：350元

文化與帝國主義

這本百科全書般的著作，確實
大帝國興盛及衰微的現代史，以及無前例的
的細膩觀察19世紀英法兩國、英國
殖民系統的論戰場，橫跨小說、
詩歌、樂劇甚至當代大眾媒體的
文化生產與消費。
——London Review of Books

聯合報讀書人最佳書獎
中時開卷版書評推薦
ISBN: 957-0411-09-0
定價：460元

東方主義

後殖民主義長20、21世紀之交流，
多采的社會與人文領域裡，
最普遍與最深遠的一股思潮
本書是知識份子與一般讀者必讀的經典。

聯合報讀書人最佳書獎、中時開卷版、誠品好讀書評推薦
ISBN: 957-8453-72-8
定價：450元

大師作品

21世紀最重要知識份子

杭士基 Noam Chomsky

「我有一艘小船，所以被稱為海盜；
你有一支海軍，所以被稱為皇帝。」

世界上有許多殘怖主義國家，
但長久以來美國特別是，
真正立足地球的國際恐怖主義，
規模之大讓對手相形見絀。

海盜與皇帝

中時開卷版、誠品好讀書評推薦
ISBN: 978-986-6513-35-0
定價：350元

廣　告　回　信
北區郵政管理局登記證
北　臺　字　8 4 4 8號
免　貼　郵　票

 文化事業有限公司　收

新北市 2 3 1

新店區中央六街62號一樓

 文化 閱 讀 卡

感謝您購買立緒文化的書籍

為提供讀者更好的服務，現在填妥各項資訊，寄回閱讀卡

（免貼郵票），或者歡迎上網至http://www.ncp.com.tw，加

入立緒文化會員，可享購書優惠折扣和每月新書訊息。

愛戀智慧 閱讀大師

⟩ 立緒 文化 閱讀卡

姓　名：

地　址：□□□

電　話：(　　)　　　　　　傳　真：(　　)

E-mail：

您購買的書名：＿＿＿＿＿＿＿＿＿＿＿＿＿＿＿＿＿＿

購書書店：＿＿＿＿＿＿＿市（縣）＿＿＿＿＿＿＿＿書店

■您習慣以何種方式購書？
　□逛書店 □劃撥郵購 □電話訂購 □傳真訂購 □銷售人員推薦
　□團體訂購 □網路訂購 □讀書會 □演講活動 □其他＿＿＿＿

■您從何處得知本書消息？
　□書店 □報章雜誌 □廣播節目 □電視節目 □銷售人員推薦
　□師友介紹 □廣告信函 □書訊 □網路 □其他＿＿＿＿＿＿

■您的基本資料：

性別：□男 □女　婚姻：□已婚 □未婚　年齡：民國＿＿＿＿年次

職業：□製造業 □銷售業 □金融業 □資訊業 □學生
　　　□大眾傳播 □自由業 □服務業 □軍警 □公 □教 □家管
　　　□其他 ＿＿＿＿＿＿＿＿＿＿＿＿＿＿＿＿＿＿＿

教育程度：□高中以下 □專科 □大學 □研究所及以上

建議事項：